普通高等教育土木工程专业"十四五"创新教材

QIAOLIANG GONGCHENG
SHIGONG JISHU YU
ZHILIANG KONGZHI

桥 梁 工 程
施工技术与质量控制

主编 ⊙ 史俊　曾磊　杨剑

中南大学出版社

www.csupress.com.cn

·长沙·

图书在版编目(CIP)数据

桥梁工程施工技术与质量控制 / 史俊，曾磊，杨剑
主编. --长沙：中南大学出版社，2024.7.
  ISBN 978-7-5487-5938-6

Ⅰ. U445

中国国家版本馆 CIP 数据核字第 2024VK7269 号

桥梁工程施工技术与质量控制

史俊　曾磊　杨剑　主编

□出 版 人	林绵优
□责任编辑	刘颖维
□封面设计	李芳丽
□责任印制	李月腾
□出版发行	中南大学出版社
	社址：长沙市麓山南路　　　　邮编：410083
	发行科电话：0731-88876770　　传真：0731-88710482
□印　　装	长沙印通印刷有限公司

□开　　本	787 mm×1092 mm　1/16	□印张 14	□字数 358 千字
□版　　次	2024 年 7 月第 1 版	□印次 2024 年 7 月第 1 次印刷	
□书　　号	ISBN 978-7-5487-5938-6		
□定　　价	68.00 元		

前 言
FOREWORD

自中华人民共和国成立以来，我国的桥梁建设取得了显著成就，不仅桥梁数量激增，各类桥型的跨度也居世界领先地位。与此同时，桥梁结构的分析与设计、施工装备与方法、试验设备及技术、安全监测、维护养护以及加固和强化技术也都实现了快速发展，使我国成为名副其实的桥梁强国。

桥梁的全生命周期涵盖从设计到施工、运营、养护、维修、安全检测及监测、加固改造，直至最终的报废和拆除各个阶段。随着国家推进"交通强国"战略，桥梁建设的规模不断扩大，面向更大跨度和更深水域的挑战，这促使技术人员必须不断地在结构设计、施工方法和工艺上进行创新。桥梁的设计寿命通常预计为100年。确保这一长期性能的维持，不仅需要优质的设计方案，还依赖于高标准的施工质量和维护管理。这些维护包括常规的检查与必要时的结构加固或性能提升措施，以应对材料老化和环境负荷的影响。展望未来，随着新建桥梁数量的潜在减少，长期服务中的桥梁面临的劣化和损伤问题预计将更为突出，这将导致对维护和修复工作的需求持续增长。因此，加强对桥梁维养技术的投资和研发，将是保障交通基础设施稳定运行和延长其使用寿命的关键。

当前，高校桥梁专业的课程体系主要侧重于结构构造和设计理论，涵盖了"桥梁工程""混凝土桥""钢桥""桥涵水位"等核心课程，同时也包括了"桥梁施工"或"桥梁建造"这样的与施工技术相关的课程。这些课程的设置让学生深入了解桥梁的设计和施工过程，强调理论与实际操作的结合。然而，尽管有广泛的课程设置，许多高校在桥梁维修和养护方面的教育依旧不足，普遍存在"重建轻养"的倾向。这一偏差导致学生可能缺乏必要的桥梁维护技能。桥梁维护技能是桥梁工程师在职业生涯中极为关键的能力。因此，加强对桥梁维养知识的教育，如通过增设专门课程或在现有课程中加大维养内容的比重，对于提高学生的全面技能和应对未来桥梁工程的挑战是非常必要的。

本教材内容主要涵盖了桥梁施工及装备、养护与维修、结构试验、检测与监测、加固技术等方面，覆盖了桥梁全寿命周期中除设计外的多个关键环节。教材共分为8章，包括总论、施工基本作业、基础施工方法、墩台与塔柱施工方法、上部结构施工方法、缆索体系施工、桥梁施工装备和桥梁试验检测等内容。每章详细介绍了相关的技术和方法，如施工方案编制、桥梁养护的定义、理念与内容，以及桥涵病害及损伤原因。书中还探讨了桥梁加固的方法与技术。本书旨在通过丰富的案例和详细的技术描述，帮助读者全面理解和掌握桥梁建设和维护的复杂过程。

本书第1章~第6章由史俊编写，第7章、第8章由曾磊编写，杨剑负责校核工作，在编写本书时，我们遵循了以下原则：均衡考虑铁路、市政和公路桥梁的重要性，确保这些主题得到全面而均等的覆盖。本书着重于阐述桥梁结构的基本理论和设计方法，而非单纯的施工操作细节。同时，书中结合了最新的桥梁设计规范，反映了桥梁科技领域的最新创新成果。此外，本书还融入了作者在教学、科研和实际工程中的丰富成果，使内容更加贴近实际，更具启发性和应用价值。通过这些原则的遵循，本书旨在为桥梁工程师提供科学、系统的参考资料。

由于作者水平有限，教材内容覆盖面广，不可避免有谬误之处，敬请读者批评指正。

作者

2024 年 5 月

目　录
CONTENTS

第1章　总　论 ……………………………………………………………… 1

1.1　桥梁建造技术概述 ……………………………………………………… 2

   1.1.1　基础施工方法 ……………………………………………………… 2

   1.1.2　墩台、塔柱施工方法 ……………………………………………… 5

   1.1.3　上部结构施工方法 ………………………………………………… 7

   1.1.4　施工方案编制 ……………………………………………………… 8

1.2　桥梁养护与维修概述 …………………………………………………… 11

   1.2.1　我国服役桥梁特点 ………………………………………………… 11

   1.2.2　养护定义、理念与内容 …………………………………………… 13

   1.2.3　桥涵病害及损伤原因 ……………………………………………… 16

   1.2.4　桥梁维养技术的不足与挑战 ……………………………………… 16

1.3　桥梁结构试验、检测与监测概述 ……………………………………… 17

   1.3.1　桥梁结构试验与检测 ……………………………………………… 18

   1.3.2　桥梁结构安全监测技术 …………………………………………… 19

   1.3.3　安全监测理论 ……………………………………………………… 22

1.4　桥梁加固方法与技术概述 ……………………………………………… 23

   1.4.1　加固方法 …………………………………………………………… 24

   1.4.2　加固条件 …………………………………………………………… 24

   1.4.3　加固技术的发展 …………………………………………………… 25

   1.4.4　加固技术的介绍 …………………………………………………… 25

1.5　标准与规范体系 ………………………………………………………… 27

1.6　发展展望 ………………………………………………………………… 28

   1.6.1　桥梁施工方法、工艺与设备 ……………………………………… 28

   1.6.2　服役桥梁维养 ……………………………………………………… 29

   1.6.3　桥梁结构安全监测 ………………………………………………… 29

   1.6.4　服役桥梁减灾防灾 ………………………………………………… 29

   1.6.5　服役桥梁加固与强化 ……………………………………………… 29

   思考题 …………………………………………………………………… 30

第2章　施工基本作业 ······· 31

2.1　支架工程 ········· 31

2.1.1　支架分类 ······· 31

2.1.2　支架设计 ······· 35

2.1.3　支架预压 ······· 36

2.1.4　支架预拱度计算与设置 ····· 36

2.2　模板工程 ········· 37

2.2.1　模板分类 ······· 37

2.2.2　模板的设计与制作要求 ····· 40

2.3　钢筋工程 ········· 40

2.3.1　钢筋的分类 ······ 40

2.3.2　钢筋加工 ······· 41

2.3.3　钢筋的连接 ······ 42

2.3.4　钢筋连接要求 ····· 44

2.3.5　钢筋安装 ······· 44

2.4　预应力工程 ········ 45

2.4.1　先张法施工工艺 ···· 45

2.4.2　后张法施工工艺 ···· 45

2.5　混凝土工程 ········ 51

2.5.1　混凝土配合比设计 ··· 51

2.5.2　混凝土制备 ······ 53

2.5.3　混凝土运输 ······ 54

2.5.4　混凝土浇筑 ······ 54

2.5.5　混凝土养护 ······ 56

2.5.6　混凝土构件拆模 ···· 58

2.5.7　混凝土的冬季施工 ··· 58

思考题 ············ 59

第3章　基础施工方法 ······· 60

3.1　明挖基础施工 ······· 60

3.1.1　施工方法与工序 ···· 61

3.1.2　深基坑支护 ······ 61

3.2　桩基础施工 ········ 64

3.2.1　桩基础的分类 ····· 64

3.2.2　桩基础主要施工方法 ·· 65

3.3　沉井基础施工 ······· 66

3.3.1　沉井基础的概念及适用条件 ·· 66

3.3.2　沉井的分类 ······ 67

3.3.3 沉井基础的施工 ·· 68

3.4 围堰 ·· 69

    3.4.1 钢板桩围堰 ·· 69

    3.4.2 锁扣钢管桩围堰 ·································· 71

    3.4.3 单壁钢围堰和双壁钢围堰 ·················· 71

    3.4.4 吊箱围堰 ·· 72

3.5 承台施工 ·· 73

    3.5.1 现浇承台 ·· 73

    3.5.2 预制承台 ·· 74

    思考题 ·· 74

第4章 墩台与塔柱施工方法 ·································· 75

4.1 整体浇筑法和分段浇筑法 ·························· 75

4.2 滑模法 ·· 77

4.3 爬模法 ·· 79

4.4 翻模法 ·· 81

4.5 塔柱施工 ·· 83

    4.5.1 劲性骨架 ·· 83

    4.5.2 斜塔柱施工 ·· 83

    4.5.3 混凝土泵送 ·· 84

4.6 拼装法 ·· 84

    思考题 ·· 85

第5章 上部结构施工方法 ·································· 86

5.1 支架法 ·· 86

5.2 预制装配法 ·· 88

    5.2.1 构件预制 ·· 89

    5.2.2 构件运输 ·· 90

    5.2.3 吊机架设 ·· 91

    5.2.4 架桥机架设 ·· 92

    5.2.5 浮吊架设 ·· 93

5.3 移动模架法 ·· 93

    5.3.1 移动模架分类及选择 ·························· 94

    5.3.2 移动模架施工工艺 ···························· 95

    5.3.3 移动模架线形控制 ···························· 95

5.4 悬臂浇筑法 ·· 96

    5.4.1 混凝土连续体系 ·································· 96

    5.4.2 拱桥 ·· 102

    5.4.3 斜拉桥 ·· 105

5.5 悬臂拼装法 ······ 106
　　5.5.1 混凝土梁 ······ 107
　　5.5.2 钢梁 ······ 116
　　5.5.3 拱桥 ······ 118
5.6 顶推法 ······ 120
　　5.6.1 顶推平台 ······ 121
　　5.6.2 导梁 ······ 121
　　5.6.3 滑道 ······ 122
　　5.6.4 千斤顶与油泵 ······ 123
　　5.6.5 横向导向装置 ······ 123
5.7 转体法 ······ 124
　　5.7.1 平面转体 ······ 124
　　5.7.2 竖向转体 ······ 129
　　5.7.3 平竖结合转体 ······ 129
5.8 其他施工方法简介 ······ 130
　　5.8.1 拖拉法 ······ 130
　　5.8.2 浮吊法 ······ 131
　　5.8.3 浮运法与浮拖法 ······ 131
　　5.8.4 顶进法 ······ 132
　　5.8.5 横移法 ······ 133
　　思考题 ······ 133

第6章 缆索体系施工 ······ 134
6.1 斜拉索安装施工 ······ 134
　　6.1.1 斜拉索的制造 ······ 134
　　6.1.2 斜拉索的安装 ······ 136
　　6.1.3 斜拉索张拉 ······ 138
6.2 悬索桥主缆制作与安装 ······ 140
　　6.2.1 猫道施工 ······ 140
　　6.2.2 主缆制作 ······ 141
　　6.2.3 主缆锚固 ······ 143
　　6.2.4 索夹安装 ······ 145
6.3 吊杆、系杆施工 ······ 145
　　6.3.1 吊杆材料与类型 ······ 145
　　6.3.2 悬索桥吊索 ······ 145
　　6.3.3 拱桥吊杆 ······ 148
　　6.3.4 拱桥系杆索 ······ 149
6.4 悬索桥主梁架设 ······ 150
　　思考题 ······ 151

第7章 桥梁施工装备 ··· 152

　7.1 混凝土制备与输送设备 ··· 152

　　7.1.1 混凝土搅拌机 ·· 152

　　7.1.2 混凝土搅拌站(楼) ·· 153

　　7.1.3 混凝土输送设备 ·· 153

　7.2 钢筋加工设备 ··· 155

　　7.3.1 钢筋调直机 ··· 155

　　7.3.2 钢筋切割机 ··· 155

　　7.3.3 钢筋弯曲机 ··· 155

　7.3 钢结构设备 ··· 156

　7.4 预应力张拉设备 ··· 158

　7.5 吊装设备 ··· 159

　　7.5.1 桅杆起重机 ··· 159

　　7.5.2 汽车式起重机 ·· 160

　　7.5.3 塔式起重机 ··· 160

　　7.5.4 龙门起重机 ··· 161

　　7.5.5 浮式起重机 ··· 161

　　7.5.6 缆索起重机 ··· 161

　　7.5.7 卷扬机 ·· 162

　　7.5.8 架桥机 ·· 162

　7.6 基础施工主要设备 ··· 163

　　7.6.1 挖掘机 ·· 163

　　7.6.2 打桩机 ·· 164

　　7.6.3 钻机 ··· 165

　　思考题 ··· 166

第8章 桥梁试验检测 ··· 167

　8.1 桥梁试验检测的内容和依据 ··· 167

　　8.1.1 试验检测的内容 ·· 167

　　8.1.2 试验检测的依据 ·· 169

　8.2 无损检测技术 ··· 169

　　8.2.1 无损检测技术及特点 ·· 169

　　8.2.2 无损检测技术应用类型 ·· 170

　　8.2.3 混凝土强度检测 ·· 173

　8.3 混凝土检测 ··· 181

　　8.3.1 混凝土碳化深度检测 ·· 181

　　8.3.2 混凝土缺陷检测 ·· 182

　　8.3.3 钢筋状况检测 ·· 189

    8.3.4　索力检测 ··· 190

    8.3.5　无损检测新技术 ··· 191

  8.4　静载试验 ··· 192

    8.4.1　试验荷载 ··· 193

    8.4.2　试验工况 ··· 194

    8.4.3　测试指标及设备 ··· 195

    8.4.4　测点布置 ··· 197

    8.4.5　静载试验过程控制 ·· 198

    8.4.6　静载试验数据分析 ·· 199

  8.5　动载试验 ··· 200

    8.5.1　试验荷载 ··· 200

    8.5.2　测试指标及设备 ··· 201

    8.5.3　测点布置 ··· 201

    8.5.4　试验工况和荷载 ··· 201

    8.5.5　动载试验内容 ··· 201

    8.5.6　动载试验激振方法 ·· 202

    8.5.7　动载试验数据分析 ·· 203

  8.6　铁路桥梁走行安全性和舒适性指标测试 ······························· 203

    8.6.1　车体和桥梁振动加速度 ··· 204

    8.6.2　轮轨力测量 ·· 205

    8.6.3　脱轨系数 ··· 206

    8.6.4　轮重减载率 ·· 206

    8.6.5　运行平稳性 ·· 207

  8.7　温度场测试 ··· 207

  8.8　预应力摩擦系数试验 ··· 208

  8.9　风场测试 ··· 210

  8.10　铁路动态检测 ··· 211

    思考题 ·· 212

参考文献 ··· 213

第1章

总 论

我国古代桥梁数量庞大，种类繁多，为世界桥梁建设史增添了灿烂的篇章。目前仍有大量古桥保留至今，并大部分仍在继续使用。

自中华人民共和国成立以来，我国致力于发展交通基础设施，桥梁建设经历了建设初期（1949—1960年）、经济困难时期（1960—1977年）、改革开放初期（1978—2000年）以及新纪元期（2000年至今）。我国桥梁建设规模和成就备受瞩目，许多方面已达到世界先进水平，实现了"发展与超越"的初步目标，确立了中国桥梁大国的地位。

桥梁工程的全周期包括规划、设计、施工、维养、加固与强化、报废拆除等各个阶段，每个阶段的内容和技术特征都有明显区别，随着科技的不断进步，这些内容也在不断深化、发展。

桥梁规划和设计遵循安全、适用、经济、美观、耐久和环保的原则，最终呈现为桥梁施工设计图。

桥梁施工依据桥梁施工设计图进行，制作必要的施工临时和辅助结构，组织人员、材料、机械等，建造桥梁实体结构，使最终的实体结构尽可能地符合设计要求。

桥梁维养指为了保持桥梁及其附属构件按照设计的正常使用性能及其耐久性而进行的经常性保养及维修作业。这包括预防和修复桥梁的灾害性损坏，以及为确保桥梁质量和服务水平而进行的改造。工作内容包括检测、保养和维修等。

桥梁加固是指当桥梁主要承重结构、构件或相关部分局部损坏或承载能力不足时，采取的修复、增强、局部更换或调整内力等工程措施。

桥梁强化是指桥梁主要承重结构、构件或相关部分未发生损坏但需要提高其荷载等级或使用能力时采取的工程措施。例如提高重载铁路中轴重、普通铁路的提速，或者提升既有公路桥梁的荷载等级。

桥梁加固与强化均属于桥梁维养中大修或专项养护范畴。

在桥梁建造、维养和加固等过程中，为提高过程控制的可靠性和准确性，尚需结合实际需要开展施工监测、结构试验、常规检测、服役期间跟踪监测等工作。

现阶段，我国基础设施建设方兴未艾，土木工程建设仍然是主战场，桥梁结构向大跨、轻型且更高工作性能要求发展，建造更精细化、智能化，迫使桥梁技术人员不断探索新的建造技术和施工工艺。

我国既有桥梁基数和规模巨大，同时大批新建桥梁陆续进入服役状态，服役桥梁数量持续增长，桥梁维养工作量大，且不同时期的建设理念、设计标准、建设水平和服役期间的活载等级不同，增大了维养技术难度。20世纪80年代以前修建的桥梁，荷载标准低，承载能力不足，部分桥梁年久失修、养护不够，相当多桥梁发生了不同程度的破损，正逐步成为危桥和"卡脖子"路段；由于管理不到位，部分服役桥梁超载运行造成了技术状况和使用寿命的损伤；随着汽车工业高速发展、高速铁路组网运营以及新材料、新结构和新技术等的应用，公路、铁路桥梁的养护面临新挑战。在不久的将来，当基础设施的规模满足了国家经济建设和百姓生活需求时，主战场将转向服役桥梁的养护、维修、加固和强化等，以确保桥梁的适用性、安全性和耐久性。

本书以桥梁实体工程的建造与维养两方面并重的方式编著，并涵盖了桥梁试验、桥梁检测、安全监测等方面的内容。纳入文物保护的古桥维养及加固技术等内容，因其特殊性，本书不进行讨论。

1.1 桥梁建造技术概述

人类受到自然界的启发，基于倒下的树干学会了建造梁桥，基于天然的石穹学会了建造拱桥，基于攀爬的藤蔓学会了建造索桥。通过不断的实践和创新，人类超越了自然，改造了自然，在建造了大量卓越的桥梁的同时，也不断推动了桥梁建造技术的发展，伴随着人类对自然的认识和改造能力的提升以及科技的进步。

1.1.1 基础施工方法

1. 基础类型及其施工方法

桥梁基础类型有明挖基础、桩基础、沉井基础、管柱基础、地下连续墙基础、锁扣钢管桩基础、组合基础、早期使用的沉箱基础、用于浮桥的浮体等。其中明挖基础、桩基础、沉井基础在桥梁中常用。

基础类型及其施工方法的选择需考虑地基持力层及埋置深度、覆盖层性质与厚度、水深、流速、水位变化等因素。桥梁基础类型与自然条件关系见表1-1。

2. 深水施工技术的发展

桥梁深水基础承受的荷载大且集中，对地基的沉降和稳定要求严格，加之水深、流急，其设计和施工的技术难度远比陆地上的大。深水施工是人类改造自然所面临的一个巨大挑战。目前，水深60 m以下的基础施工技术相对成熟，施工方法的选择可参见表1-1；水深60~100 m的基础施工技术，尚需进一步研究和探索。

宋朝皇祐五年(1053)至嘉祐四年(1059)修筑的福建泉州万安石板桥，桥址水深流急、潮涨潮落频繁，建设者采用抛石奠基和种牡蛎固基法，实为世界创举，也是现代筏形基础的前身。这些反映了我国历史上有关桥梁基础施工的工艺和成就，但受当时社会生产力和自然科学发展水平的限制，仅限于凭经验的感性认识。

表 1-1　桥梁基础类型与自然条件关系

自然条件		浅置基础		深置基础										
				预制桩		灌注桩								
		明挖基础	浮桥的浮体	钢管桩	预应力混凝土桩	人工挖孔桩	冲击型钻机成孔桩	旋转型钻机成孔桩	套管法施工的桩	管柱基础	沉井基础	地下连续墙基础	锁扣钢管桩基础	深水预制装配基础
水深	陆地上施工	◎	—	◎	◎	◎	◎	◎	◎	◎	◎	◎	◎	—
	水深 0~5 m	△	◎	○	○	○	○	○	○	○	◎	△	○	◎
	水深 5~30 m	×	◎	◎	○	×	△	○	△	◎	◎	○	◎	◎
	水深 30 m 及以上	×	◎	◎	×	×	×	△	×	◎	◎	○	△	◎
覆盖层土质	黏土层与砂黏土层	◎	—	◎	◎	◎	◎	◎	◎	◎	◎	◎	◎	×
	饱和水分的细沙层	○	—	◎	◎	△	○	○	○	◎	○	◎	◎	×
	砂与砂砾层	○	—	◎	◎	○	◎	○	◎	◎	◎	◎	◎	×
	穿过直径 10 m 以下的卵石层	○	—	△	△	○	◎	△	○	○	○	○	○	×
	穿过直径 10 m 以上的大卵石层	◎	—	×	×	×	◎	×	×	×	△	×	×	×
	达到并嵌入岩层	◎	—	○	△	◎	◎	◎	◎	◎	○	◎	○	×
覆盖层深度	5 m 以下	◎	—	○	○	◎	◎	◎	◎	◎	◎	○	○	×
	5~10 m	○	—	△	○	◎	◎	◎	◎	◎	×	△	○	×
	10~20 m	△	—	◎	◎	○	◎	◎	◎	◎	○	◎	◎	×
	20~35 m	×	—	◎	◎	×	◎	◎	◎	◎	△	◎	◎	×
	35~50 m	×	—	◎	△	×	◎	◎	○	△	△	△	◎	×
	50~100 m	×	—	○	×	×	◎	○	×	×	×	×	◎	×
	100 m 及以上	×	—	×	×	×	◎	×	×	×	×	×	○	×
噪声及振动较小的施工方法		◎	◎	×	◎	◎	×	◎	○	◎	◎	◎	×	◎
对环境污染小的施工方法		◎	◎	◎	◎	×	×	○	◎	◎	◎	○	×	◎

注：◎，合适；○，比较合适；△，可以研究；×，原则上不合适；—，无关。

　　1936 年成立国际土力学及基础工程协会，并举行了第一次国际学术会议，开始了桥梁基础在设计、施工、试验、勘察等各方面国际性交流的时代。

　　1935 年丹麦涅脱耳地带桥在水深达 30 m 的条件下，采用 43.5 m×22 m 的钢筋混凝土沉箱在细密均匀坚硬不透水黏土中修筑桥梁深水基础，深度达 39 m；1936 年美国旧金山-奥克兰海湾大桥在水深 32 m、覆盖层 54.7 m 的条件下，采用 60 m×28 m 浮运沉井，定位后射水、吸泥下沉，基础深度达 73.28 m。

我国 1937 年建成的第一座钱塘江大桥，桥址水深 10 余米，基础采用了 17.4 m×11.1 m ×6 m 的气压沉箱基础，有 6 个墩基础直接沉到岩石上，有 9 个墩先打长 30 m 的木桩，而沉箱设于桩顶上。它开创了我国现代桥梁深水基础的先河，也缩小了与国外的差距。

我国桥梁深水基础技术从 20 世纪 50 年代开展，发展至今已进入了国际先进水平，其发展里程可大致分为四个阶段。

第一阶段，20 世纪 50 年代，大力发展管柱基础。1957 年通车的武汉长江大桥首创直径 1.55 m 管柱基础，克服了水深 40 m 的施工困难，使我国桥梁深水基础技术发生了转折性的变化。之后，管柱直径发展到了 3.0 m、3.6 m、5.8 m，由普通钢筋混凝土管柱发展到预应力钢筋混凝土管柱和钢管柱。管柱基础推行后，沉箱基础就不再采用了。

第二阶段，20 世纪 60—70 年代，大力发展沉井和钻孔桩基础。1968 年通车的南京长江大桥，针对最大水深达 30.5 m、覆盖层最厚达 48.5 m 的复杂水文地质情况，成功地采用了重型沉井、深水浮运钢筋混凝土沉井和钢沉井、沉井加管柱等系列新型基础和施工工艺。这就使得我国实现能在大江、大河、近海、海湾及任何地质条件下修建桥梁深水基础的宏愿。

20 世纪 60 年代初，公路首先用钻孔和挖孔灌注桩，铁路上从成昆线开始较大规模发展钻孔桩基础。20 世纪 70 年代后期，钻、挖孔桩技术迅速发展，九江长江大桥首创双壁钢围堰钻孔桩基础，现在广泛应用于深水基础施工；山东滨州黄河大桥钻孔桩桩长达 100 m，当时为世界罕见。

第三阶段，20 世纪 80—90 年代，大力发展复合基础和特殊基础，如 20 世纪 80 年代后期修建西江大桥时开始采用双承台钢管柱基础，修建广州江村南北桥时采用钢筋混凝土沉井加冲击钻孔桩。

第四阶段，进入 21 世纪后，一是为配合系列跨海桥建设而发展了近海、海湾桥梁深水基础和超大跨度桥梁基础技术等，如 2018 年通车的港珠澳大桥成功采用了装配式承台等先进技术；2020 年通车的平潭海峡公铁两用桥施工中实现了 ϕ4.9 m 大直径嵌岩钻孔灌注桩一次钻孔成型，同时，还在强风、深水、覆盖层小、浪高大等海洋环境条件下的深水基础和作业平台施工技术等方面取得了丰富的成果。二是发展了超长桩施工技术，超长群桩基础深度达到了 148 m（杭绍台铁路椒江特大桥）。三是发展了新型大型沉井基础技术。近年来，配合大型桥梁的建设，新型大型沉井基础的应用也逐渐增多，沪通长江大桥主墩沉井平面尺寸为 86.9 m×58.7 m，总高度为 110.5 m，是世界上体积最大的沉井基础。五峰山大桥是世界上首座高速铁路公路两用悬索桥，跨度布置为（84+84+1092+84+84）m，其扬州侧北锚碇采用重力式沉井基础，为世界上最大规模的陆地沉井，平面尺寸为 100.70 m×72.10 m，总高度为 56.00 m。设计基础也在大桥中成功应用。大型设置基础也正在大型桥梁中应用。

3. 大型临时设施

为配合深水基础施工，往往需配用一些大型的临时设施，主要如下。

①栈桥，水深不是很大时，采用栈桥作为运输通道，具有经济性和使用上的方便性。平潭海峡公铁两用桥施工区域最大施工水深 45 m，采用了栈桥方案，如图 1-1 所示，主要是为

了解决海洋环境下强风带来的有效施工期减少及运输安全问题。栈桥的规模依据施工期运输车辆载重等开展设计。

(a)栈桥   (b)平台与围堰

图 1-1　平潭海峡公铁两用桥栈桥、平台与围堰

②基础施工平台：为桩基的定位、钻孔机具安放、承台和墩身施工提供作业平台。目前主要采用钢管桩和型钢组拼平台。

③围堰：当承台、墩身位于水下时，均需先围堰后抽水，形成无水作业环境。先安装围堰后施工基桩时，围堰也可以作为施工的平台。围堰类型包括土围堰、钢板桩围堰、双壁钢围堰、异型钢围堰、双壁混凝土围堰、吊箱围堰和锁扣钢管桩围堰等。施工时依据水深和基础结构的不同选用：近滩墩位水深很小时可采用土围堰；采用高桩承台且承台位于河床地面线以上时，常采用吊箱围堰。钢板桩围堰、双壁钢围堰等的围堰刃脚均需入土，抽水前需进行封底。围堰顶高程一般高出施工水位 1 m 左右。

④施工临时便道：进出施工现场的道路，一般采用等外公路等级进行设计施工。

1.1.2　墩台、塔柱施工方法

1.墩台施工

目前公路、铁路桥梁墩台主要采用石、混凝土、片石混凝土、钢筋混凝土和预应力混凝土结构，结构形式有重力式、轻型等。随着我国桥梁技术的进步，高墩技术达到了一个新的高度。中老铁路元江特大桥桥墩高 154 m，为铁路桥梁世界第一高桥墩；贵州省铜仁至威宁高速公路赫章特大桥，主桥上部构造为（96+2×180+96）m 四跨预应力混凝土连续刚构箱梁，主墩 11 号墩高达 195 m，为目前同类桥型世界第一高桥墩、亚洲最高桥墩。

桥梁墩台施工分为两大类：一是现场就地浇筑与砌筑，应用最为广泛，其特点是工艺简便，机具较少，技术操作难度较小，但工期较长，需耗费较多的人力和物力；二是预制拼装，用于需要减小对环境干扰等的特殊需求场合，或工程量很大而需缩短工期的大型工程中，如港珠澳大桥浅水区非通航孔桥采用浅埋式预制墩台结构，其特点是既可确保工程质量，减轻劳动强度，又可加快工程进度，提高工作效率。

墩台施工的内容包括支架模板工程、混凝土工程、砌体工程等。模板类型有固定式模板、拼装式模板、整体钢模板、滑升模板及整体吊装模板等。墩台高墩不大时，可采用一次浇筑成形工艺。在施工高墩时，则需要采用节段施工，依据模板的类型通常又分为滑模施工、翻模施工和爬模施工等。高墩施工时一般设置塔吊和升降设备，分别用于材料和人员的运输，如图1-2所示。

墩台施工应保证其位置、垂直度、高程、各部分尺寸及材料强度均符合规范要求。

2. 塔柱施工

斜拉桥、悬索桥的塔柱是高耸结构，主要为混凝土结构，也有采用钢结构和钢-混凝土组合结构的。贵州省平塘大桥有世界上最高的混凝土桥塔，塔高达332 m。

钢塔一般采用工厂节段制造、施工现场拼装的方法施工。

混凝土桥塔均采用分段就地浇筑方法施工，与高墩施工类似，采用滑模、翻模、爬模等整体模板逐段提升方法施工（图1-3）。

图1-2　高墩施工　　　　　　　　　　　图1-3　桥塔施工

塔身混凝土横梁一般采用支架法施工，但其支架类型依据横梁位置而定，当底部横梁到基础的高度较小时常采用钢管柱支架法，支架支承于承台上，其顶部安装型钢或纵（横）梁等支撑模板，而中横梁、上横梁则采用在塔柱上预埋牛腿以支承施工托架。

当倾斜塔柱为内倾或外倾布置时，应考虑在两塔肢之间每隔一定的高度设置受压横杆（塔柱内倾）或受拉横杆（塔柱外倾）以减小斜塔柱的受力和变形，具体的布置间距应根据塔柱构造经计算确定。

为了配合塔柱施工，混凝土塔柱的塔壁内往往需设置劲性骨架。劲性骨架起施工位形控制、钢筋定位、模板固定、增大索塔整体刚度等作用。劲性骨架在工厂分节段加工，在现场分段超前拼接，精确定位。劲性骨架安装定位后，可供测量放样、立模、钢筋绑扎及斜拉索钢套管定位使用，也可承受部分施工荷载。在倾斜塔柱中，劲性骨架功能作用更大，往往结合构件受力需要设置。

由于塔柱高度大，泵送时要求混凝土具有很好的流动性及合理的坍落度以防止堵管。泵送有一泵到顶和分级泵送等方法，需根据索塔高度、设备性能合理选择。

1.1.3 上部结构施工方法

1. 拼装法及其拓展

一般认为匠人制作的木或石的梁构件,实现了现代意义的装配成桥,可认为是现代拼装法的前身。

陆地上最原始的搬运工具为撬杠和滚动装置,水中搬运巧妙地借助浮力和潮涨潮落。

在此基础上,一方面发展出搬运、起重的工程机械设备,包括千斤顶、汽车吊、履带吊、浮吊、缆索吊、龙门吊等起重设备,运梁车,拼装专用的架桥机、造桥机等;另一方面,创新了桥梁的架设方法,如预制装配法、浮运法、浮吊法、拖拉法、顶推法等。

2. 支架法及其拓展

支架法是一种古老的施工方法。为了建造石拱桥,不得不搭设支架。古代采用木料、竹子等搭设支架。这一方法很难在大江大河和水流湍急的场合应用。

土牛胎法:采用直接填土形成胎模替代支架,在胎模上砌筑主拱。有水河流中,可采用将河流临时改道或在土牛胎下埋置深排水管等方法处理水流问题。该方法是桥梁施工中一项原始而古老的工艺。现代的个别工点仍采用这种原始古老的工艺,取得了较好的效果。

现代发展了钢管支架、碗扣式支架、盘扣式支架、型钢支架、贝雷梁支架等支架,研发了建造拱桥用的多种类型的拱架,用于建造梁桥的满堂支架、梁柱式支架等。在桁式拱架的基础上,为了减少拆除支架工作,将拱架埋置于拱桥中而形成了劲性骨架拱,进而发展了吊装质量轻、承载力高、既能充当支架又能用作模板的钢管混凝土拱。

为减少支架搭设工作量,提高机械化水平和生产效率,增加支架的重复利用率,开发了上承式和下承式移动模架法,即活动桥梁工厂。

3. 节段施工法

1955 年德国工程师 Finsterwalder 发明了悬臂挂篮施工技术。它以移动式挂篮作为主要的施工设备,以桥墩为中心,从墩顶开始,利用已浇梁段将梁体自重和施工荷载传递到桥墩、基础上,对称地向两岸逐段浇筑混凝土,待混凝土达到要求的强度后,张拉预应力筋,再向前移动挂篮,进行下一个节段的施工,直至合龙成桥。它既不需要在桥下搭设支架,又不需要大型起吊设备,使用方便,广泛应用于连续梁、斜拉桥和拱桥中,大大推动了桥梁的发展。这类不需要支架的施工方法称为无支架施工法。

在此基础上发展了悬臂拼装法。它将悬臂浇筑法中的桥梁节段改为预制成型,再利用吊装设备进行起吊就位、张拉预应力拼接。

1959 年德国 Stradbag AG 公司的 Wittfoht 发明了下承式移动托架法,后又从现浇发展成预制节段拼装法。目前预制节段拼装的方法还有上承式移动模架等拼装法。

4. 拖拉法、顶推法

利用拉索施力,配合滚轮沿纵向水平移动重物,是一个古老的搬运方法。将其应用于钢桥架设中,将施力构件改为卷扬机和钢丝绳,就形成了拖拉法。1959—1963 年联邦德国的 Leonhardt 等发明了建造混凝土梁桥的顶推法施工技术，其基本思路如下：在预制梁下方设置滑道以减小滑动摩擦力，使桥梁的移动方式改为滑动，利用竖向和水平千斤顶相互配合，竖向千斤顶顶落梁、水平千斤顶推动竖向千斤顶并带动主梁前行，逐个行程地向前移动，直至主梁就位。在此基础上，发展了"分段预制，逐段顶推，逐段接长，连续施工"的现代多点顶推技术、步履式顶推装置等。

近年拖拉法和顶推法交融，应用于钢桥的施工。

5. 转体法

转体法是在非桥位上预制半桥，设置转体装置并尽量减小摩擦力，通过千斤顶、卷扬机和钢丝绳等工具施加转动力矩，使桥体转动至设计桥位上合龙。按转动方式可分为平转法、竖转法、平竖结合的状态法和多级转体法。1947 年竖转法首先应用于法国 Iartuby 桥——主跨 110 m 钢筋混凝土拱桥，平转法于 1976 年首创于维也纳多瑙河运河桥斜拉桥的施工中。

现代施工方法的创新和发明主要集中在二战后的欧洲国家。

1.1.4 施工方案编制

桥梁施工前需要制定施工方案，针对技术难度大、安全风险高的分部工程或大型临时设施，还需要编制专项施工方案，并通过审查和批准。施工单位的项目总工程师和技术负责人负责施工方案的编制、审查和实施，承担主体责任；而监理单位的总监理工程师负责对施工方案的审核和实施，承担监督责任。

1. 施工方案

施工方案举例如下。

施工方案

1　工程概况

1.1 基本概况。

1.2 地质情况。

1.3 技术标准。

1.4 工程数量。

1.5 附图：施工平面图、立面图；与营业线的关系图等。

2　编制依据

2.1 相关法律、法规、规范性文件、标准。

2.2 有效的规范规程。

2.3 工程所涉及的各类管理规定。

2.4 有效的施工图设计文件及图纸。

2.5 施工组织设计。

2.6 批准的变更设计文件及图纸等。

3　施工计划

3.1　总体实施计划。

3.2　分步实施计划。

3.3　附图：横道图等。

4　施工工序

4.1　总的实施步骤。

4.2　分步实施步骤。

4.3　附图：施工流程图等。

5　施工条件

5.1　工程实施所需条件。

5.2　周边环境影响分析等。

6　施工工艺

6.1　技术参数。

6.2　工艺流程。

6.3　施工方法。

6.4　操作要求等。

7　施工组织

7.1　施工管理机构或指挥系统。

7.2　劳力组织(包括：作业人员配备和分工，施工管理人员、专职安全生产管理人员、特种作业人员、其他作业人员等)。

7.3　机械设备及材料准备等。

8　保障措施

8.1　安全重点及管控措施。

8.2　质量重点及技术措施。

8.3　标准化文明施工措施。

8.4　监测监控措施(对危险性较大的工点或分部分项工程，应制订第三方监测专项方案。专项方案应包括：工程概况、监测依据、监测内容、监测方法、人员及设备、测点布置、监测频次、预警标准及监测成果报送等相关内容)。

8.5　其他措施(包括冬季施工措施、夏季施工措施等)。

9　应急预案

9.1　总则(编制目的、编制依据、工作原则、适用范围)。

9.2　应急组织指挥体系及其职责(应急指挥机构设置、应急指挥机构及现场指挥机构组成、应急指挥机构职责)。

9.3　预防预警(风险分析、预警报告)。

9.4　预案应急响应(应急响应标准、应急响应流程、新闻发布、应急结束)。

9.5　信息报送(报告程序、报告内容、报告时限)。

9.6　保障措施(预案体系、队伍保障、物资保障、信息保障、制度保障)等。

10　附件

10.1 第三方检算、设计计算书及相关图纸。

10.2 防洪预案等。

2.专项施工方案

在施工单位编制实施性施工组织设计的基础上,针对各类中度及以上安全风险工点以及危险性较大的分部分项工程,应依据相关工程建设标准、规范和规程,单独编制具有针对性的专项施工方案。专项施工方案的编制目录与前述施工方案大致相同,但内容更加具体,重点更为突出。现场需要编制专项施工方案的情况如下。

①深基坑施工方案:深度≥3 m时应有支护设计方案和设计计算书;深度≥5 m时,支护设计方案和设计计算书应经有资质的设计单位复核确认。

②高墩施工方案:墩高≥8 m时应包含有资质设计单位编制的模板设计计算书、复核确认的脚手架计算书等。

③挂篮法连续梁施工方案:有资质设计单位编制的0号段及边跨现浇段支架设计计算书及设计方案;有资质单位编制的挂篮设计计算书;0号段、边跨现浇段支架及挂篮预压专项方案;合龙段锁定及压重专项方案;线型监控专项方案(跨度≥80 m时应由有资质的单位编制);临时结构(挂篮、支架)拆除方案;等。

④支架法桥位制梁施工方案:有资质的设计单位复核确认的支架设计方案和设计计算书;支架预压及拆除专项方案等。

⑤箱梁、T梁架设施工方案:应包含架桥机原设计单位对架桥机改造的设计文件、生产厂家提供的架桥机出厂合格证、标准箱梁架梁工况设计检算书、设计单位编制的非标准箱梁架梁工况设计检算书、运架设备的现场组拼等。

⑥钢桁梁、系杆拱、节段拼装梁、槽型梁等特殊结构桥梁施工方案:应参照挂篮法连续梁及支架法桥位制梁相关要求,对重要临时结构的设计方案和设计计算书,委托有资质的设计单位进行检算并复核确认;当采用悬臂法组拼时,应委托有资质的设计单位进行悬臂组拼设计、检算。

⑦营业线(邻近)施工方案:明确施工等级及对营业线设备的影响范围,包括营业线施工安全隐患梳理和控制措施及相应的应急预案,确保营业线施工安全。

⑧跨越河流、航道、等级公路、高速公路桥梁施工方案:应对施工处所的水文地质、地上下管线、地上地下交通、车流等情况进行详细调查,明确桥梁(隧道)施工影响毗邻道路、建(构)筑物等各类设施的安全范围和跨线施工的防护重点、防护措施、限速条件和封锁要求;并与相应主管部门协商,取得相关许可书面意见后,制定切实可行、有效的施工方案。

⑨涉及交叉跨越、邻近高压燃气管线或高等级电力线路等易燃、易爆、高危设施的施工方案:应对其安全范围及防护要求进行调查确认,并与相关行业主管部门、设备管理单位进行协商,形成一致意见后,根据相关行业规范编制切实可行、有效的施工方案。

⑩其他施工方案:工艺试验段的施工方案:大型建(构)筑物拆除、大型设备进场的安装及其拆除方案等。

1.2　桥梁养护与维修概述

1.2.1　我国服役桥梁特点

我国服役桥梁呈现如下显著特点:座数多、总里程长、规模大;结构类型多;桥龄跨度长;服役状况复杂。

1. 桥梁规模

1) 公路桥梁

交通运输行业发展统计数据中,2008—2020 年中国公路桥梁数量规模见表 1-2。按长度计算,2020 年是 2008 年的 2.63 倍,年平均增速为 20%。

表 1-2　2008—2020 年中国公路桥梁统计数据

年份	总量		特大桥		大桥	
	数量/万座	长度/万 m	数量/座	长度/万 m	数量/座	长度/万 m
2008	59.46	2524.70	1457	250.18	39381	884.37
2009	62.19	2726.06	1699	288.66	42859	981.90
2010	65.81	3048.31	2051	346.98	49489	1167.04
2011	68.94	3349.44	2341	404.28	55229	1330.05
2012	71.34	3662.78	2688	468.86	61735	1518.16
2013	73.53	3977.80	3075	546.14	67677	1704.34
2014	75.71	4257.89	3404	610.54	72979	1863.01
2015	77.92	4592.77	3894	690.42	79512	2060.85
2016	80.53	4916.97	4257	753.54	86178	2251.50
2017	83.25	5225.62	4646	826.72	91777	2424.37
2018	85.15	5568.59	5053	902.69	98869	2637.04
2019	87.83	6063.46	5176	1033.23	108344	2923.75
2020	91.28	6628.55	6444	1162.97	119935	3277.77

2) 铁路桥梁

《中国国家铁路集团有限公司 2020 年统计公报》中,全国铁路营业里程 14.63 万 km,其中高铁 3.8 万 km,全国铁路路网密度 152.3 km/万 km², 复线率 59.5%,电化率 72.8%。西部地区铁路营业里程 5.9 万 km,国家铁路营业里程 12.8 万 km,复线率 61.6%,电化率 74.9%。

高速铁路桥梁长度普遍占线路总长度的50%以上，长三角发达地区如沪杭高铁桥占比在90%以上。丹昆特大桥全长达165 km，是世界上最长的桥梁。

2. 结构类型

结构类型多，跨度覆盖面广，包含不同建筑材料、不同结构类型、不同交通运输功能的大批量桥梁，其中，简支梁桥占比最大，其次为连续梁桥。为了满足跨越大江、大河及跨海工程需要，修建了很多的大跨甚至是千米级桥梁，混凝土连续梁体系桥、斜拉桥、拱桥、悬索桥等常用桥型的跨度纪录上，我国的建设成绩均名列前茅。

3. 桥龄跨度

桥龄跨度有1400多年，桥梁老龄化问题突出。

我国是一个文明古国，历史悠久，我们的祖先创造了一系列卓越的桥梁工程，留下了宝贵的桥梁文化遗产，如河北赵县赵州桥、福建泉州万安桥、广东潮州湘子桥和北京卢沟桥等古迹，其中赵州桥桥龄有1400多年，一些古桥进入文物保护行列，仅保留其行人通行功能。

近代由外国人负责修建的一些桥梁，桥龄过百了，有的也被保护起来，如甘肃兰州的中山桥等。

现代修建了大量的公路、铁路桥梁，各地均有20世纪50—70年代修建的桥梁仍在服役中，公路桥梁方面，21世纪实施的危桥改造工程，对其中状态很差的桥梁进行了改扩建；铁路桥梁中，中华人民共和国成立初期修建的混凝土桥等，因其满足不了运输要求，主梁基本上被更换了。

4. 服役状况

由于荷载等级变化、建设理念的发展及运营管理等方面的影响，桥梁服役状况非常复杂。如下几点是桥梁养护工程中不能不重视的问题。

1）荷载等级变化导致桥梁承载力不足

中华人民共和国成立后，为满足经济发展的需要，公路、铁路荷载等级也经历了几次大的修改，以公路荷载发展历程为例，其五次修改如下。

1954年颁布的《公路工程设计准则（草案）》，1956年修订一直沿用到20世纪60年代，对应的荷载等级为汽-6、8、10、13、18；拖-30、60、80（荷载数值的缺省单位为t，下同）。

1967年，交通部颁布了《公路桥梁车辆荷载及净空标准暂行规定》，对应的荷载等级为汽-10、15、20；履带-50、60、拖车-100。

1972年颁布了《公路工程技术标准（试行）》，对应的荷载等级为汽-10、15、20；履带-50、挂车-80、100。

1981年颁布的《公路工程技术标准》和1985年颁布的《公路桥涵设计通用规范》，对应的荷载等级为汽-10、15、20、汽超-20；履带-50、挂车-80、100、120。

2003年发布的《公路工程技术标准》（JTG B01—2003），以及2004年发布的《公路桥涵设计通用规范》（JTG D60—2004），对应的荷载等级为公路—Ⅰ级和公路—Ⅱ级，二级及以上的公路桥梁大多采用公路—Ⅰ级。

每次荷载等级修订，基本上都提高了荷载等级的水平，目前执行的荷载等级水平较20世纪50—70年代的有较大幅度的提高，出现了按老标准修建的桥梁基本不能满足现行荷载等级的要求这一客观和普遍的现象。

2）不同时期的建设理念导致桥梁耐久性问题突出

20 世纪建造的桥梁，其设计规范中并没有明确的使用年限要求，按目前的建造水平分析，这些桥梁的耐久性措施是不完善的；其中，20 世纪 60—70 年代经济困难时期修建的大量桥梁，为减低造价、提高经济性，其结构的耐久性问题更是突出，如这个时期发明的双曲拱桥，其经济性好但结构整体性较差。

3）汽车超载问题

汽车工业的快速发展及运输中对超载的管理不严，超载车辆导致桥梁严重损伤的现象更为普遍。因车辆超载，桥梁被压垮的现象时有发生。

4）养护投入不均衡

各地区经济发展不平衡，对桥梁的维养投入力度也不同，导致不同地区桥梁的管养水平和服役状态差异性也较大。

我国公路针对以上基本情况，加大资金投入，组织了全国范围的公路工程提质改造和危桥改造，但各地仍有不少桥梁服役状态差，承载能力不能满足现行荷载等级要求。

1.2.2　养护定义、理念与内容

进入 21 世纪后，公路、市政、铁路桥梁的相关设计标准明确规定了设计基准期和设计使用年限，大多数为 100 年，并同时颁布了相应的耐久性设计规范。设计理论方面也提出了全寿命设计的理念。

设计基准期或设计使用年限是在确定某些作用的标准值时需要事先规定的一个基准时间参数。这些作用的最大值概率分布与时间有关，如风荷载、车辆活载等。设计基准期可以理解为规范给出的桥梁预期或参考使用年限，但不能简单地将其等同于结构的真实使用寿命。

规范中设计使用年限条款的颁布和执行，对桥梁设计提出了明确的可靠性、耐久性总目标要求。国家颁布的《工程结构可靠性设计统一标准》（GB 50153—2008）明确规定：为了保证工程结构具有规定的可靠度，除应进行必要的设计计算外，还应对结构的材料性能、施工质量、使用和维护等进行相应的控制，包括勘察与设计质量的控制、材料和制品的质量控制、施工的质量控制以及使用和维护的质量控制。可见，桥梁的维养也是确保其服役寿命的不可或缺的一环。

在全寿命周期中，各养护工作所处的位置如图 1-4 所示。

桥梁建造完成后，桥梁在运营期总会受到不利环境影响，遭受车辆、风、地震、人为事故等外来作用，加上结构自身的自然老化，桥梁在寿命周期内必然会发生结构状态的退化，结构抗力下降、荷载效应上升，结构可靠性时变曲线如图 1-5 所示。

在桥梁出现严重病害之前，应对桥梁进行维修养护并使结构功能状态恢复到原设计状态，甚至通过结构加固，将结构功能状态强化至更高点，如图 1-6 所示。随着养护、维修加固成本比例的提高，进一步加固不具备经济上的合理性，同时考虑材料、构件耐久性及桥梁寿命的限制，结构功能状态下降，桥梁报废拆除，其生命周期终结。

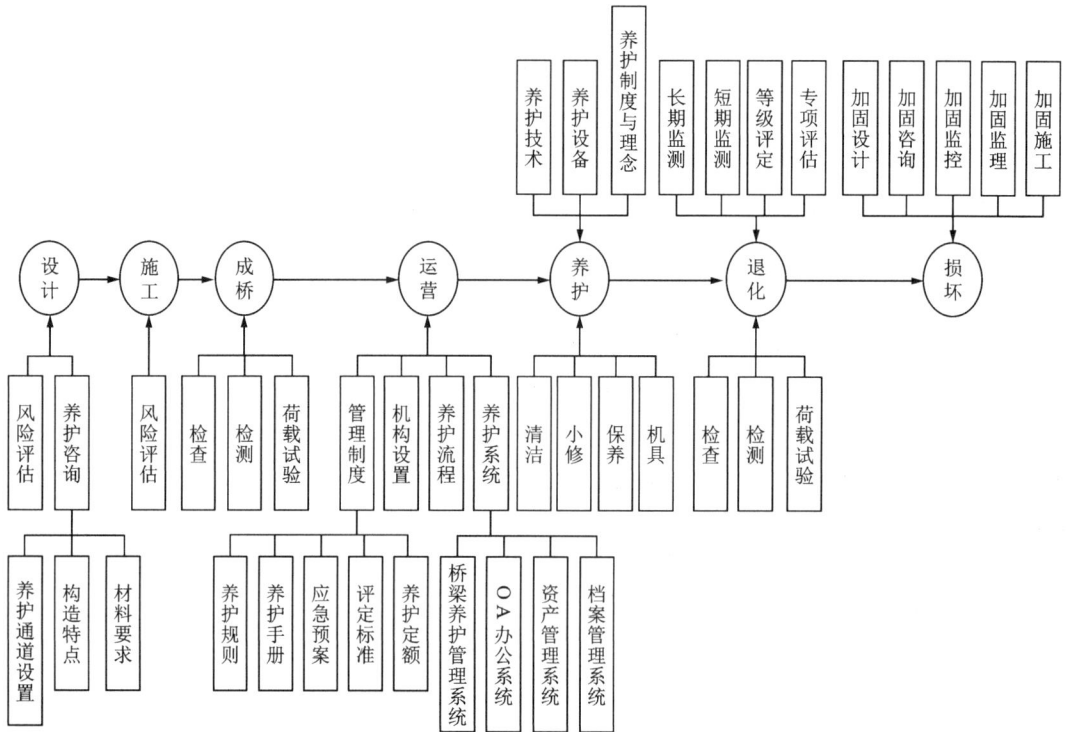

图1-4 全寿命养护工作分布

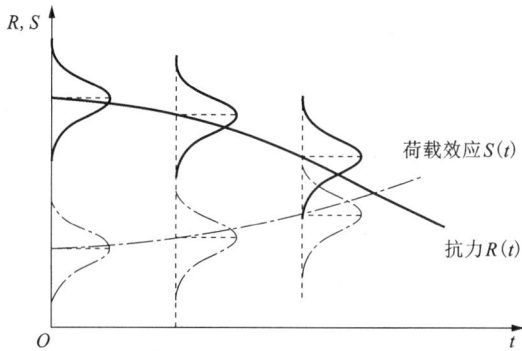

图1-5 结构可靠性时变曲线

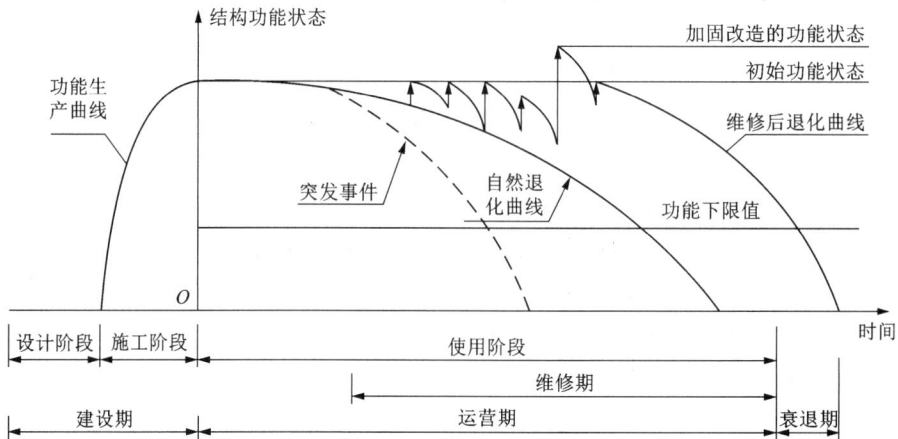

图1-6 桥梁生命周期图

桥梁维养遵循"预防为主、防治结合、保障畅通"的原则，以桥面养护为中心，重点关注承重部件，周期性检查桥梁，全面了解其技术状况，及时发现缺损和相关环境的变化。根据桥梁技术状况进行分类评定，制定相应的养护维修对策：首先，确保原结构能够满足设计荷载等级和设计交通流量的要求；其次，根据交通发展需求，通过改造和加固提升承载能力、通行能力和使用寿命；再次，提高管理水平，建立桥梁管养系统和相关数据库，实施桥梁病害监控，进行科学决策；最后，逐步建立特大型桥梁报警系统，制定地震、洪水和流冰等预防决策系统，为保障通畅奠定基础。

城市桥梁养护规范对养护的定义为"确保城市桥梁始终处于正常工作状态和安全运营，而进行的检查、检测、评估、养护维修及档案资料管理和安全防护管理等工作"。

公路桥梁养护规范对养护的定义为"为保持桥涵及其附属物的正常使用而进行的经常性保养及维修作业；预防和修复桥涵的灾害性损坏及为提高桥涵使用质量和服务水平而进行的改造"。

铁路部分实行检查与养修分开的管理体制，明确修理工作分为检查、维修和大修，维修工作包括经常保养和综合维修。

"养护""修理""维养""维修""养修"等名词的用法和内涵界定各专业部门并未统一，如狭义养护仅指保养，铁路维修限定于"经常保养和综合维修"等，但其广义内涵是相同的，包括桥梁检查与评定、日常养护与维修、专项检查与维修、桥梁加固与提质改造、安全保障措施、养护应急预案、桥梁技术资料管理、桥梁防护等。其中的检查包括初始检查、日常巡查、经常检查、定期检查、特殊检查，铁路桥梁还有临时检查、专线检查和桥梁巡守；桥梁防护包括水流状况的观测、桥梁的防洪、洪水期抢险等。

公路、市政部门习惯上用"养护"，铁路部门习惯上用"修理"，本书采用"维养"，系养护维修或维护保养的简称。本书后文主要采用公路、市政部门的表述方式。

桥涵维养，按养护目的分为预防养护、修复养护、专项养护和应急养护；按其工程性质、规模大小、技术难易程度划分为小修保养、中修、大修、加固、改建和专项工程(专项抢修和专项修复)等。

按国内的管理模式，桥梁管理与维养承担单位具体如下：一般公路桥梁由县(区)公路局负责，高速公路桥梁由高速公路管理局(公司)负责，铁路桥梁由铁路局工务段或高铁工务段负责，城市桥梁由市政管理的桥梁维护处负责。

规范桥涵结构的养护、维修行为，提升管养理念和水平，对桥梁维养工作至关重要。第一，组建专业化团队，如上述的公路局、铁路局集团的工务部门、城市桥梁维护处等单位，提升其管养专业技术能力水平。第二，制定维养制度、规程和规范，确保日常养护、维修等有章可依。第三，配置比较齐全的仪器设备，包括交通、检查、养修、照明、办公设备等。第四，注重科学技术引领，不断创新，包括桥梁自动化检测、安全监控、预警预报技术等。第五，建立健全全寿命过程养护理念。全寿命设计理念是针对设计提出的一个新的概念，为了确保桥梁在设计使用期内安全服役，更为重要的工作是养护和维修，并且在建设、管理、养护、检查、评定、维修、加固和技术创新各个层次内容中贯彻全寿命过程养护理念。

1.2.3 桥涵病害及损伤原因

据不完全统计，美国 60 多万座桥梁中约有 30% 存在结构性缺陷或老化问题，大量建于 20 世纪 50—60 年代的桥梁已接近设计使用寿命，面临再利用的难题；法国、德国、挪威和英国等欧洲国家的部分桥梁维修需求也占总数的 30% 左右。桥梁老化是不可避免的自然现象，我国同样面临类似挑战。同时，我国地域广阔，自然灾害频发，以及超限超载情况较为普遍，也给桥梁养护带来了一定的挑战和压力。

自 2010 年以来，由洪水、滑坡、台风等自然灾害以及车辆超限超载等导致的桥梁垮塌事故占事故总数的 70% 以上。尽管对货车非法改装和超限超载进行了有效治理，取得了一定成效，但整体治理形势依然不容乐观，交通运输领域的结构性矛盾仍然存在，由此引发的桥梁安全事故依然时有发生。同时，由于部分早期建设的桥梁防灾标准较低，受到水文地质条件变化的影响，出现了防冲刷、过水能力不足等问题。在遭受强降雨、台风等灾害性天气影响时，容易发生洪水、滑坡、泥石流等自然灾害侵袭及人工泄洪导致的桥梁垮塌事故。

相对于桥梁垮塌这类极端事故，桥梁病害现象更为普遍。桥梁病害及成因可归纳为如下几个方面。

①设计考虑不周。包括结构形式或桥型布置不合理；设计计算错误；结构断面尺寸及钢筋配置不符结构受力要求，构造不合理；对一些特殊荷载和地质特性如收缩、温度、基础变位、水化热、地基不均匀沉降、地震等考虑不周或把控不准。

②施工质量问题。包括原材料质量如水泥质量不好，使用的集料不合格或集配不合理，含泥量过大，出现碱骨料反应等；混凝土振捣不密实或超振捣，掺和料拌和不均匀；浇筑顺序不当；混凝土养生不好；预应力张拉控制不符合要求；预应力管道压浆不密实；支架下沉，脱模过早；接头处理不当；钢结构涂装不合理；高强螺栓脆断；等等。

③运营期间自然和人为因素。典型的有交通超载，船舶、车辆、漂流物撞击，水流对基础的冲刷，地震等。

④材料性能退化。包括混凝土碳化，高温、高湿、低温、冻融、振动、温度、氯化物等环境侵蚀，水、土中的硫酸盐和酸类物质的化学侵蚀，钢结构和钢筋锈蚀，橡胶老化等。

⑤维养措施不当。包括桥面维修增加过大的恒载，桥面防水、排水处理不当，桥面渗水，支座维修不当约束了承载结构的变形，加固设计、措施或工艺不当引起结构的二次病害等。

⑥超期、超负荷使用。超期使用，主要指早期建造的桥梁，如 20 世纪五六十年代建造的桥梁，当时对桥梁使用寿命并没有明确的规定，一般只有 30~50 年，这些桥梁仍在使用中。超负荷使用，实际运营的荷载等级超出了原设计等级，或由于运量过大而诱发疲劳损伤等。

1.2.4 桥梁维养技术的不足与挑战

提升桥梁运行安全水平和耐久性是桥梁养护工作的永恒使命。桥梁养护既要着眼于眼前养管工作的实际状况，立足基层的养管特点，又要着眼全局和未来发展趋势，围绕建设交通强国的总体要求，从人、车、设施等方面全方位提升桥梁养护管理能力和水平。

①增强桥梁运行安全风险意识。21 世纪，我国建设高峰期修建的桥梁运行安全风险将逐

步加大。同时，目前约有 18% 的早期建设的老旧桥梁荷载标准低于汽-20 和公路—Ⅱ级。由于经济社会快速发展，交通量快速增长，车辆大型化、重型化趋势明显，这部分老旧桥梁不能完全适应公路运输荷载特征的变化，需要被重点监测和关注。

②强化维养理念。我国很长一段时间存在"重建设、轻养护"的问题，面向未来，新桥建设将逐步"降温"，主战场将转移至保持既有桥梁的良好运养状态、延长其生命周期方面，强化维养理念、加大维养投入是必然的选择。

③桥梁养护治理能力有待提升。目前，部分公路尤其是农村公路受经济条件限制，桥梁日常养护、检查评定、加固改造资金投入不充足，部分桥梁存在"失养"现象，导致桥面坑槽、桥面伸缩缝损坏、桥头跳车等系列病害；养护市场化水平还需提高，部分基层桥梁养护、检测、设计、施工等从业单位和技术人员的经验仍有所欠缺，养护专业水平亟待提升。

④改进桥梁巡查、检查等手段。随着桥梁投入运营的体量加大，桥龄老化加剧，目前依靠人工巡检和检查的手段效率低且容易产生遗漏问题，需提高自动化程度，发展无人检查、不中断交通检测技术等。

⑤强化桥梁信息管理，提升现代化管理手段。目前，桥梁数据不完整、不详细，错漏、误判较多，很多桥梁的设计、竣工、维养资料缺失。应建立健全桥梁技术档案管理制度，推广应用桥梁管理系统，及时更新桥梁技术数据，并推行电子化、信息化管理，提升桥梁信息管理的时效性和准确性。我国关于道桥智能化管理的早期探索始于 20 世纪 80 年代，具有代表性的是"七五""八五"计划期间由交通部组织研发的国省道干线公路路面管理系统（CPMS）和中国桥梁管理系统（CBMS）。此后，全国各地许多部门在道桥智能管理化方面不断探索，将地理信息系统（GIS）应用于道桥的智能化管理维护，并取得了不小的成绩。但是基层调查结果表明，管理系统应用的广度和深度有待大幅度提升。

⑥提高减灾防灾能力。减灾防灾手段中，准确的灾害预警预报更能有效避免人身伤亡事故的发生，如利用现代的卫星监测和大数据分析的天气预报，大幅度提高了预测精度，对减少损失和降低危害程度起到了重要的作用；日本对地震的预测精度也很高，高铁自 1964 年开通以来，未曾因地震而发生事故。研发滑坡、泥石流、地震等灾害和既有桥梁状态预警具有迫切需求。桥梁面对地震、强风、洪水、火灾、滑坡、泥石流等自然灾害，预警预报技术和设备有待强化，抗灾防灾能力和水平有待提高。

1.3　桥梁结构试验、检测与监测概述

试验是指对已知某种事物，为了了解其性能或结果而进行的试用操作，或为了观察某事的结果或某物的性能而从事的活动，例如桥梁荷载试验等。

检测则是指对给定的产品，按照规定的程序确定某一种或多种技术性能指标或参数的技术操作，如混凝土强度检测、裂缝检测等。在桥梁检测活动中，规定程序包括成熟的检测和结果评定方法，以及规定的检测操作程序。

上述二者很多情况下合并为"试验检测"，对桥梁工程而言，它是指根据国家有关法律、法规的规定，依据工程建设技术标准、规范、规程，对桥梁所用材料、构件、桥梁制品、桥梁实体等进行技术指标的试验、检测活动。

监测的释义为监视、检测，即对某一事物的全过程进行实时的测量，并与既定的标准进行对照评定的过程。如桥梁施工监测、服役桥梁的健康监测，目前二者统称为安全监测。

1.3.1 桥梁结构试验与检测

桥梁建成投入运营直至拆除的全过程中，在不同阶段需要组织不同目的的试验检测。

1.试验检测类型、项目与内容

常见的试验类型有材料试验、静载试验、动载试验，其中动载试验包括行车试验、跳车试验、制动试验、脉动试验、铁路方面的联调联试等，此外还有抗风试验等特殊试验。

①材料试验：水泥、砌体、钢筋、锚具、支座、伸缩缝等材料和构件成品性能试验，混凝土配合比试验，组织抽芯、回弹试验测试材料力学性能的强度试验，老化试验，混凝土碳化深度检测，钢筋锈蚀检测等。

②静载试验：采用与设计荷载等级相同或相近的荷载以及堆载或车辆队列加载方式，对桥梁结构进行试验加载，测试应变、挠度、转角、荷载横向分布性能等指标数据，分析桥梁结构使用状态、承载力等是否符合设计要求。

③行车试验：组织车辆队列按不同速度行驶通过桥梁，测试结构基频、振型、动应变、动挠度、动转角等指标，获取其时程曲线，分析冲击效应、不同速度运营荷载作用下结构使用性能等。

④跳车试验：设置桥上的跳车障碍，组成车辆以不同速度通过障碍，激发桥上跳车，测试动应变、动挠度、动转角等指标，获取其时程曲线，分析冲击效应、桥梁运营出现跳车(瞬态冲击)情况下的动力性能指标等。

⑤制动试验：组织车辆队列在按不同速度行驶中突然制动，测试动应变、动挠度、动转角等指标，获取其时程曲线，分析桥梁在运营速度下突然制动时，桥梁结构特别是桥梁支座、墩台的动力性能指标，验证结构的抗制动的性能。

⑥脉动试验：依靠场地脉动激振，激发桥梁共振，测试结构动应变、动挠度、动转角等指标，获取其时程曲线，分析桥梁基频、阻尼等动力特性数据。

⑦铁路的联调联试：新建铁路开通运行前，通过采用检测列车、综合检测列车、试验列车及相关检测设备，对各系统的功能、性能、状态和系统间的匹配关系进行综合检测、验证、调整和优化，使整改系统达到设计要求。其中桥梁是整个系统的重要组成部分。

⑧特殊试验：针对大跨度或特殊桥梁而开展目前单一的专项试验，如抗风试验测试特殊桥梁在环境风场作用下的抗风性能等。

2.试验检测组织与实施

目前铁路桥梁的试验最为常用的方式是开通前的联调联试，既有线上通过综合检测列车、轨道检测车动态检测，个别特殊桥梁也可组织独立的试验。

公路和市政桥梁方面尚未达到铁路桥梁的统一联调联式模式，一般做法为针对具体桥梁组织独立试验模式。其主要包括如下内容。

①成桥试验。桥梁开通运营前进行，其目的为验证新建桥梁、加固和强化处理后桥梁的力学性能指标和使用性能是否与设计要求吻合，主要项目包括静载试验、动载试验等。它是

初始检查的重要内容之一，由具有相关资质的单位承担。

②旧桥检测试验。旧桥检测试验也包括静载试验、动载试验、材料试验等。

服役过程中的试验，在桥梁服役过程中特别是日常巡查中发现其性能指标异常或超限的情况下组织实施，其目的是查明原因和了解结构的使用状态，确定桥梁状况等级，为确定维养、加固方式提供依据。

桥梁大修、加固、强化前后的荷载试验。维修加固前组织荷载试验，其目的是为维修加固提供依据；事后的荷载试验，目的是验证大修、加固改造或强化等措施实施的效果。品质提升中的典型案例为铁路的六次提速改造工程，过程前后均做了大量的试验工作。

针对既有桥梁的检查，铁路和公路部门均颁布了相应的试验方法和评定标准，如铁路方面的《铁路桥梁检定规范》(铁运函〔2004〕120 号)、《高速铁路工程动态验收技术规范》(TB 10761—2013)等，公路桥梁方面的《公路桥梁承载能力检测评定规程》(JTG/T J2l—2011)等。

1.3.2　桥梁结构安全监测技术

1.安全监测的概念与类型

桥梁结构安全监测是随着大跨度桥梁建造和维护而发展的一个桥梁工程分支，旨在控制桥梁工程，监测桥梁的安全状况。该监测系统包括安装在桥梁上的传感器等硬件以及数据采集与传输、数据处理、评估与管理等软件，用于测量、收集、处理和分析桥梁的荷载、环境作用及结构性能参数，以评估和预警桥梁的正常使用水平和安全状况。

安全监测的硬件部分包括主梁挠度、风力风向、环境温度、结构温度、地震、动态交通荷载、结构应变、位移、腐蚀、加速度、频谱和模态动力特性、索力、裂缝、视频监控等方面的监测设备；软件部分主要有数据采集和传输系统、数据处理和分析系统、数据库管理系统、识别损伤系统。两部分共同协作、相互联系，完成对桥梁结构的监测。系统的目标是实现大桥管理的信息化、可视化、自动化、规范化和科学化，使桥梁管理部门能够准确合理地把握桥梁健康状态，节省人力及其他不必要的资源。安全监测是集现代传感技术、综合测试理论、计算机技术、系统辨识理论、网络通信技术、振动理论、信号分析与处理技术、随机过程和可靠度等于一体的综合体系，可连续、实时、在线地监测桥梁在各种环境条件下的结构响应与行为，获取反映结构状况和环境因素的各种信息，由此分析结构安全状态，评估结构的可靠性，为桥梁的管理与维护决策提供科学依据。同时，桥梁结构安全监测与预警对于验证与改进结构设计理论与方法、开发与实现各种结构控制技术以及深入研究桥梁结构的未知问题具有重要意义。

按照功能和目的不同，其可分为施工期间的安全监测和使用期间的安全监测，前者常称为施工监控，以施工状态控制和结构安全状态监测为目标；后者常称为健康监测，以结构损伤、评估和结构安全状态监测为目的。2014 年住房和城乡建设部颁布了《建筑与桥梁结构监测技术规范》(GB 50982—2014)，2016 年交通运输部颁布《公路桥梁结构安全监测系统技术规程》(JT/T 1037—2016)，规范中均统称为"安全监测"。

在施工期间，安全监测旨在确保施工安全，控制结构施工过程，优化施工工艺，并满足结构设计要求。重点监测桥梁的应力变化显著或水平较高的构件，变形显著的构件和节点，承受较大施工荷载的构件和节点，控制几何位形的关键节点，以及其他重要受力构件和节点的内力和变形关键特征。监测项目包括应变、变形、裂缝、基础沉降以及环境因素如温度、风、湿度等。监测工作流程如图 1-7 所示。

安全监测应为结构在使用期间的安全使用性、结构设计验证、结构模型校验与修正、结构损伤识别、结构养护与维修以及新方法新技术的发展和应用提供技术支持。监测项目与施工期间的相同。与施工期间的安全监测相比，其具有如下特点：使用期间的安全监测为长期实施的，监测系统中需包含评估与预警功能，整个系统为自动化的，必要时还应该是实时、可视化的。其实施流程如图 1-8 所示。

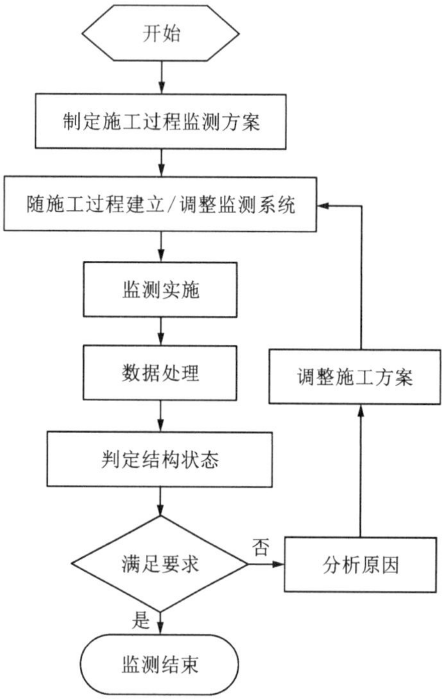

图 1-7　施工期间的安全监测流程图 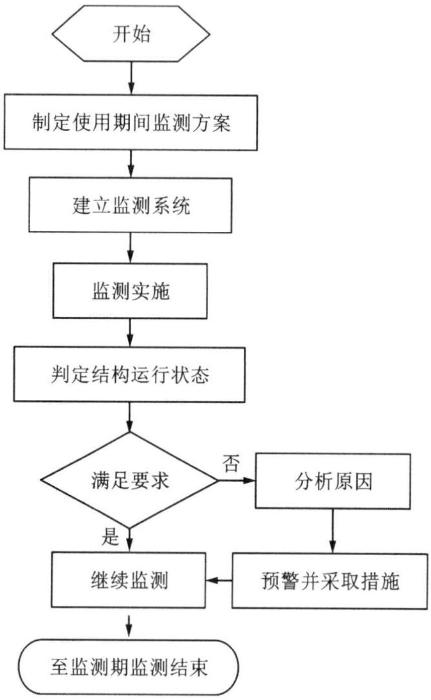　　　图 1-8　使用期间的安全监测流程图

2. 安全监测系统的组成

安全监测系统应包括传感器模块、数据采集与传输模块、数据处理与管理模块、数据分析与安全预警及评估模块，并通过系统集成技术将各模块集成为统一协调的整体。

传感器模块由荷载与环境监测传感器、结构整体响应监测传感器和结构局部响应监测传感器构成，应实现桥梁环境参数、车辆荷载参数及视频信息、结构响应的测量。

数据采集与传输模块由数据采集设备、数据传输设备与缆线、数据采集与传输软件构成，应实现传感器数据同步采集与传输，保证数据质量、不失真。

数据处理与管理模块由数据预处理、中心数据库、数据查询与管理软硬件构成，应实现桥梁监(检)测数据的处理、查询、存储与管理等功能。

数据分析与安全预警及评估模块应实现数据实时在线显示、数据分析、安全预警及评估等功能。

以上系统的构架是针对使用期间安全监测（健康监测）建立的，需对结构服役期间的健康、安全状态进行诊断。首先，合理地布置各种测点和测试仪器，执行对结构的实时监测，其次，采集并处理数据；再次，结合数值分析模型的结果和预先给定的判据对结构进行诊断和损失识别；最后，进行安全评估，确定维养对策。一个完整的监测系统如图1-9所示。

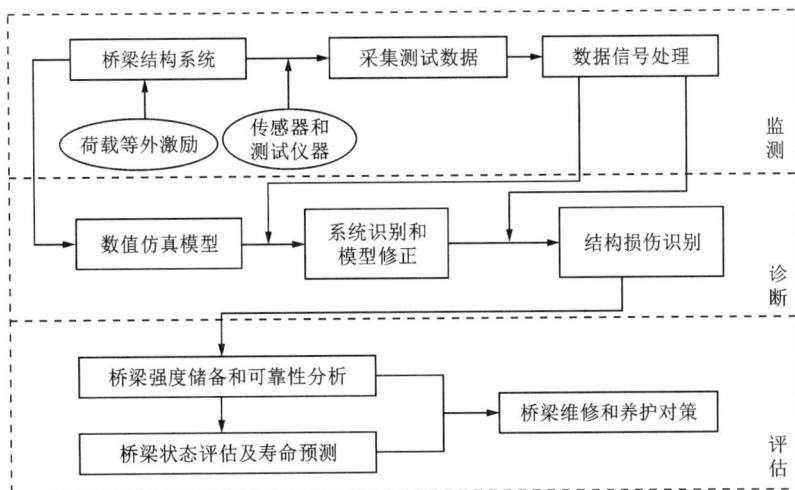

图 1-9　桥梁安全监测系统构成

安全评估分为一级、二级两个等级。安全一级评估应对监测数据统计特征值与规范设计值进行比对并分析，形成安全一级评估；安全二级评估利用修正结构有限元模型、监测荷载、规范设计荷载进行桥梁强度储备和可靠性分析，评估桥梁结构安全储备和安全状态等级，形成安全二级评估结果。当出现安全一级评估指标超限等情况时，应开展安全二级评估。

与使用期间的安全监测相比，施工期间的安全监测（施工健康）具有明显的特点：第一，因监测系统服务期仅为施工期间，数据采用频率低，数据量小；第二，监测对象一般为新建结构时一般不需要考虑结构损伤等原因；第三，安全监测的重要目标之一是使施工成桥结构状态与设计状态尽可能地吻合，系统中一般包含误差分析模块，其系统构架一般会简化。

但为避免投资的重复，宜统筹考虑施工期间监测、成桥试验和使用期间监测系统，并宜与桥梁巡检和养护管理相结合。

3. 安全监测技术的发展

在20世纪80年代中后期，欧美一些国家首先明确提出了结构健康监测新理念，并先后在一些重要的桥梁安装健康监测系统，美国开始在多座桥梁上布设传感器，测试环境荷载、结构振动和局部应力状态，用以验证设计假定，监视施工质量和实时评定服役安全状态。

我国自20世纪90年代应用该技术，先后在一些大型重要桥梁上建立了不同规模的长期健康监测系统，如香港的 Lautau Fixed Crossing 和青马大桥，内地的虎门大桥、徐浦大桥等。进入新世纪后，不少新建大跨度桥梁部署了桥梁健康监测系统，如2008年建成的苏通长江公路大桥、2009年建成的西堠门大桥、2019年通车的昌吉赣客专赣州赣江斜拉桥，以及沪通长江大桥、五峰山大桥、平潭海峡公铁两用跨海大桥等，其中赣江斜拉桥重点监测大跨度桥上无砟轨道及梁-轨相互作用。

在桥梁上安装使用实时健康监测系统是新世纪桥梁中的热点之一。我国在这方面的研究和应用均已取得一定成果。

我国桥梁施工监控发展 50 余年，健康监测系统发展 30 余年，正在经历从最初的理论研究到工程实例应用过程，以及工程实例应用到理论完善的过程，使安全监测系统研究理论、工程应用越来越成熟，施工期间监测(施工监控)因其建造中的必要性和内容上的单纯性，相对而言，发展和应用更为成熟，而使用期间监测发展过程中也暴露了如下问题和不足。

1) 系统架构方面

施工期间监测、使用期间监测、成桥试验三个方面脱节现象严重，更与桥梁巡检和养护管理衔接不够。

监测系统大多数是根据实际的案例一对一建立系统，专业化、系统化、标准化程度不高。

针对中小桥梁的使用期间安全监测系统，国内鲜有研究，还处于研究初级阶段。

2) 使用期间安全监测系统方面

测试用元器件及系统本身使用寿命，完全不能与桥梁使用寿命匹配，甚至难以达到 20 年，也难于预测某个仪器出现异常，缺乏系统自身的"安全"识别。

系统安装时间的不合理：目前该类系统大多在桥梁开始运营期安装，此时的桥梁处于其使用寿命期间最好的状态，合理的安装时间应当是在桥梁进入中、老年期后。基于技术创新类桥梁的安全监测目的中包含了对技术创新成果的验证。

未形成较完善的数据存储和查询系统，数据得不到合理的利用。

传感器、测点优化布设，有待在理论和操作层面进行提升。

如何从海量数据中提取和利用有效的监测数据对桥梁进行健康状态评估仍是技术难题。

3) 分析理论和计算方法方面

缺乏实用有效的优化算法，造成测点数量、系统规模、数据量大，信息大量冗余。

对环境因素这类随机因素的精确计算，理论上仍不成熟。

桥梁结构状态评估特别是有限元模型修正精度有待提高。缺乏对结构性能改变敏感参数的有效研究。

1.3.3　安全监测理论

1. 施工期间安全监测中的控制与预测

将施工监控中的测量值与设计预期值进行比较，如果误差小于规定值，则进入下一阶段施工。否则，有必要找出原因，然后通过适当的措施消除或减少误差。系统控制及预测方法一般采用卡尔曼滤波法、自适应控制方法、灰色预测控制方法、神经网络法等。无论哪一种预测模型，都需要一定的训练样本，训练样本越多，预测精度越高。

2. 使用期间安全监测中的有限元模型修正理论

设计分析计算中，有限元分析模型是基于规范的理论参数如理论弹性模量等开展有限元分析，同时受简化假定、边界条件的近似性、接头和耦合部件的不确定性等因素影响，有限元模型预测与实验结果之间往往存在明显误差，一般情况下实测值优于理论计算结果。

对服役桥梁进行理论分析、试验检测和状态评估，如果有过大的误差是难以胜任的，为此，需大力提高理论分析的准确性。为提高有限元模型预测的精度，力学工作者提出了有限元模型修正技术，即充分利用结构和有限元分析的优点，用少量的结构实验所获得的数据对有限元模型进行修正，以获得比较准确的有限元模型。从工程应用的角度看，有限元模型修正技术是一种综合性很强的技术。除了有限元模型修正技术本身的理论外，它还涉及有限元的建模和计算、动力学实验技术和经验，以及计算机中的许多技术问题，如数据传递等。

有限元模型的修正对象可以分为两类：一类是有限元模型的刚度矩阵、质量矩阵甚至阻尼矩阵中的元素；另一类是有限元模型的设计参数，包括物理参数与几何参数。

3. 状态评估与损伤识别

目前公路部门颁布的《公路桥梁技术状况评定标准》(JTG/T H21—2011)中，采用分层综合评定与单项指标控制相结合的方法开展状态评定，即依据桥梁检查资料，通过对桥梁各部件技术状况分层综合评定，同时考虑桥梁单向控制指标(关键病害的控制)，确定桥梁的技术状况等级，它是在《公路桥涵养护规范》(JTG 5120—2021)"一般评定"的基础上，根据桥梁各部件不同材料、结构形式对桥梁进行分类，分类后根据各部件不同特点制定相应的评定标准。其中的分层系指先对桥梁各构件进行评定，然后对桥梁各部件进行评定，再分别对桥面系、上部结构和下部结构进行评定，最后进行桥梁的总体技术状况的评定。采用百分制计分，评定结果分为 1~5 类，1 类状态最好，5 类状态最差。

然而，桥梁作为一个由多种材料、不同构件组合而成的大型综合系统，上述分类分析评定方法虽然简单，但评定的准确性有待提高，不少学者致力于基于安全监测动力测试结果开展损伤识别与状态评估研究。

既有系统辨识和基于参数分析的结构损伤识别实际上是一个反分析问题，是通过结构表现出来的系统特征来确定系统构成参数。这就决定了损伤识别问题的复杂性和识别结果的不确定性。损伤识别本身就构成了目前的一个研究热点。

损伤识别需要解决如下三个问题：损伤指标、损伤的时间和空间定位、确定损伤程度。进一步量化分析出现的损伤程度，给出确定的指标，以便为决策部门提供技术支持，从而及时对损伤结构予以修复。

常用的损伤识别方法有振动频率法、振动模态和模态曲率法、刚度或柔度矩阵法、神经网络法等。基于小波分析的识别分析计算也被应用到损伤识别中。

为了克服这个反分析问题的识别精度，诸多的优化方法和准则被应用到损伤识别分析中，比较典型的有基于遗传算法的损伤识别和基于统计理论的损伤识别。

1.4　桥梁加固方法与技术概述

正常使用条件下，桥梁结构应在设计使用寿命内满足安全性、适用性和耐久性要求。安全性是以结构的强度、稳定性等承载能力为指标衡量的；适用性则是以刚度、变形、裂缝、振动等影响正常使用性能和旅客舒适度为指标衡量的；耐久性是以混凝土风化、材料腐蚀、冻融、钢筋锈蚀等材料性能变化指标衡量的，旨在确保结构的使用寿命。

为了维持桥梁的正常服役，尽力保持和延长桥梁的使用寿命，对桥梁结构物进行经常性的养护维修是非常必要的。当桥梁结构因荷载标准低而不能满足现行荷载等级要求、结构严重损伤而出现承载能力降低、桥面过窄妨碍车辆通行等情况时，则需对桥梁进行必要的补强。

桥梁加固与强化，属于桥梁的技术改造内容，也是桥梁维养中一个重要的环节，它不同于桥梁的改扩建工程，前者是基于既有桥梁进行改造，而改扩建工程包括新增并行桥幅、改移、拆除重建等，这些内容与新桥建造相同；为维持桥梁的适用性、耐久性而采取的大量的、经常性的工程措施及其工作，则归结到桥梁养护中的维修（小修、中修和大修）工程中。

桥梁加固与强化虽然概念上有所不同，但是其工程措施和方法基本相同，本书后文不再区分。

1.4.1　加固方法

桥梁加固以恢复和提高结构的承载力和使用性能为根本目标，其主要的类型如下。

1）加强薄弱构件

对使用状态差、承载力不足的构件，以新材料（钢筋、钢板、混凝土）增大截面尺寸、增加体外预应力或用化学粘贴剂粘贴补强材料等补强措施进行加固，即通过增大截面的刚度或增加受力材料数量来提高构件的承载力。常用的加固方法有增大截面加固法、粘贴钢板加固法、粘贴纤维复合材料加固法、体外预应力加固法等。

2）增加或更换构件

可在原有结构上增加新的受力构件，如纵梁、横梁等，也可采用新的预制构件替换原有结构中具有严重缺项而不易修复的构件，如斜拉桥中的换索工程。

3）改变结构体系

通过结构体现的转换或结构类型的改变，改善原结构的受力状况，提高其承载能力，如将简支梁改变为多孔连续梁，增加型钢结构将钢筋混凝土结构改为钢-混凝土组合结构等。

按加固的部位可分为桥梁上部结构加固、桥梁下部结构加固、桥梁拓宽、桥梁构件更换等类型。

按加固桥梁的结构形式分为梁桥加固、拱桥加固、斜拉索加固、钢桥加固等。

按性能的加固可分为抗震加固、防洪加固等。

1.4.2　加固条件

当桥梁性能退化严重时，往往需要在加固与改扩建之间做比较和选择，确保加固的必要性和经济的合理性，如此，形成了加固的基本条件，具体如下。

①桥梁加固后，其结构性能、承载能力和耐久性都能满足使用上的要求。

②具有明显的经济效益。一般将加固（技术改造）工程与拆除重建进行对比，评价其经济效益。一般认为，加固比重建能节省 50% 以上时，经济效益已相当可观，宜采用加固改造方

案，否则，可采用重建新桥的方案。实践中，若加固费用占到新建工程的 70% 以上，一般不会采用加固方案；若加固费用占到新建工程的 50%～70%，则需进行充分的论证。

加固工程方案、设计的合理性是通过加固设计完成的，其实施过程与新桥建设基本相同，也包括方案设计、施工图设计、评审过程。

1.4.3　加固技术的发展

针对桥梁工程服役状况和抗击地震等自然灾害的需要，从桥梁养护中分化并形成了桥梁加固这一学科。

加固工程中较早实施的是针对洪水对地基的冲刷而开展的基础加固。近几十年发生了多次地震，对交通生命线造成了重大损失，1971 年 San Fernando 地震的发生，美国加利福尼亚州的交通部门即开始投资加固设计，日本也有类似情况，研发了系列加固方法和应用技术。1980 年在巴黎和布鲁塞尔召开了关于旧桥问题的国际专题讨论会。

20 世纪 80 年代以来，我国在旧桥加固改造技术的研究和试验方面进行了大量工作，交通部在"六五""七五"计划期间开展了一系列有关旧桥检测、承载能力评定及加固技术的科研课题研究。我国高校与研究机构开展了大批的专项课题研究，内容包括更改结构体系以及增加截面、体外预应力、纤维材料、粘贴钢板等；20 世纪 90 年代末，我国开始研究并使用碳纤维复合材料加固混凝土结构，到目前为止，碳纤维增强复合材料（CFRP）运用于桥梁结构的工程实例已经很多。21 世纪初，我国提出并开展了组合结构技术在桥梁加固中的应用研究；铁路、公路交通运输部门在桥梁维修、养护、加固、改造实践中取得了不少成功的经验，获得了显著的经济效益，也推动了加固学科的发展，形成了比较系统的加固计算理论、方法和工法。

1991 年中国工程建设标准化协会推行了《混凝土结构加固技术规范》，1999 年铁道部颁布《铁路桥梁抗震鉴定与加固技术规范》（TB 10116—1999），2003 年中国工程建设标准化协会又颁布了《碳纤维片材加固修复混凝土结构技术规程》，2008 年交通部颁布《公路桥梁加固设计规范》（JTG/T J22—2008）和《公路桥梁加固施工技术规范》（JTG/T J23—2008），指导桥梁加固设计和施工。

1.4.4　加固技术的介绍

1. 扩大混凝土截面加固法

通过增大构件截面面积或配筋率以提高钢筋混凝土梁的强度、刚度和稳定性的加固方法，该法是在梁底面或侧面加大尺寸、增配主筋，以提高主梁截面的有效高度，从而达到提高桥梁承载力的目的。优点：施工工艺简单、适应性较强，且具有成熟的设计和施工经验。可明显提高桥梁结构构件部分的强度、刚度和承载力，同时还减小了结构表面的裂缝宽度，增强了结构的整体稳定性，几乎不需要后期养护。缺点：由于增大截面法在施工过程中全部的作业需在梁底进行，施工难度较大，且施工质量难以控制。现场施工的湿作用时间长，对生产和生活有一定程度的影响，并且加固后的建筑物净空会相应地减小。适用范围：被加固的桥梁下部结构能够承受足够多的自重，能够提供更高的承载力。适用于较小跨径的 T 梁桥或板桥的加固。

2. 体外预应力加固法

采用外加预应力的钢拉杆对结构进行加固的方法。优点：施工工期大为缩短，能降低被加固构件的预应力水平，较大幅度提高结构整体承载力，可在不增加桥梁自重的前提下，有效增加加固后主梁的抗弯刚度和承载力，在施工组织合理安排的情况下，该方法可最大限度地减少对桥上交通的影响，甚至可以在有限开放交通的情况下组织施工，加固效果最为明显。缺点：施工工艺非常复杂，加固后对原结构外观有一定影响，加固后体外预应力束容易腐蚀。适用范围：大跨度桥梁结构加固，要求提高承载力、刚度和抗裂性及加固后所占用空间小的桥梁。

3. 改变结构受力体系加固法

通过改变原桥梁结构受力形式以达到提高结构整体承载力的目的的方法。如：最常见的简支变连续梁是在简支梁下增设支架或桥墩，或将简支梁之间加以纵向连接，降低控制截面内力，达到提高梁的承载力的目的。该方法需对原结构的受力状况进行仔细的现场调查与分析，并对转换后的桥梁结构进行可靠的受力分析，确定桥梁结构承载力的提高幅度是否满足规定交通荷载等级的需要。优点：加固效果较好，是一种常用来解决临时通行超重车辆的加固措施，重车通过后临时支撑即可拆除。缺点：往往都需要在桥下操作或设置永久设施，因而会减小桥下净空，或施工时会影响通航。适用范围：适用于梁（板）挠度过大，承载力明显不足的钢筋混凝土梁桥或要求通行重载而要加固的桥，但必须考虑通航及桥梁排洪能力的影响。

4. 粘贴纤维复合材料加固法

近年来纤维增强复合材料（fiber reinforced plastic，简称 FRP）在国内外的结构加固及工程改造中得到了广泛应用。其中碳纤维增强复合材料是一种性能优良的混凝土结构加固材料，粘贴碳纤维片是近几年兴起的新型结构加固技术，它利用树脂类材料把碳纤维布材或板材粘贴于混凝土结构或构件表面，形成复合材料体，通过碳纤维布与结构的协同工作，达到对结构补强加固以及改善受力性能的目的。优点：高强、轻质、耐腐蚀、抗疲劳，热膨胀系数低，加固层厚度很薄，基本不改变原结构外观，施工方便快捷、周期短，施工质量易保证，后期维护费用低，根据受力分析可多层粘贴进行补强，其方向性也可以灵活控制。缺点：抗拉弹性模量较低；环氧树脂在温度高于 600 ℃时会呈现软化现象，因此只能用于阴凉通风处的结构构件。适用范围：对景观要求较高地区的桥梁、小变形桥梁结构加固。

正是由于传统的 FRP 加固技术有着施工不够便捷，许多复杂的结构节点也较难操作的缺点，喷射 FRP 加固技术应运而生。与其他技术相比而言，采用喷射加固具有多重优点：轻质高强，施工快捷方便，耐久性与抗疲劳性更好，材料固化速度快，修复效果好。如图 1-10 所示，喷射 FRP 加固法就是用特定的喷射机器，将特定长度的纤维与树脂黏结剂混合在一起，通过对空气进行压缩提供的动力将二者喷射到待加固模型表面上，使得混合物牢固均匀地黏结在结构外表面。由于高速喷射的反复冲击，喷射的 FRP 被挤压得十分密实，从而在结构表面形成了一层具有高强度、厚度均匀的聚合物。由于喷射 FRP 聚合物具有良好的力学性能，因此能提高被加固构件的整理性能。

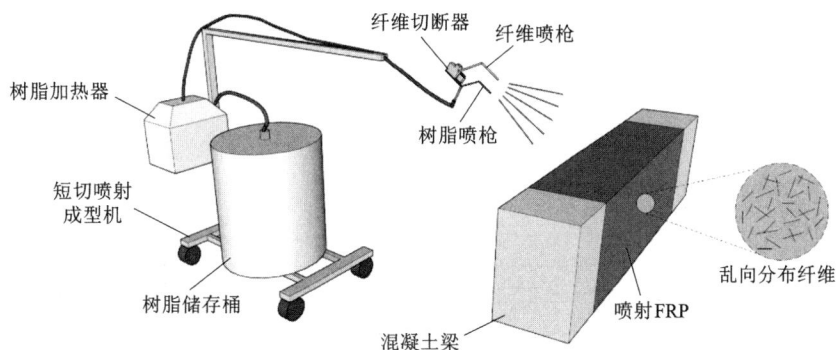

图 1-10　喷射 FRP 加固法示意图

1.5　标准与规范体系

中华人民共和国成立后，我国工程领域非常重视标准和规范的建设，以指导和规范工程活动。目前已建立了比较完备的标准与规范体系，而且随着技术的发展还在不断地完善与扩展。我国工程标准和规范的类型如下。

（1）按其作用，分为如下四个层次。

第一层次：综合基础标准，如《工程结构可靠性设计统一标准》（GB 50153—2008），是指导制定专业基础标准的国家统一标准。

第二层次：专业基础标准，如《公路工程技术标准》（JTG B01—2014），是指导制定专业通用标准和专业专用标准的行业统一标准。

第三层次：专业通用标准，如桥梁设计类规范。

第四层次：专业专用标准，如支座、伸缩缝等构件规范。

（2）按其使用范围，分为国家标准（GB）、行业标准、地方标准（DB）和企业标准四个层次。交通运输部门和铁路部门颁布的大多为行业标准，代码分别为 JTG 和 TB。对同一个项目同时有国家标准和行业标准时，行业应用中执行"行标优先"原则。

（3）按使用功效分为强制性标准和推荐性标准。涉及保障人身健康和生命财产安全、国家安全、生态环境安全和满足社会经济管理基本要求的为强制性标准，其余为推荐性标准，后者在规范代码中用"/T"表示。

《公路工程标准体系》（JTG 1001—2017）明确规定，公路工程标准的体系结构分为三层，如图 1-11 所示。第一层为板块，分为总体、通用、公路建设、公路管理、公路养护、公路运营六大板块，第二层为模块，在各板块中归纳现有、应有和计划制定和修订的标准的具体类别；第三层为标准。图 1-12 所示为公路工程强制性标准编号示意，如 2021 年版《公路桥涵养护规范》编号为"JTG 5120—2021"。

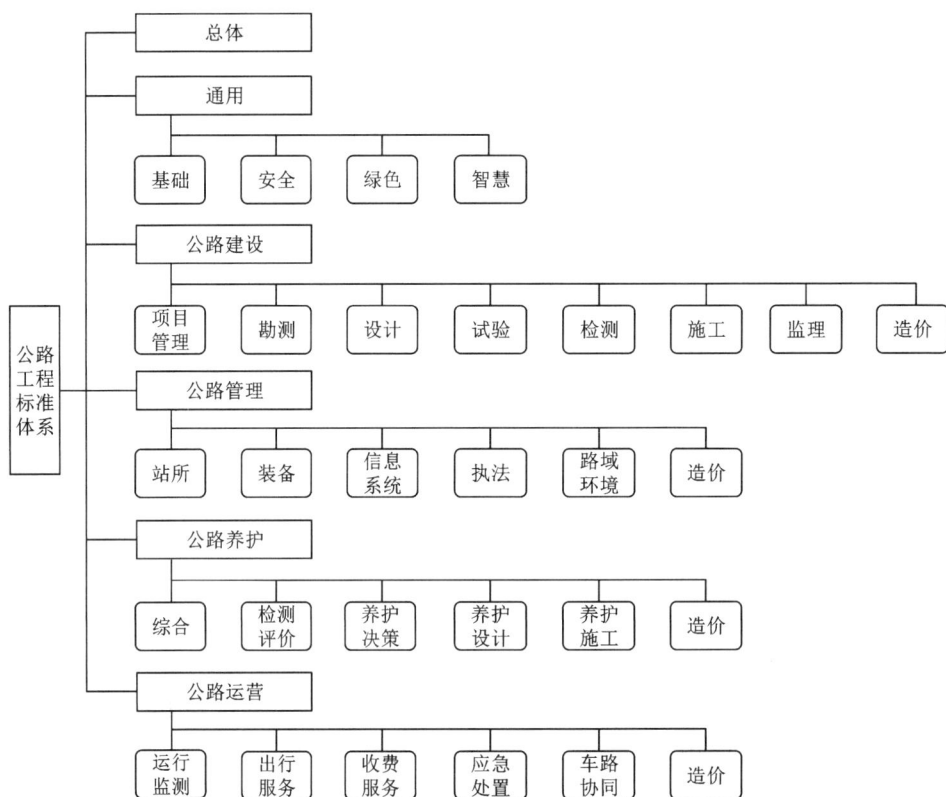

图 1-11 公路工程标准体系框架

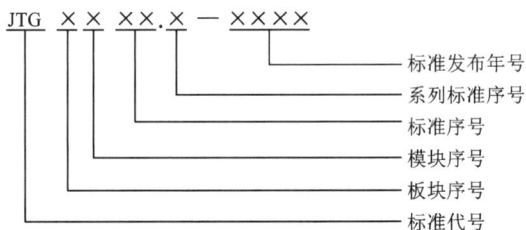

图 1-12 公路工程强制性标准编号示意

1.6 发展展望

针对本书所涉及的桥梁施工、维养、加固、检测与监测等内容,综合现有文献和研究热点,以下发展方向是值得关注的。

1.6.1 桥梁施工方法、工艺与设备

面向标准化、机械化、自动化的装配式建造技术;结合 3D 打印、建筑机械人等新装备和

新工艺的智能建造技术；面向新型结构的新施工方法和工艺；60~100 m 深水基础施工等新工艺；桥梁建造和运营中降噪、减震和绿色低碳技术；吊装设备、大直径钻机、大型浮吊、深水基础施工、标准构件的制运架等新设备；精密测量、结合 IT 行业的新功能装备和控制设备。

此外，需要注重对传统施工方法与工艺进行保护、传承和再创新，如石拱桥砌筑工艺、双曲拱桥的新施工方法等。

1.6.2 服役桥梁维养

建立既有桥梁科学合理的管理方法、管养手段，提升管养水平和效率。研发：服役桥梁信息管理和大数据分析系统；桥梁全寿命周期中的非线性数值仿真和虚拟图形技术；数值化、图形化、无人化、自动化和智能化的服役桥梁日常检查技术与装备；不中断交通的在线和实时检查技术与装备；服役桥梁状态和寿命评估理论；预警预报技术与设备等。

1.6.3 桥梁结构安全监测

提升既有桥梁检测和监控水平。研发：不中断交通的检测手段；智能化、系统化、快速化的无损检测技术；基于安全监测数据的桥梁结构损伤智能识别和安全评价技术；无人检测和自动识别技术；检测机器人；长效检测元器件与长效桥梁健康监测系统；基于卫星/无线网络的桥梁安全监测预警和智能检测设备等。

发展安全监测理论：数据挖掘；深度学习等理论的应用；结构损伤识别；有限元模型修正理论；全寿命周期时变可靠性理论；安全预警决策方法。

发展智能桥梁结构。

1.6.4 服役桥梁减灾防灾

面对地震、强风、洪水、火灾、滑坡、泥石流、爆炸、撞击、列车脱轨等自然和人为灾害，开展桥梁减灾防灾分析理论和设计、灾害预警预报理论和装备等研究，提高预警预报的适用性和准确性以及抗灾能力，确保人身安全、结构不垮塌和可修复性。

1.6.5 服役桥梁加固与强化

提高旧桥的承载力和服务年限，开展基于 100 年的"设计使用年限"耐久性措施的深化研究，以及基于提高使用年限的耐久性措施的研究；研发基于提高服役桥梁承载力水平的强化与性能技术；研发智能材料、快速修复材料、自修复等新材料及其装备，特别是针对利用天窗时间开展维养的高速铁路桥梁或不中断交通情况下进行维修的桥梁的维养技术与装备；完善与强化灾后桥梁工程的修复与强化技术。

思 考 题

1.桥梁建造的主体责任方有哪些？其责任期为多少年？

2.桥梁施工方案的主要内容有哪些？

3.请结合我国国情简述常见桥梁病害及损伤原因。

4.桥梁上部、下部常用的施工方法有哪些？

5.提高桥梁结构承载力的常用加固措施有哪些？其机制是什么？

6.桥梁安全监测系统由哪些内容构成？当前使用期间的安全监测存在哪些方面的不足？

7.简述目前我国公路桥梁的技术等级评定方法。

8.针对我国桥梁施工、桥梁维养、桥梁安全监测现状，请任选一个方面，综述其不足与发展方向。

第2章

施工基本作业

桥梁施工的基本作业涵盖了多个重要环节，其中包括支架工程、模板工程、钢筋工程、预应力工程及混凝土工程等。对于钢构件或节段的加工，已在"钢桥"课程中进行了详细介绍，而本章则主要聚焦于前四类基本作业进行介绍。

2.1 支架工程

支架是桥梁施工中的关键设施，用于在桥梁的原位、旁位或高位处支撑现浇混凝土、砌筑圬工梁体或梁段。这些支架不仅承受梁体的重力以及施工过程中的各种荷载，还充当作业平台和安全防护设施，确保施工人员的安全和施工顺利进行。在脚手架中，支撑脚手架便是这类支架的一种，它们在桥梁施工中发挥着至关重要的作用。

2.1.1 支架分类

支架是一种历史悠久且常用的施工临时结构，主要类型如下。

①按材料分为木支架、竹支架、钢支架、钢木混合支架，如图2-1所示，其中常用的钢支架包括钢管、贝雷梁、万能杆件或型钢拼装的支架等。

②按结构类型分为支柱式支架（满堂支架）、梁式支架和梁-柱式支架，如图2-2所示。

立柱式支架因其简洁的构造，广泛应用于陆地或不通航河道以及桥墩较低的小跨径桥梁施工中。目前，钢管支架以其优越的性能和适用性成为最常用的支架，参见图2-1和图2-3(a)。这种支架主要由钢管和顶面的纵梁或横梁等构件组成，形成一个稳定且承载能力强的支撑结构。常见的钢管支架类型包括扣件式、碗扣式和盘扣式等，它们各自具有不同的特点和适用场景。这些支架的主要构件有立杆、水平杆、扫地杆、斜杆、底座、上下托撑、剪刀撑和扣件等，它们共同协作，确保支架的稳固和安全。在施工中，为了满足不同高度和承载需求，纵梁下方通常需要设置卸落设备，如可调承托。这些设备与钢管支架配合使用，可以方便地调整托撑（顶托）的高程，从而适应不同的施工条件和要求。通过合理的设计和安装，立柱式钢管支架能够为桥梁施工提供稳定可靠的支撑。

(a)木支架

(b)钢管支架

(c)混凝土门洞支架

(d)贝雷梁支架

图 2-1　支架类型(一)

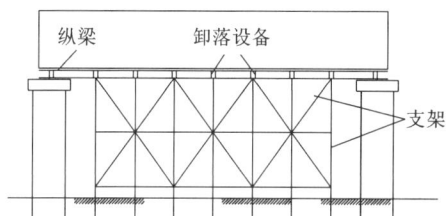
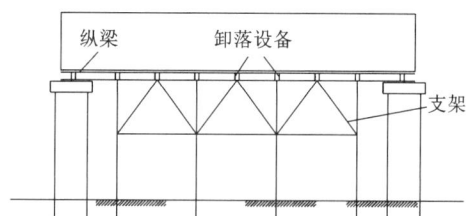
(a)立柱式支架

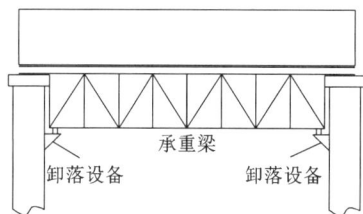
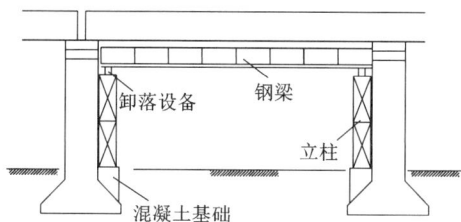
(b)梁式支架

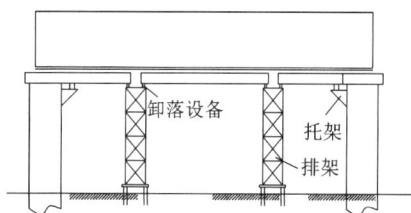
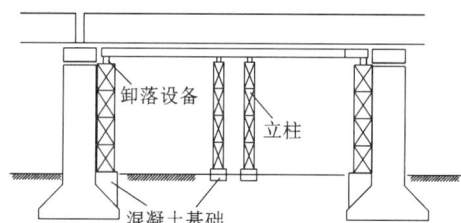
(c)梁-柱式支架

图 2-2　支架类型(二)

梁式支架，为单跨式支架结构，其梁可以支承在墩旁支柱上，也可支承在桥墩上预留的托架(牛腿)上，或支承在桥墩处的横梁上。

梁–柱式支架特别适用于桥墩较高、跨径较大或需要在支架下方设置通航(通车)孔的桥梁施工场景。在这种结构中，梁被稳固地支承在桥墩台、临时支柱或临时墩上，从而形成了多跨的梁–柱式支架体系。

梁式支架和梁–柱支架的构造丰富多样，主要包括受力纵(横)梁、分配梁、立柱及卸落设备等关键构件。其中，受力纵梁是支撑结构的核心，常采用工字钢、H 形型钢、贝雷梁或万能杆等坚固耐用的材料制成。分配梁则负责将荷载均匀分布到各个立柱上，常用的材料包括槽钢、工字钢和方木等。

立柱作为支撑整个支架体系的重要部分，其结构形式也多种多样，可以是万能杆、钢管、钢管混凝土或钢筋混凝土等。这些立柱不仅需要承受来自梁和分配梁的垂直荷载，还要具备足够的刚度和稳定性，以确保整个支架体系的安全可靠。

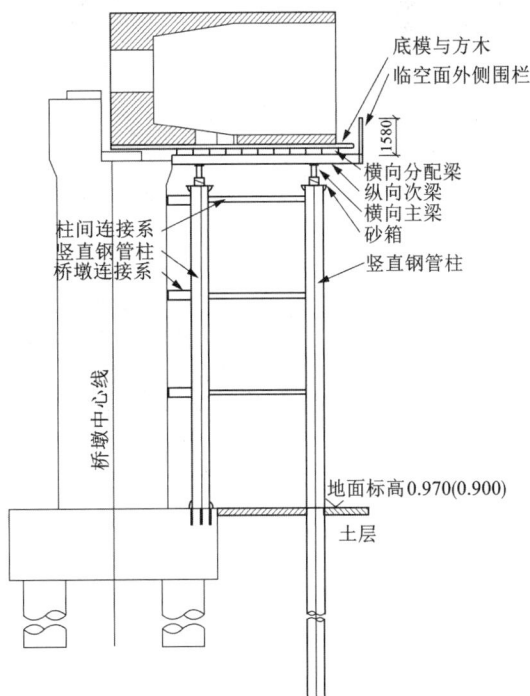

图 2-3(b)为某连续梁边跨直线现浇段支架构造图，采用纵、横梁体系，从上至下分别为底模、方木、分配梁、纵向次梁、横向主梁、砂箱、钢管柱。其中砂箱为卸落设备。

(a)碗扣式钢管支架示意图　　　　(b)连续梁边跨直线现浇段支架构造图(mm)

图 2-3　支架应用示例

③按支撑对象分为梁式结构支架和拱式结构支架，后者常被称为拱架。前面详细讨论了梁式结构支架，接下来将重点关注拱架。

拱架的结构形式丰富，包括支柱式拱架、桁式拱架、组合式拱架等，这些结构形式如图 2-4 所示。而按照材料分类，拱架又可分为木拱架和钢拱架。

支柱式拱架主要由钢管支架和斜撑等构件组成,这种结构形式通常需要在拱模板下方设置卸落设备,以便于施工过程中的调整和拆卸。图2-4(a)展示了一种常见的支柱式拱架,它由脚手架和钢管支架构成,形成了满堂式的支撑结构。

桁式拱架则通常采用拼装式桁式拱架或万能杆件拼装式拱架,如图2-4(b)所示。这种拱架的特点是其脚部直接作用于桥墩或桥台,因此不受桥下净空、基础状况及水流等因素的限制,具有较高的适应性和稳定性。

组合式拱架则是一种更加灵活多变的支撑体系,它采用贝雷梁、脚手架及大直径钢管等构件进行组合拼装,如图2-4(c)所示。这种拱架具有强大的跨越能力,能够满足通航要求,并且在安装和拆卸过程中都非常方便,因此在桥梁施工中得到了广泛的应用。

(a)立柱式拱架

(b)钢桁式拱架

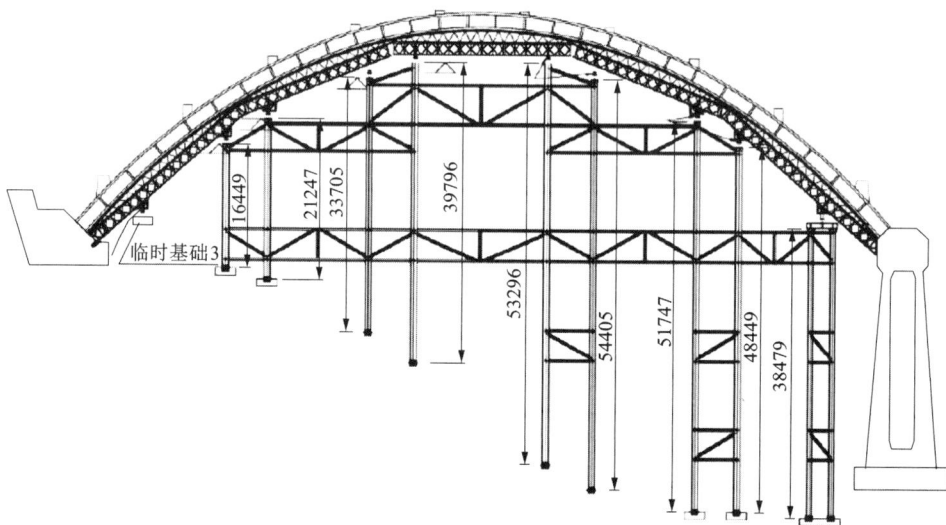

(c)组合式拱架(mm)

图2-4 拱架类型

2.1.2　支架设计

支架的设计任务由施工单位负责完成。在确定支架类型时，要综合考虑桥址的地形地貌、水文条件、地质特征、桥梁结构形式以及自身所具备的材料和装备等因素。之后进行支架的结构设计，进行力学分析检算，并绘制出支架的施工图，以确保支架的安全性和稳定性。

1.技术要求

支架作为施工过程中承受梁体结构自重和施工荷载的临时结构，需满足下列要求：

①施工期间必须有足够的强度、刚度和稳定性。

②接头位置应准确、可靠，构件之间结合紧密，并有足够的纵向、横向和斜向的连接杆件，使支架成为空间稳定的整体。

③设置合理预拱度，使结构外形尺寸和标高符合设计要求。

④支架上设置落架设备，以便脱模和支架拆除，落架时能够对称、均匀。

⑤构造和制作简单，装拆方便，尽可能增加周转次数以提高经济性。

⑥对河道中的支架要充分考虑洪水和漂流物的影响，以免支架被冲垮(图 2-5)。

图 2-5　支架被水冲垮

2.设计荷载

①桥梁结构自重：一般依据桥梁结构的尺寸分区域计算荷载集度。

②支架自重：按实际材料、尺寸计算。

③模板自重：按实际模板尺寸计入，荷载集度取 2.5 kN/m²。

④施工人员及机械活载：荷载集度取 1.5 kN/m²。

⑤倾倒混凝土时产生的冲击荷载：荷载集度取 2 kN/m²。

⑥振捣混凝土产生的荷载：荷载集度取 2 kN/m²。

⑦风荷载：依据桥位风速计算。

3.支架力学分析与检算

目前，支架的力学分析普遍采用有限元数值分析法进行，这种方法能够有效地模拟支架的实际受力情况。在力学建模和分析过程中，特别关注各构件之间的连接关系和约束处理，以确保模型能够准确反映真实状况。需要时，会通过增设构造措施来满足力学上的连接要求，从而提高分析的准确性。此外，落架阶段的计算也至关重要，必须重视这一阶段的分析，以防止因荷载转移而引发的工程事故。通过这些措施，能够更加精确地评估支架的受力性能，为桥梁施工提供可靠的技术支持。

各计算阶段的评价指标参照相关支架设计规范执行。

2.1.3 支架预压

对于支架，特别是那些高耸的支架，必须依据相关规范，实施预压作业。预压支架的目的，其实在于对支架的承载能力和安全性做出评估，同时消除支架与地基的非弹性形变。在此过程中，还需观测并记录支架的变形量，以便计算其预拱度。

在设定预压荷载时，通常选择施工荷载的110%作为标准，并采用分级加载的方法。依据《钢管满堂支架预压技术规程》（JGJ/T 194—2009），分级方式通常包括60%、80%和100%三个级别，同时，规程中也详细规定了预压监测的测点布置与监测频率的要求。

预压的方式多种多样，堆载预压和反力梁反压是其中的代表。堆载预压常用的加载材料有沙袋、预制混凝土块或水袋，如图2-6所示。而为了降低堆载的工程量，反力反压方式则成为一种常见的选择。

支架预压可采用对称、均匀的一次性加载方式。

(a) 沙袋预压　　　　　　　　　　　(b) 预制混凝土块预压

图2-6　支架预压

2.1.4 支架预拱度计算与设置

支架预拱度的设置准确性，对桥梁结构线形的符合设计要求至关重要。这一关键参数主要受到以下因素的影响。

①支架在承受施工荷载后会产生弹性变形，这一变形是不可避免的，但可以通过合理的预压措施来预估和补偿。

②支架杆件接头在受到挤压以及卸落设备压缩时，会发生塑性变形，这也是预拱度设置时需要考虑的因素之一。

③支架基础的沉降同样会对预拱度产生影响，因此在进行预拱度计算时，必须充分考虑地基的承载能力和稳定性。

④桥梁结构在施工过程中，混凝土收缩、徐变以及温度变化等因素也会引发预拱度的变化，这需要在设计和施工过程中加以重视和考虑。

前三项内容主要是通过支架预压结果设置预拱度，第四项内容是由桥梁结构计算确定。

2.2　模板工程

模板，作为混凝土结构的成型模具，由两大核心组件构成：面板和支撑系统。面板在其中扮演着至关重要的角色，它是使混凝土得以精确成型的部分。支撑系统则负责稳固面板的位置，并承担从面板传递而来的所有荷载，确保模板结构的稳固与安全。二者相辅相成，共同构成了确保混凝土结构成型质量的关键模具。

2.2.1　模板分类

按模板所用材料的不同可分为木模板、钢模板、钢木模板、胶合板模板、竹模板、塑料模板、玻璃钢模板、铝合金模板等，如图 2-7 所示。

按梁体成型时的作用，模板可分为底模、内模、外模、侧模和端模等。

底模设置在支架顶部或预制梁的台座上，承受大部分的混凝土质量，如图 2-8 所示。

外模通常设置于桥梁的两侧，如图 2-9 所示。对于小跨径的桥梁，外模可以设计为整体侧模，以确保其结构的稳固性和整体性。然而，当桥梁的跨度较大时，考虑到起吊能力的限制，外模可能会被分为若干段，每段的长度通常为 4~5 m，以便于施工时的吊装与安装。在构造上，外模还需考虑悬挂附着式震动器的设置，以确保混凝土在浇筑过程中的均匀性和密实性。

内模则是形成空心截面不可或缺的模板，如图 2-10 所示。对于那些空心部分较大的箱梁，内模通常采用活动模板或液压内模。这类内模由多个部分组成，包括内模板、内模车架、行走系统、液压系统及吊装装置等。这样的设计使得内模在施工中可以灵活调整与拆卸。而对于空心部分较小的箱梁或空心板梁（在公路建设中常见），由于空间限制，可以采用一次性木模板或胶囊内胎模等更为简单经济的模板形式。

端模则位于梁体的两端，如图 2-11 所示，安装时与侧模相连接。在某些情况下，部分端模板上还需预留出安装孔，以便于安装张拉索预埋件，确保桥梁在后续张拉作业中的结构稳定性和安全性。

(a)钢模板

(b)胶合板模板

(c)铝合金模板

(d)玻璃钢模板

图 2-7　模板类型示例

图 2-8　底模

（a）T 梁外膜　　　　　　　　　　　　　　　　（b）箱梁外膜

图 2-9　外模

（a）木内模　　　　　　　　　　　　　　　　（b）液压内模

图 2-10　内模

（a）T 梁端膜　　　　　　　　　　　　　　　　（b）箱梁端膜

图 2-11　端模

2.2.2 模板的设计与制作要求

模板，作为梁体制作中的关键临时结构，不仅关乎梁体尺寸的精准度和混凝土灌注的质量，还直接影响着施工的安全性。因此，对于模板的设定，有以下明确要求。

①模板需具备足够的强度、刚性和稳定性，以确保在施工过程中能够稳固地承受各类可能产生的荷载。

②模板应确保结构的设计形状、尺寸及各个部分的位置准确无误，以保障施工的精确性。

③模板板面应平整，接缝处需紧密无缝，以防漏浆现象的发生。

④模板的构造应力求简单，拆装方便，并尽量实现标准化，以便于其周转使用。

针对不同类型的模板，均已有相应的规范出台，对其制作质量进行了详细的规定。

在模板设计时，还需充分考虑到各类荷载因素，如模板自身的质量、新浇筑混凝土的质量、侧压力，以及振捣和倾倒混凝土时产生的荷载，还有施工人员和设备所带来的荷载等。面板的计算，可按照简支板的方法进行；支撑系统中的主、次楞梁则可根据实际情况按连续梁、简支梁或悬臂梁计算。具体的计算模型和方法，可参照《建筑施工模板安全技术规范》（JGJ 162—2008）进行。

2.3 钢筋工程

2.3.1 钢筋的分类

钢筋的种类繁多，其分类方式多种多样。依据化学成分、生产工艺、使用性能、力学性能、轧制外形、供应形式及直径大小等不同标准，钢筋可以被细致划分。图 2-12 展示了钢筋的多样性，它们在建筑工程中有着重要地位。

钢筋的分类方法多种多样，以下是几种常见的分类方式。

按出厂形状划分，钢筋可分为盘钢和条钢。盘钢通常卷曲成盘状，便于运输和储存；条钢则呈现为长条形状，适用于特定施工需求。

按直径大小划分，钢筋可分为钢丝和钢筋。钢丝的直径小于 6 mm，钢筋的直径则大于或等于 6 mm。

按表面形状划分，钢筋有光圆钢筋和带肋钢筋之分。光圆钢筋表面光滑，带肋钢筋则带有肋纹，能增加与混凝土的黏结力。

按加工方法划分，钢筋可分为热轧钢筋、热处理钢筋和冷加工钢筋。热轧钢筋是通过高温轧制而成；热处理钢筋经过特定的热处理工艺；冷加工钢筋则通过冷轧、冷拉或冷拔等冷加工方式制得。

按力学特性划分，钢筋可分为软钢和硬钢。软钢具有较好的延展性和韧性，适用于某些特殊应用场景；硬钢则具有较高的强度和硬度。

(a) 光圆钢筋（盘钢）

(b) 变形钢筋（条钢）

(c) 螺旋肋钢丝

(d) 钢绞线

图 2-12　钢筋种类

按组成形式划分，钢筋有单根钢筋和钢绞线之分。单根钢筋单独使用，钢绞线则由多根钢筋绞合而成，适用于需要较高拉力的场合。

按强度等级划分，钢筋有多种等级，如 HRB345、HRB400、HRB500 和 PSB980 等，这些等级代表了钢筋的不同强度特性，适用于不同要求的工程。

2.3.2　钢筋加工

普通热轧钢筋的加工，主要是通过一系列工艺将盘条和直条钢筋转变为符合施工需要的长度、弯曲形状或组件。这包括了下料、除锈、强化、调直、弯箍、弯曲、组件成型和钢筋续接等步骤。完成这些工序后，钢筋组件如钢筋笼、钢筋桁架和钢筋网等会被运至施工现场进行安装。

对高强钢丝的加工，重点在于钢丝的调直、下料、镦头和编束等工序。特别是采用镦头锚具的钢丝束，必须确保每根钢丝的下料长度精确一致，同组钢丝的长度差异不得超过总长度的 1/5000，以保证整体结构的稳定性。

钢绞线的下料有多种方法，如氧气-乙炔切割法和机械切割法，但应避免使用电弧切断，以免钢绞线受到高温、焊接火花或接地电流的影响。下料后的钢绞线还需保持其完整性，不得散头。为了防止钢绞线在管道中相互扭曲，建议采用编束工艺，即使用18~20号铅丝每隔1~1.5 m进行绑扎，确保其在施工和使用过程中的稳定性和安全性。

2.3.3 钢筋的连接

钢筋连接有绑扎连接、焊接连接和机械连接等三种主要连接方法。

目前绑扎连接仍是钢筋连接的主要方法之一，如图2-13所示。钢筋绑扎时，钢筋交叉点用铁丝扎牢；受拉钢筋和受压钢筋接头的搭接位置和搭接长度，应符合施工及验收规范的规定。

图 2-13 钢筋绑扎

焊接连接是确保钢筋结构稳固的重要手段，主要包括电阻点焊、闪光对焊、电弧焊、电渣压力焊、气压焊和埋弧压力焊六种方法，如图2-14所示。

在钢筋混凝土结构中，电阻点焊因其高效、能增强钢筋骨架刚度的特点，常被用于制作钢筋焊接骨架，对提升施工效率具有积极意义。闪光对焊则是钢筋对接连接的首选方法，完成后需对接头进行外观检查，并抽样进行机械性能实验，以确保焊接质量。电弧焊的灵活性使其适用于各种位置的焊接，它不仅能连接钢筋与钢筋，还能连接钢筋与钢板、型钢。电渣压力焊特别适用于柱、墙、水坝等结构中竖向或斜向受力钢筋的连接，而气压焊则能实现钢筋在水平、垂直和倾斜等方向的焊接。埋弧压力焊在预埋件T形接头钢筋与钢板的焊接中表现出色，满足了不同焊接需求。

机械连接主要有套筒挤压连接和锥螺纹连接两种连接方法，如图2-15所示。套筒挤压连接是通过挤压力使钢套筒塑性变形，从而使带肋钢筋紧密咬合连接在一起。锥螺纹连接是通过钢筋端头特制的锥形螺纹和钢筋锥形螺纹咬合而成的钢筋连接方法。

(a)电阻点焊

(b)闪光对焊

(c)电弧焊

(d)电渣压力焊

(e)气压焊

(f)埋弧压力焊

图 2-14　焊接连接

图 2-15　套筒挤压连接

2.3.4 钢筋连接要求

热轧钢筋的接头处理是确保钢筋结构稳定性和安全性的关键环节。当设计文件未对接头做出具体要求时，应遵循相关规范，确保施工质量和结构安全。具体要求如下。

①接头应优先采用闪光对焊或电弧焊连接，并以闪光对焊作为主要连接方法。这是因为闪光对焊连接具有连接强度高、接头质量稳定等优点，能够确保钢筋在受力时的整体性能。

②对于受拉钢筋，不论其直径大小，均应采用焊接接头。这是因为受拉钢筋在承受拉力时，需要更高的连接强度来确保结构的稳定性。

③在无条件施焊的情况下，对于直径 25 mm 及以下的钢筋，可采用绑扎搭接的方式，受拉钢筋绑扎接头的搭接长度如表 2-1 所示。但需注意，受拉钢筋的搭接长度应满足规范要求，确保连接的可靠性。同时，受压钢筋的搭接长度应为受拉钢筋搭接长度的 0.7 倍。在任何情况下，纵向受拉钢筋的搭接长度不应小于 300 mm，受拉钢筋的搭接长度不应小于 200 mm。

④在钢筋密集的结构内，当钢筋间净距小于其直径的 1.5 倍或特定尺寸（竖向为 30 mm，横向为 45 mm）时，为避免影响结构性能和施工便利，不得使用搭接接头。

⑤对于无法采用闪光对焊连接的受力钢筋，宜采用套筒挤压连接。这种连接方式具有操作简便、连接质量稳定等优点，能够满足不同施工条件下的连接需求。

表 2-1　受拉钢筋绑扎接头的搭接长度

钢筋类型		混凝土强度等级			
		<C20	C20	C25	>C25
光面钢筋		$45d$	$35d$	$30d$	$25d$
带肋钢筋	HRB335	$55d$	$45d$	$40d$	$35d$
	HRB400	—	$55d$	$50d$	$45d$

注：d 取较细钢筋的直径。

2.3.5 钢筋安装

在安装钢筋时，确保钢筋位置和混凝土保护层厚度符合设计要求是至关重要的。钢筋的位置准确对于结构的整体稳定性和承载能力具有直接影响，而混凝土保护层则起着保护钢筋、防止锈蚀的重要作用。

在钢筋接头处与模板之间采用垫块是一种有效的钢筋安装措施，如图 2-16 所示。垫块的主要作用是确保钢筋在浇筑混凝土时能够保持在正确的位置，同时保持混凝土保护层的厚度。垫块的强度和密实度应不低于本体混凝土的设计强度

图 2-16　垫块

和密实度，以确保其能够承受施工过程中的各种力和变形，保持结构的稳定性和安全性。

应确保钢筋骨(网)架位置正确，不得倾斜、扭曲。钢筋骨(网)架应有足够刚度，必要时引入辅助钢筋或在钢筋的某些交叉点处焊牢，但不得在主筋上起弧。

2.4　预应力工程

相较于普通钢筋混凝土，预应力混凝土能够显著提升结构的抗裂性能与刚度，更有效地利用高强钢材的强度，从而达到减轻结构质量、增强跨越能力的目的。在预应力混凝土的制作过程中，根据张拉预应力钢筋(束)与浇筑混凝土的先后顺序，可划分为先张法和后张法两种不同工艺。

2.4.1　先张法施工工艺

先张法施工工艺：先在张拉台座或钢模上张拉预应力筋，达到要求的控制应力后用夹具将预应力筋临时锚固，然后浇筑混凝土构件，待混凝土达到一定强度后，进行预应力放张，如图 2-17 所示。

考虑到该工艺在"混凝土结构设计原理"和"桥梁工程"课程中有详细的介绍，具体内容不再赘述。

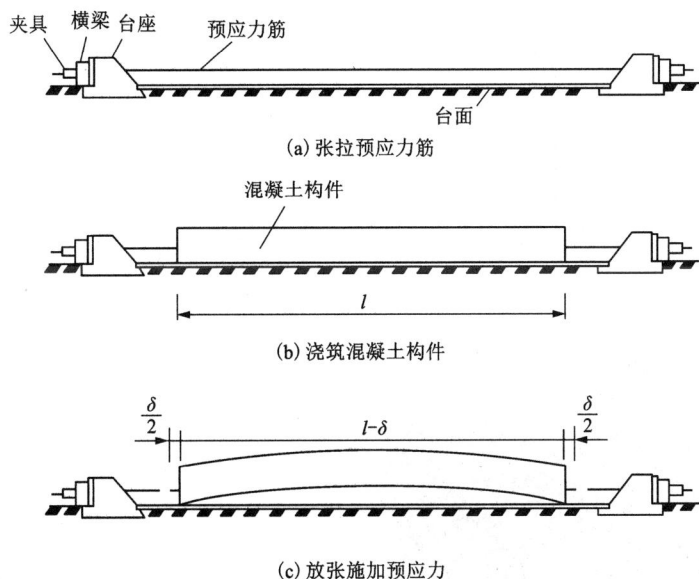

(a) 张拉预应力筋

(b) 浇筑混凝土构件

(c) 放张施加预应力

图 2-17　先张法施工工艺示意图

2.4.2　后张法施工工艺

后张法施工工艺：先浇筑混凝土构件，并在构件中预留孔道(或体外预应力筋)，待混凝土达到一定强度后,穿入预应力筋并用张拉设备施加预应力,如图 2-18 所示。后张法工序较先张法复杂,需要预留孔道、穿筋和灌浆等。由于不需要专门的台座,预应力筋可布置成任意形状且直接在构件上张拉,因此后张法较先张法应用广泛。

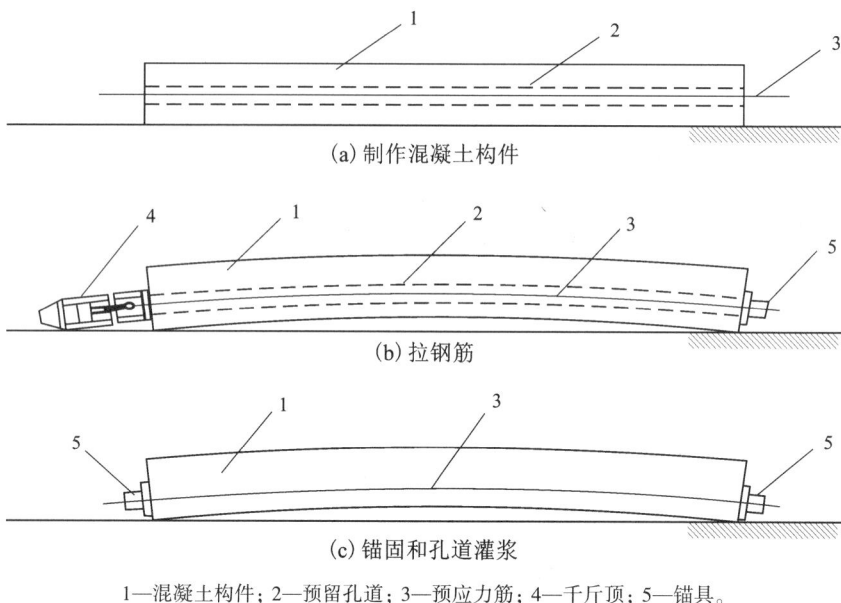

(a) 制作混凝土构件

(b) 拉钢筋

(c) 锚固和孔道灌浆

1—混凝土构件;2—预留孔道;3—预应力筋;4—千斤顶;5—锚具。

图 2-18　后张法施工工艺示意图

1. 孔道的形成

在后张法施工预应力梁的过程中,需在预应力筋的设计位置预先安置制孔器,待梁体制作完成后,梁内便会形成孔道。接着,将预应力筋穿入这些孔道,并进行张拉和锚固操作。

制孔器主要分为埋置式和抽拔式两种类型。其中,埋置式制孔器在梁体制作完成后会留在梁内,这种制孔器形成的孔道壁对预应力筋在张拉时产生的摩阻力较小。埋置式制孔器的种类多样,包括铁皮管、金属波纹管及塑料波纹管等,如图 2-19 所示。

(a) 金属波纹管　　　　　　　　　　　(b) 塑料波纹管

图 2-19　埋置式制孔器示例

抽拔式制孔器，通常被称作抽拔管，其工作原理是预先将制孔器放置在预应力束的设计位置上。待混凝土完全凝固后，将其拔出，从而在梁内形成所需的孔道。这种制孔器的显著优势在于其可重复使用性，有效节省了材料资源。常见的抽拔式制孔器包括橡胶管制孔器(图 2-20)、金属伸缩套管制孔器及钢管制孔器等。

图 2-20　橡胶管制孔器

2. 预应力筋锚固

锚具和夹具是预应力筋的主要锚固工具。其中，锚具在后张法结构或构件中发挥着关键作用，它能够持久地保持预应力筋的拉力，并将这一拉力有效地传递给混凝土，从而确保结构的稳固性。夹具则是一种临时性的锚固装置，用于在特定施工阶段固定预应力筋。此外，连接器是用于连接预应力筋的重要装置。

根据锚固方式的不同，锚具、夹具和预应力筋连接器可以分为多种类型。夹片式锚具包括单孔夹片锚具和多孔夹片锚具；支撑式锚具则涵盖了镦头锚具和螺母锚具等；锥塞式锚具主要是针对钢丝束的钢质锥形锚具；握裹式锚具则包括挤压式锚具和压花锚具等。这些不同类型的锚固工具在预应力混凝土结构中各有其独特的应用场景和优势。

夹片式锚具主要用于锚固钢绞线或高强度钢丝，多用于钢绞线，如图 2-21 所示。夹片式锚具的特点是任何一根钢绞线锚固失效；都不会引起整束锚固失效；每束钢绞线的根数不受限制。

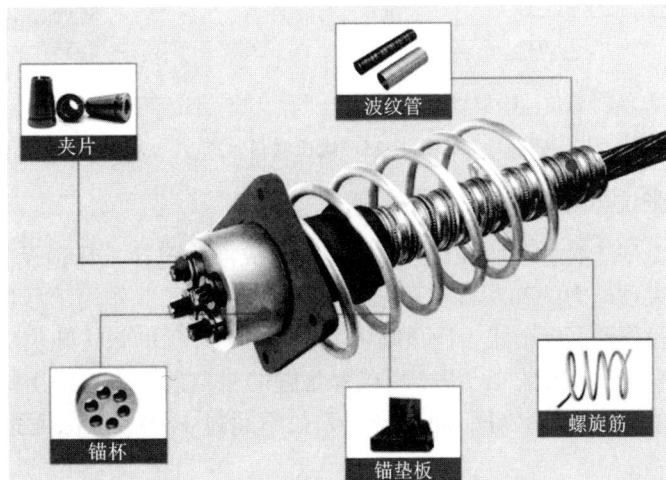

图 2-21　夹片式锚具

镦头锚具的工作原理如下：首先让预应力钢丝穿过锚杯的蜂窝眼；接着利用专门的镦头

机对钢丝的端头进行镦粗处理；随后，将千斤顶的拉杆旋入锚杯内的螺纹中，进行张拉操作；当张拉达到预定位置后，通过旋转锚杯外的螺纹，使锚圈紧密地贴合在构件表面上，如图2-22所示。这种锚具的优点在于它不会导致由钢丝回缩引起的预应力损失。然而，使用镦头锚具时，对钢丝的下料长度要求非常严格，如果长度误差过大，可能会在张拉过程中因钢丝受力不均而发生断丝现象。

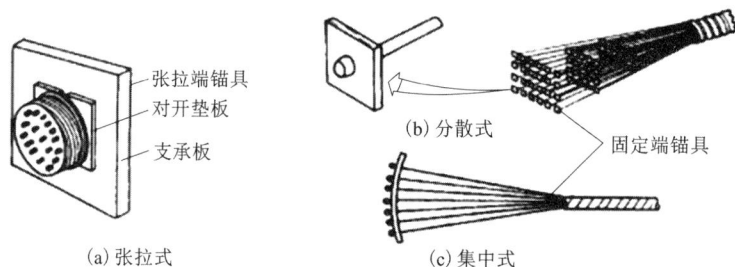

图 2-22　镦头锚具

螺母锚具由螺丝端杆、螺母和垫板三部分组成，如图2-23所示，适用于直径18~36 mm的预应力钢筋。

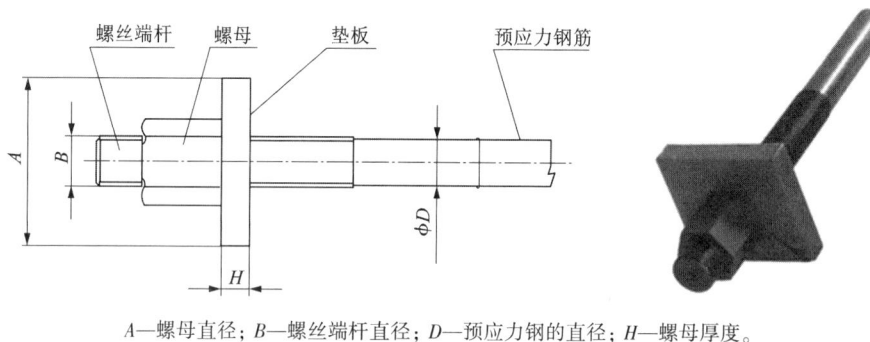

A—螺母直径；B—螺丝端杆直径；D—预应力钢的直径；H—螺母厚度。

图 2-23　螺母锚具

3. 预应力筋的张拉与控制

施加预应力的专用工具称为张拉设备，其核心组成部分包括千斤顶及其配套的油泵、压力表和油管。在单束预应力的初步调整和张拉过程中，穿心式双作用千斤顶是首选。而对于整体张拉和整体放张作业，自锁式千斤顶则更为适用。千斤顶的张拉吨位应至少为所需张拉力的1.2倍，并推荐为张拉力的1.5倍，以确保足够的张拉效果。在使用张拉千斤顶进行预应力施加前，必须进行精确的校正，确保校正系数不超过1.05，以保证张拉的准确性和安全性。

在预应力筋的张拉过程中，必须遵循同步、对称的原则，以最大限度地减少张拉设备的移动次数，防止构件产生不必要的附加内力和变形。这样可以确保构件受力均匀、同步，从而减小偏心荷载。张拉工艺通常分为一端张拉和两端张拉两种，如图2-24所示。一端张拉时，只对预应力筋的一端进行张拉，另一端则预先完成锚固。两端张拉则需要同步对预应力筋的两端进行张拉，这种方法适用于较长的预应力筋束。

在进行预应力筋张拉时，应坚持"双控"原则，即结合油压表控制和伸长量控制两种方法。其中，油压表控制为主要方法，伸长量控制则起到辅助作用。当张拉力（油压表读数）达到预定值时，实测的伸长量与理论计算值之间的误差应控制在±6%以内，以确保张拉过程的精确性和安全性。

(a) 一端张拉工艺

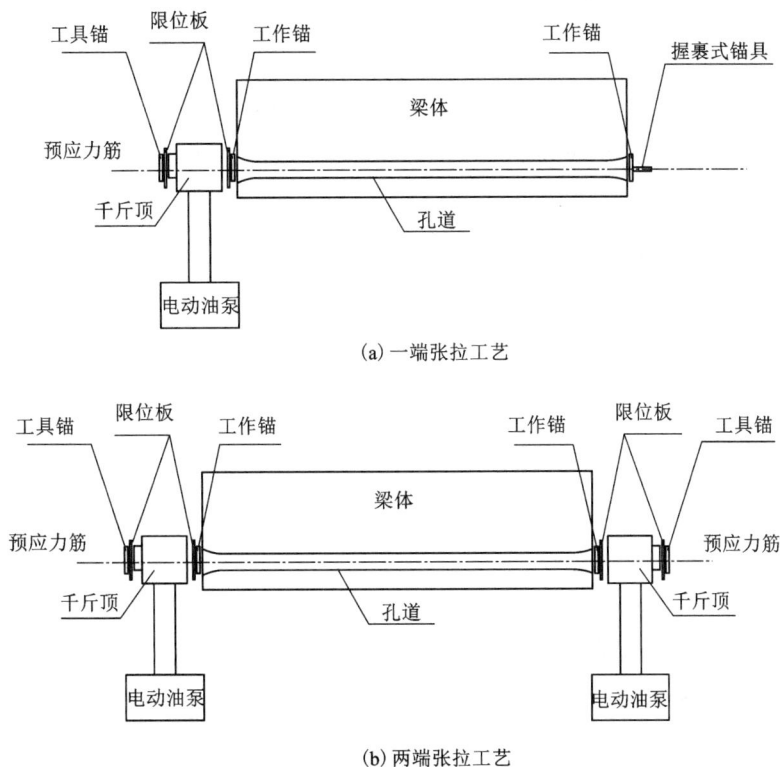

(b) 两端张拉工艺

图 2-24　张拉工艺

4. 孔道压浆和封锚

预应力筋张拉完成后，对于黏结预应力混凝土而言，关键步骤是将专用灌浆料压注到预应力筋孔道中，一是保护预应力筋，以防腐蚀；二是使预应力筋与构件混凝土有效黏结形成整体，提高构件刚度，并可降低超载时裂缝间距与宽度；三是使得截面上的预应力钢筋和混凝土变形满足平截面变形这一有黏结预应力计算理论的基本假定。孔道灌浆工艺主要有正压压浆、真空压浆和智能压浆三种方法。

正压压浆法是利用压浆泵以 0.5~0.8 MPa 的压力将预先拌制好的水泥浆液从压浆端注入孔道中。当浆液从出口端流出且其稠度与压浆端基本一致时，再通过两端排气（排水及微沫浆）及保压措施，确保孔道内的浆体达到所需的密实度的压浆工艺，如图 2-25 所示。正压压浆法一般适用于较短的管道，因其操作简单、效率较高而得到广泛应用。

为了解决或改善孔道压浆的密实度问题，英国发明了 VSL 真空辅助压浆法。VSL 真空辅助压浆体系是将 VSL PT-PLUS 塑料波纹管密封，一端用抽真空机将孔道内 80% 以上的空气

图 2-25　正压压浆法

抽出，并保证孔道真空度在 80% 左右，然后从压浆端压入水灰比为 0.29~0.35 的浆液。当浆液从真空端流出且稠度与压浆端基本相同时，再经过特定位置的排浆（排水及微沫浆）、保压手段保证孔道内水泥浆体饱满，如图 2-26 所示。

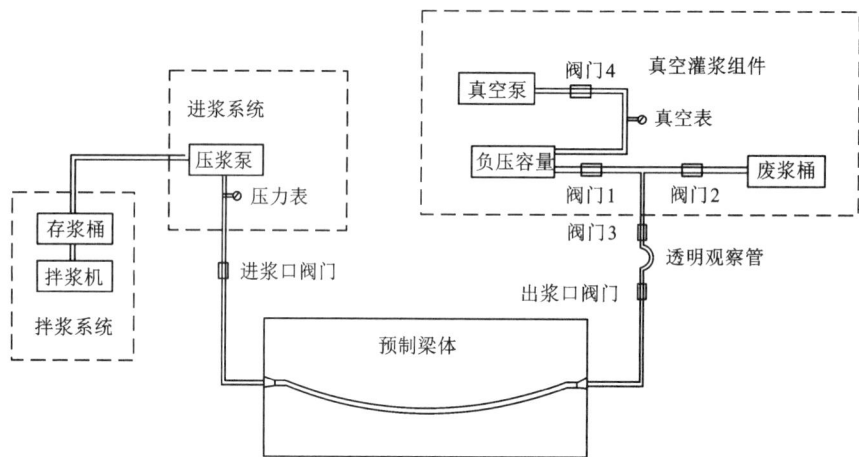

图 2-26　真空压浆法示意图

　　桥梁预应力管道压浆技术经历了从传统正压压浆法到真空辅助压浆法的演变，但这些方法在解决灌浆不密实的问题上仍存在一定的局限性。近年来，国内研发的预应力孔道智能压浆技术，通过采用循环压浆工艺，并对压浆过程中的水胶比、压力、流量进行实时监测，成功地提升了孔道压浆的密实性。

　　智能压浆技术的工作原理是利用由预应力管道、制浆机、压浆泵组成的回路，使浆液在其中持续循环，以排净管道内的空气和杂质。其工作原理如图 2-27 所示。在压浆过程中，该技术能实时测控浆液材料的水胶比、灌浆压力和浆液流量等参数，并将这些数据实时反馈给系统主机进行分析判断，从而确保压浆的饱满度和密实性。

这一技术的出现，不仅改进了传统的正压压浆工艺，还实现了对浆液质量和压浆过程的智能控制和远程监控。通过准确控制压浆过程中的水胶比、压力和流量，该技术基本能够完全排除管道内的空气，从而显著提高预应力管道压浆的密实性和质量。此外，智能压浆技术还结合了物联网技术，实现了对压浆全过程的远程监控和数据分析。这不仅提高了施工效率，还保证了施工质量的稳定性和可靠性。因此，预应力孔道智能压浆技术在桥梁工程中具有广阔的应用前景和巨大的推广价值。

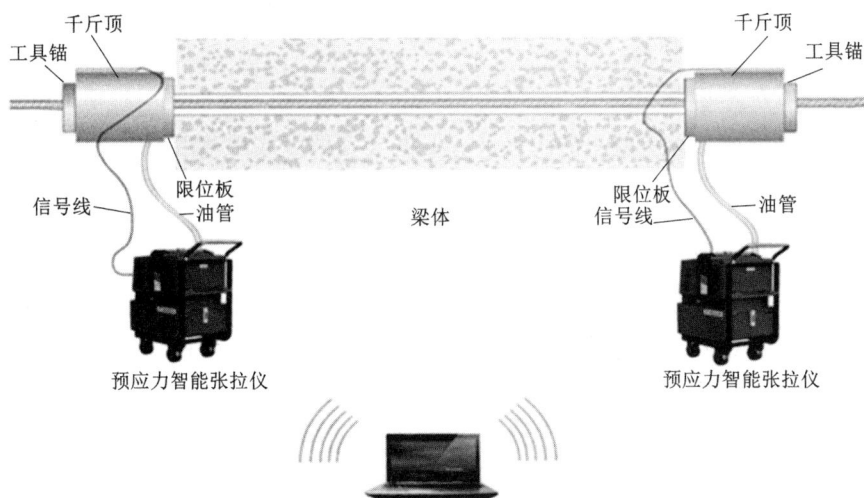

图 2-27　预应力孔道智能压浆系统结构图

2.5　混凝土工程

混凝土工程涵盖了制备、运输、浇筑、振捣及养护等环节，这些施工环节彼此间紧密相关，任何一个环节的失误或处理不当，都可能对混凝土工程的整体质量产生不良影响。

2.5.1　混凝土配合比设计

配合比设计旨在确保施工条件下拌和物的和易性、满足工程设计所规定的强度与耐久性等技术标准。其关键控制参数涵盖了水胶比（用水量与胶凝材料用量的比例）、浆骨比（水泥浆液与骨料用量的比例）、砂率（砂用量占砂石骨料总用量的比例），以及外加剂的种类和掺量等要素。

1. 确定配制强度

根据《普通混凝土配合比设计规程》（JGJ 55—2011），混凝土配制强度 $f_{cu, 0}$ 确定为：

$$f_{cu, 0} \geq \begin{cases} f_{cu, k}+1.645\sigma & \text{设计强度小于 C60} \\ 1.15 f_{cu, k} & \text{设计强度不小于 C60} \end{cases} \tag{2-1}$$

式中：$f_{cu,0}$ 为混凝土配制强度；$f_{cu,k}$ 为混凝土设计强度等级；σ 为混凝土强度标准差，可由近 1~3 个月的同一品种、同一强度等级混凝土的强度资料计算得到，当没有强度资料时，可查《普通混凝土配合比设计规程》(JGJ 55—2011)相关规定。

2. 计算水胶比

当混凝土强度等级不大于 C60 时，混凝土水胶比宜按式(2-2)计算：

$$W/B = \frac{\alpha_a f_b}{f_{cu,0} + \alpha_b f_b} \tag{2-2}$$

式中：α_a、α_b 为回归系数，见《普通混凝土配合比设计规程》(JGJ 55—2011)相关规定；f_b 为胶凝材料 28d 胶砂强度(MPa)。

3. 用水量和外加剂用量

每立方米干硬性或塑性混凝土的用水量可根据维勃稠度或坍落度按《普通混凝土配合比设计规程》(JGJ 55—2011)中相关规定选取。

掺外加剂时，每立方米流动性或大流动性混凝土的用水量可按式(2-3)计算：

$$m_{w0} = m_{w0'}(1-\beta) \tag{2-3}$$

式中：m_{w0} 为满足实际坍落度要求的每立方米混凝土用水量；$m_{w0'}$ 为未掺外加剂时推定的满足实际坍落度要求的每立方米混凝土用水量；β 为外加剂的减水率(%)，应经混凝土试验确定。

每立方米混凝土中外加剂用量应按下式计算：

$$m_{a0} = m_{b0} \beta_a \tag{2-4}$$

式中：m_{a0} 为每立方米混凝土中外加剂用水量；m_{b0} 为计算配合比每立方米混凝土中胶凝材料用量；β_a 为外加剂掺量(%)，应经混凝土试验确定。

4. 砂率

砂率 β_s 应根据骨料的技术指标、混凝土拌和物性能和施工要求，参考既有历史资料确定。当缺乏资料时，可根据《普通混凝土配合比设计规程》(JGJ 55—2011)中相关规定选取。

5. 粗、细骨料用量

当采用质量法计算粗、细骨料用量时，应按式(2-5)计算：

$$m_{f0} + m_{c0} + m_{g0} + m_{s0} + m_{w0} = m_{cp} \tag{2-5}$$

式中：m_{g0} 为每立方米混凝土的粗骨料用量；m_{s0} 为每立方米混凝土的细骨料用量；m_{cp} 为每立方米混凝土拌和物的假定质量，可取 2350~2450 kg/m³。

当采用体积法计算混凝土配合比时，粗、细骨料用量应按式(2-6)计算：

$$\frac{m_{f0}}{\rho_f} + \frac{m_{c0}}{\rho_c} + \frac{m_{s0}}{\rho_g} + \frac{m_{w0}}{\rho_w} + 0.01\alpha = 1 \tag{2-6}$$

式中：ρ_f 为矿物掺和料密度；ρ_c 为水泥密度；ρ_g 为粗骨料表观密度；ρ_s 为细骨料表观密度；ρ_w 为水的密度；α 为混凝土的含气量百分数，在不使用引气剂外加剂时，可取 1。

6. 胶凝材料、矿物掺和料和水泥用量

每立方米混凝土的胶凝材料用量 m_{b0} 应按式(2-7)计算：

$$m_{b0} = \frac{m_{w0}}{W/B} \tag{2-7}$$

式中：m_{b0} 为计算配合比每立方米混凝土中的胶凝材料用量；m_{u0} 为计算配合比每立方米混凝土中的用水量；W/B 为混凝土水胶比。

每立方米混凝土的矿物掺和料用量 m_{f0} 应按式(2-8)计算：

$$m_{f0} = m_{b0} \beta_f \tag{2-8}$$

式中：m_{f0} 为计算配合比每立方米混凝土中的矿物掺和料用量；β_f 为矿物掺和料掺量(%)。

每立方米混凝土的水泥用量 m_{c0} 应按式(2-9)计算：

$$m_{c0} = m_{b0} - m_{f0} \tag{2-9}$$

式中：m_{c0} 为计算配合比每立方米混凝土中的水泥用量。

在计算配合比的计算上进行试拌和强度试验，根据混凝土强度试验结果，确定配合比是否需要调整。

2.5.2　混凝土制备

除了某些零星、分散的少量混凝土适用人工搅拌外，大多数情况下混凝土搅拌机是更为常用的设备。搅拌机主要分为自落式和强制式两种类型。

自落式搅拌机利用拌和筒上固定的叶片旋转，将混凝土配料带到筒顶，随后配料自由落至筒底，通过此过程实现搅拌效果。这种搅拌机主要适用于塑性混凝土的搅拌，其工作机制基于重力作用。不过，由于搅拌方式较为自由，其搅拌强度较弱，因此更适合拌制具有特定坍落度的混凝土。自落式搅拌机在实际应用中相当普遍。根据其结构差异，它还可以细分为鼓筒式搅拌机[图2-28(a)]，以及双锥式搅拌机。

强制式搅拌机相较于自落式搅拌机，搅拌作用更为强烈，因此拌和的混凝土质量更高。然而，由于其转速是自落式搅拌机的2~3倍，所以动力消耗也相应增加3~4倍。此外，叶片磨损较为严重，且由于其结构更为复杂，维护费用也较高。因此，这种搅拌机通常用于搅拌集料较小、干硬性、高强度或轻集料的混凝土，如图2-28(b)所示。

(a)自落式搅拌机　　　　　　　　　　　　(b)强制式搅拌机

图2-28　混凝土搅拌机

为了提高混凝土生产的集中度和管理效率，同时减少占地面积，工程中常会根据实际生产规模和条件，将混凝土制备所需的各种设备整合成拌和站（楼），如图 2-29 所示。这种整合的方式能够确保混凝土质量的稳定性，并提高生产效率，因此已成为混凝土制备的主要方式。

图 2-29 混凝土搅拌站

2.5.3 混凝土运输

混凝土运输，作为搅拌与浇筑之间的关键环节，需妥善处理水平、垂直运输以及泵送、带送等与其他材料和设备的协调配合作业。

运输混凝土时，其能力必须匹配混凝土的凝结与浇筑速度，确保浇筑工作连贯进行，同时确保混凝土在抵达浇筑地点时仍维持其均匀性与设计坍落度。这意味着在运输过程中，混凝土不得初凝、离析、漏浆，也不应出现严重沁水或大幅温度变化。因此，整个装、运、卸过程不仅要组织得当，还需确保每个环节符合工艺要求，从而保证质量。

为避免混凝土坍落度过大，运输过程中的转运次数通常应控制在两次以内。在夏季，应缩短运输时间，确保混凝土的预冷效果；而在冬季，同样不宜过长的运输时间，以保障混凝土的预热效果。

运输机具可根据运输量、运距、设备条件合理选用。水平运输可选用手推车、混凝土搅拌运输车（图 2-30）等；垂直运输可选用快速提升斗车（升高塔）、混凝土泵车（图 2-31）。混凝土泵车的输送能力必须满足施工速度，管道布置应尽量减少距离，管道接口保持不渗漏等，满足施工要求。

图 2-30 混凝土搅拌运输车

图 2-31 混凝土泵车

2.5.4 混凝土浇筑

混凝土按浇筑顺序分为水平分层浇筑法、斜层浇筑法及单元浇筑法等多种方式，如图 2-32 所示。在浇筑过程中，必须确保模板和支架的稳定性，避免产生有害的下沉。

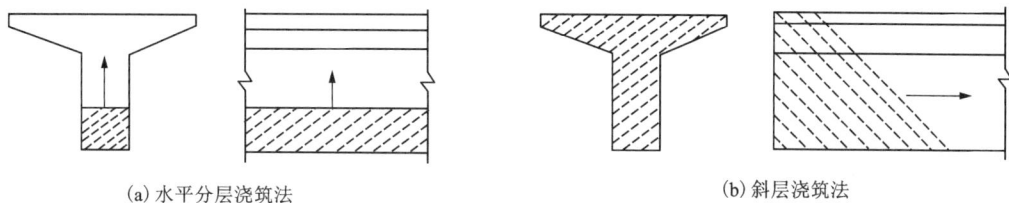

(a) 水平分层浇筑法　　　　　　　　　　(b) 斜层浇筑法

图 2-32　混凝土浇筑类型示例

①水平分层浇筑法是一种常用的方法，其分层厚度主要根据振捣器的能力来确定，通常选择 15~30 cm 的厚度。若采用人工振捣，建议厚度为 15~20 cm。为了减小支架不均匀沉陷的影响，浇筑速度应尽量迅速，确保在混凝土失去塑性之前完成浇筑。

②斜层浇筑法适用于特定情况，如从主梁的两端向跨中浇筑。当采用梁式支架且支点不设在跨中时，应优先考虑支架下沉量大的位置，使变形尽早完成。斜层浇筑时，混凝土的倾斜角与其稠度紧密相关，通常这个角度为 20°~25°。

③单元浇筑法适用于桥面较宽且混凝土需求量大的情况。此时，桥面可以被分成若干纵向单元进行浇筑。每个单元内部可以沿其长度方向分层浇筑，同时在纵梁间的横梁上预留连接缝。当纵、横梁浇筑完毕后，填缝连接各单元，最后桥面板可以沿桥的全宽一次性浇筑完成，桥面与纵、横梁间需设置水平工作缝。在支架上浇筑混凝土梁结构时，若支架存在较大的变形，通常建议先浇筑变形大的位置处的节段。

在拱架上浇筑混凝土拱圈时，混凝土浇筑顺序和浇筑长度的不同会引起拱架的变形出现差异，容易导致拱轴线发生变化及混凝土开裂，因此混凝土拱施工前必须通过计算和分析确定合理的浇筑顺序和浇筑长度。图 2-33 所示为一种典型浇筑顺序：拱脚→拱顶→1/4 拱圈范围，均匀、对称浇筑。承台等超大体积的混凝土，还可以采用分仓室浇筑。

为了保证浇筑混凝土的整体性，防止在浇筑上层混凝土时破坏下层，

图 2-33　结构混凝土浇筑

浇筑层次的增加需要一定的速度，须使后浇筑混凝土在先浇筑混凝土初凝之前完成，其最小增长速度可由式(2-10)计算：

$$h \geq \frac{S}{t} \qquad (2-10)$$

式中：h 为浇筑混凝土面上升速度的最小允许值，m/s；S 为浇筑混凝土的扰动深度，在无具体规定值时，可取 0.25~0.5 m；t 为混凝土的实际初凝时间，s。

为了确保混凝土浇筑质量，混凝土浇筑中，严禁扰动已初凝的混凝土。

2.5.5　混凝土养护

混凝土养护是混凝土浇筑完成后至其达到设计强度或满足使用要求前所必须进行的一项重要工作。其目的在于创造适宜的条件，使混凝土能够正常或加速硬化，增长强度。混凝土养护的核心在于控制其水化反应条件，确保混凝土能够逐渐凝结硬化，同时防止外部条件导致的非正常收缩、裂缝等破损现象。

养护期间，混凝土芯部温度应控制在一定范围内，通常不宜超过60 ℃，并绝对不得超过65 ℃。同时，混凝土芯部温度与表面温度、表面温度与环境温度之间的差异也应保持在一定范围内，一般不应大于 20 ℃；对于小型混凝土构件，这一温差不应大于 15 ℃。此外，养护水温与混凝土表面温度之间的温差也不得大于 15 ℃，以防止混凝土表面出现裂纹，如图 2-34 所示。

图 2-34　承台中的冷却水管

影响水泥水化反应速度和水化程度的两大核心要素是温度和湿度。因此，混凝土养护的本质就是对混凝土在凝结硬化过程中的温度和湿度进行精准控制。根据混凝土养护过程中所面临的温度和湿度条件，可以将其分为三种主要类型：标准养护、常温保湿养护和湿热养护。

标准养护为混凝土提供了一个相对稳定的环境，确保其在标准温度(20±3)℃和相对湿度90%以上的潮湿环境或水中进行养护。这种养护方式能够最大程度上模拟混凝土在理想条件下的硬化过程，从而确保其质量和性能的稳定。

常温保湿养护则更侧重于在自然气候条件下对混凝土进行养护。通过采取覆盖、浇水等保湿措施，以及必要的保温手段，确保混凝土在常温条件下能够顺利进行水化反应。这种养护方式灵活多变，适用于各种现场条件。

湿热养护则是一种加速混凝土硬化的方法。通过加热处理，将混凝土置于较高温度的环境中，可以显著提高其水化反应速度。蒸汽养护作为湿热养护的一种常见形式，通常在冬季或需要混凝土快速增长强度时使用。这种养护方式虽然成本较高，但能够显著提高工程进度和质量。

为了减少养护过程中人为因素干扰，国内研发了智能喷淋养护系统，如图 2-35 所示，通过引入先进的自动化控制技术对混凝土养护过程的温度、湿度进行准确控制，从而提高混凝土的强度和耐久性，减少混凝土收缩裂缝的产生，并改善混凝土构件表观质量。智能喷淋养护系统依靠先进的自动化控制技术，根据水化热释放速率、温湿度的实时监测数据进行有针对性的养护，突破传统自然养护的困境，可以完全杜绝人工洒水养护不当带来的不利影响。相对于传统养护施工，它是一种工艺技术上的飞跃。智能喷淋养护系统的设计理念如下。

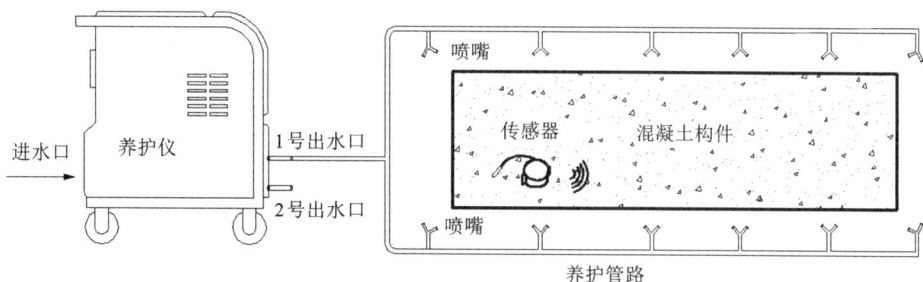

图 2-35　智能喷淋养护系统

①混凝土水化热释放规律的确定：混凝土的水化热释放主要来源于水泥的水化反应。因此，确定水泥的水化放热规律是了解混凝土水化热释放规律的关键。这通常需要通过实验测定不同水泥类型、掺和料和配合比下的水化热释放曲线。通过了解水泥的水化放热速率和总量，可以预测混凝土在不同时间点的温度变化和热量释放情况，从而制定合适的养护策略。

②喷淋时间的确定：喷淋时间的确定需要基于水泥水化热释放规律以及现场实时监测的温湿度数据。通过监测混凝土表面的温度变化和环境湿度，可以判断混凝土的养护需求，并据此调整自动喷淋的时间间隔。在混凝土水化反应较为剧烈的阶段，需要增加喷淋频率以保持适当的湿度；而在反应减缓或接近完成时，可以适当减少喷淋次数。

③喷洒方式：考虑到混凝土构件形状的复杂性和节约水资源的需求，采用喷雾方式进行养护是一种高效且经济的选择。喷雾可以均匀地覆盖混凝土表面，避免水分积聚和流失。同时，为了弥补远端喷雾所需水压力不足的问题，可以采用变频技术调整水泵的输出压力，确保远端喷雾的效果。

④自动化控制：结合传感、信息处理、无线传输等技术，可以实现混凝土养护的自动化控制。通过传感器实时监测混凝土表面的温湿度以及水化热释放速率，结合梁体周边环境的温湿度数据，可以自动调整养护频率与喷淋强度。这不仅可以保证水化热的平稳释放，达到养护的目的，还可以减少人工干预，提高工作效率。同时，对养护全过程的技术信息进行记录与保存，有助于后续的质量追溯和数据分析。

智能蒸汽养护系统由主机、从机、无线温湿度传感器、养护终端组成，其中蒸汽养护的主机、从机均包括蒸汽产生器，其现场养护如图 2-36 所示。

图 2-36　智能蒸汽养护现场

2.5.6 混凝土构件拆模

混凝土达到一定强度后，可拆除构件模板。具体拆模时间依据水泥品种、结构形状、荷载状况和环境温度等因素确定，不宜过早，以免混凝土损坏和变形。一般要求如下。

①对于不承重的外侧模板和端模板，一般先拆除，只要混凝土能够保证其表面及棱角不因拆模而受损伤破坏，混凝土抗压强度应达到 2.5 MPa。

②当采用活动内模板时，应在混凝土强度能保证混凝土不塌陷、不开裂时拆除，可参考外侧模的时间进行。

③对于承重的模板，包括拱架和支架等，应在混凝土强度能够承受其本身重力及叠加荷载时拆除。具体的混凝土强度要求按设计文件要求执行，设计文件没有明确要求时，按相应的施工规范或质量验收标准执行。表 2-2 所示为《铁路混凝土工程施工质量验收标准》(TB 10424—2018)中拆除承重模板时混凝土强度等级要求。

表 2-2　拆除承重模板时混凝土强度等级要求

序号	结构类型	结构跨度/m	达到混凝土设计强度标准值的百分率/%
1	板	<2	≥50
		2~8	≥75
		>8	≥100
2	梁、拱、壳	≤8	≥75
		>8	≥100
3	悬臂构件	—	≥100

2.5.7 混凝土的冬季施工

冬季施工是指在室外平均气温连续 5 天低于 5 ℃ 的期间施工。低温下混凝土水化反应大为减缓，强度增长慢，甚至内部水分结冰。因此，冬季混凝土施工，需要在用料和施工工艺方面采取一定的措施，保证混凝土不受冻，确保混凝土工程质量满足要求。

冬季作业混凝土的养护有蓄热法、暖棚法、外部加热法、电热法、蒸汽养护法、掺外加剂法等，蒸汽养护最为常用，如图 2-37 所示。

在智能喷淋养护系统基础上通过

图 2-37　蒸汽养护棚

增设蒸汽产生器研发了智能蒸汽养护系统。智能蒸汽养护系统包含主机、从机、无线温湿度传感器、养护终端(包含养护暖棚和养护蒸汽管路)，如图 2-38 所示。每台主机、从机对应一个养护暖棚或多台设备对应一个暖棚。智能蒸汽养护系统的加热部件为蒸汽产生器，通过加热管将内胆内的水加热产生蒸汽，当内胆内蒸汽压力达到设定压力时自动停止加热。

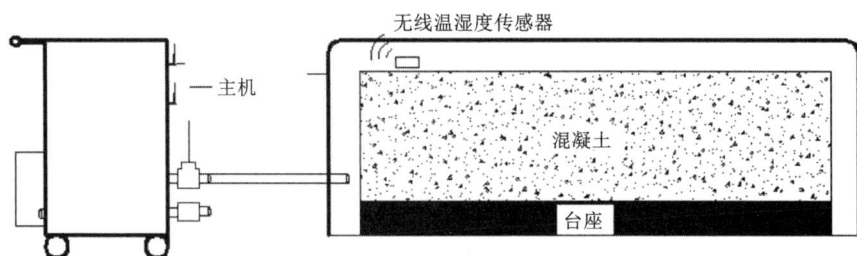

图 2-38　智能蒸汽养护系统

思 考 题

1. 简述支架体系和模板体系的组成及注意事项。
2. 简述钢筋连接构造措施。
3. 简述预应力筋后张法张拉工艺流程及智能张拉如何实施。
4. 论述如何防止浇筑过程中混凝土离析。
5. 简述混凝土冬季施工措施。

第3章

基础施工方法

本章将探讨桥梁工程中常见的三种基础形式：明挖基础、桩基础及沉井基础，并详细剖析它们各自的施工方式。此外，还聚焦于水中基础施工中常见的临时构造——围堰，并阐述其关键施工要点。最后，详细介绍了桥梁承台的施工方式和要点。

鉴于"基础工程"课程已对常用基础类型的施工方法和技艺进行了深入讲解，为避免内容重复，本书将仅对这些基础概念进行简明扼要的介绍。

对于现代工程中更为复杂的气压沉箱技术、特殊基础设置等深水基础施工方法，在此不展开详述，建议读者参考相关领域的专业著作以获取更深入的了解和指导。

3.1 明挖基础施工

明挖基础，也称为明挖扩大基础，是一种直接将墩(台)及上部结构所承受的荷载传递至浅埋支承地基的基础形式。其施工过程通常采用明挖基坑的方式进行，因此又称为明挖扩大基础或浅基础。如图 3-1 所示，这种基础形式在桥梁工程中应用广泛，能够有效地将结构荷载分散到地基中，保证结构的稳定与安全。

图 3-1　明挖基础施工

3.1.1　施工方法与工序

扩大基础施工方法可归为四类：机械开挖基坑后浇筑法、人工开挖基坑后浇筑法、利用土石围堰开挖基坑再进行浇筑法，以及采用板桩围堰开挖基坑后浇筑法。

扩大基础施工工序主要包括基础的定位放样、基坑开挖、基坑排水、基底处理及基础圬工浇筑等。

①基础的定位放样是基础施工的首要步骤。通过精确推算桥梁中心线与墩台的纵横轴线，确定基础边线的定位点，并使用放线方法明确基坑的开挖范围。为确保施工的精准性，基坑定位点的标高及开挖过程中的标高检查通常采用水准测量来完成。

②基坑开挖是施工的关键环节。根据地质条件、基坑深度、施工期限与经验，以及是否存在地表水或地下水等现场因素，灵活选择垂直开挖、放坡开挖、支撑加固或其他加固方式的开挖方法。对于深度达到或超过 5 m 的深基坑，采用基坑支护措施，如钢板桩围堰支护，以确保施工的安全与稳定。

③基坑排水是确保施工顺利进行的重要步骤。由于基坑底多位于地下水位以下，地下水容易渗进坑内，因此必须采取有效的排水措施。常用的基坑排水方法包括集水坑排水法和井点排水法，这些方法能够有效地将基坑内积水排出，保持施工环境的干燥。

④基底处理是为了满足基础承载力等要求而进行的重要工作。当原位地质条件不满足要求时，应根据地基条件、工程进度等因素，选择合适的地基处理方式。这些方法包括但不限于换填垫层法、强夯法、砂石桩法、振冲法、水泥土搅拌法、高压喷射注浆法、预压法、夯实水泥土桩法、水泥粉煤灰碎石桩法、石灰桩法、灰土挤密桩法、土挤密桩法、柱锤冲扩桩法、单液硅化法和碱液法等。选择合适的方法，能够有效地改善地基条件，提高基础的承载力。

⑤基础圬工浇筑是施工的最后阶段。根据施工环境的不同，基础圬工浇筑可分为无水浇筑、排水浇筑和水下浇筑三种情况。在无水或排水条件下进行浇筑时，需确保基坑内无积水或积水已有效排出；而在水下浇筑时，需采用特殊的施工工艺和设备，确保混凝土能够在水下充分凝固并达到设计强度。

3.1.2　深基坑支护

深基坑开挖时，为确保坑壁和邻近建(构)筑物的稳定性，必须对深基坑侧壁及周边环境采取相应的支挡、加固与保护措施，称为深基坑支护。当基坑开挖深度超过 5 m(含 5 m)时，或虽然开挖深度未超过 5 m 但地质条件复杂、周边环境和地下管线繁密，或可能对毗邻建(构)筑物安全造成影响时，均需要进行深基坑支护。

深基坑支护的基本要求如下。

首先，支护结构必须能有效挡土，确保基坑边坡的稳定，防止土体的滑移和坍塌。其次，支护措施应保障相邻的建(构)筑物、道路、地下管线的安全，消除潜在的因土体的变形、沉陷、坍塌而带来的危害。再次，需通过实施有效的排水降水措施，确保基础施工在无水环境下进行，避免水患对施工进度和质量的影响。最后，在支护结构的设计过程中，应充分考虑周边环境的保护要求，在满足工程地下结构施工需求的同时，尽可能地降低造价、简化施工流程，以提高工程的经济效益和施工效率。

在实际工程中，常用的深基坑支护结构体系包括水泥土墙支护、土钉墙支护、排桩墙支护、土层锚杆支护、内撑式支护及地下连续墙支护等。这些支护结构各有特点，需根据具体的工程条件、地质环境和施工要求来选择合适的支护方式。

①水泥土墙支护，作为一种重力式支护结构，主要包括泥土搅拌桩（亦称为深层搅拌桩）墙和高压喷射旋喷桩墙两种形式。泥土搅拌桩墙以其独特的重力式围护方式，在工程建设中发挥着重要作用。这种支护结构利用水泥作为固化剂，借助特制的搅拌机械，在地基深处将软土与固化剂进行强制搅拌。在这一过程中，固化剂与软土之间产生一系列物理化学反应，使软土硬化成为具有整体性、水稳定性和一定强度的优质水泥加固土，如图 3-2 所示。因此，泥土搅拌桩墙特别适用于基坑深不超过 6 m 或地基土承载力不大于

图 3-2　水泥土墙支护

150 kPa 的情况。而高压喷射旋喷桩墙则是另一种有效的支护方式。在施工过程中，钻机将旋喷注浆管及喷头钻置于桩底设计高程，随后，通过高压发生装置使预先配制好的浆液从注浆管边的喷嘴中高速喷射出来。这一高速喷射过程直接破坏土体，同时在钻杆旋转提升的过程中，浆液与土体得以充分搅拌混合，最终在土中形成一定直径的柱状固结体，从而实现对地基的加固。高压喷射注浆法在处理淤泥、淤泥质土、粉土、黏性土、黄土、碎石土等地基时表现出色，是一种高效且实用的地基加固方法。

②土钉墙支护是将天然土体通过钻孔、插筋、注浆来设置土钉（亦称砂浆锚杆）并与喷射混凝土面板相结合（图 3-3），形成类似重力挡墙的土钉墙，以抵抗墙后的土压力，保持开挖面的稳定，也称为喷锚网加固边坡或喷锚网挡墙。土钉墙支护适用于地下水低于土坡开挖段或经过降水措施后地下水位低于开挖层的情况，它常用于开挖深度不大、周围相邻建（构）筑物或地下管线对沉降与位移要求不高的基坑支护。这种支护方式结合了土体的自稳能力和人工加固措施，通过土钉与喷射混凝土面板的协同作用，增强了土体的整体稳定性和承载能力，从而有效地保证了基坑的安全和稳定。同时，土钉墙支护还具有施工简便、成本较低的

（a）插筋、注浆　　　　　　　　　　　　　　（b）喷射混凝土面板

图 3-3　土钉墙支护

优点，因此在工程实践中得到了广泛应用。

③排桩墙支护是一种常用的基坑支护方式，尤其适用于那些无法放坡或由于场地限制不能采用搅拌桩支护的基坑，如图 3-4 所示。当开挖深度为 6~10 m 时，排桩墙支护是一个有效的选择。在排桩墙支护中，可以采用多种形式的桩体，包括钻孔灌注桩、人工挖孔桩、预制钢筋混凝土板桩或钢板桩。这些桩体可以根据工程需要进行排列，如间隔式、双排式或连续式。为了确保桩体的稳定性和整体性，通常会在桩顶设置混凝土连系梁或锚桩、拉杆。排桩墙支护具有施工方便、安全性好、费用较低的优点。然而，需要注意的是，其止水性较差。因此，在选择排桩墙支护时，需要综合考虑工程的具体要求和条件。

④土层锚杆支护。此技术通过在立壁土层上进行钻孔操作，直至预设深度。随后，在孔内安置钢筋，并注入水泥砂浆或化学浆液，使钢筋与土层紧密结合，形成具有抗拉性能的锚杆，如图 3-5 所示。这些锚杆能够有效地将立壁土体的侧压力传递至稳定的土层，从而维持边坡的稳定性。该技术适用于在较硬土层或破碎岩石中开挖较大、较深的基坑，尤其是在邻近有建(构)筑物的情况下，需要确保边坡的稳定性时，该支护方法具有显著优势。

图 3-4　间隔式排桩墙支护

图 3-5　土层锚杆支护

⑤内撑式支护是一种由支护桩或墙与内支撑组成的支护方式，如图 3-6 所示。这种支护方式能够适应各种地基土层，但不足之处在于内支撑会占据一定的施工空间，可能对施工活动造成一定的限制。

⑥地下连续墙支护，首先构建钢筋混凝土地下连续墙，待墙体达到足够的强度后，便可以在墙体之间使用机械进行挖土作业，如图 3-7 所示。这种支护方式具有显著的优势，包括高刚度、高强度，能够有效地挡土、承重、截水以及抗渗。它适用于狭窄场地的施工，特别适合大面积且含有地下水的深基坑施工工程。

图 3-6　内撑式支护

图 3-7　地下连续墙支护

3.2　桩基础施工

桩基础作为一种深入土层的柱形结构，其核心功能在于将桩顶上方结构传递的荷载有效地分散至更深层的地基持力层中。桩所承受的荷载并非仅由桩本身承担，而是通过与桩侧土的摩阻力以及桩端地层的反力共同作用来分担。在面临较大的荷载或需要布置较多桩的情况下，为确保整体结构的稳定性，通常会在桩顶设置承台。这一承台能够将所有的基桩联结成一个稳固的整体，共同应对上部结构传来的荷载，从而提升整个结构的承载力和稳定性。

3.2.1　桩基础的分类

根据承台与地面的相对位置差异，桩基础可以划分为低承台桩基础和高承台桩基础两种类型。具体来说，当桩承台的底面处于地面下方时，称为低承台桩基础；若桩承台的底面位于地面之上，则称为高承台桩基础。

从承载性状的角度来看，桩基础又可以分为摩擦型桩基础和端承型桩基础两大类。其中，摩擦型桩基础包括摩擦桩基础和端承摩擦桩基础；而端承型桩基础则包含端承桩基础和摩擦端承桩基础。

①摩擦桩基础：在达到其最大承载力时，桩顶所受的竖向荷载主要依赖桩侧面的阻力来支撑，而桩端的承压力几乎可以忽略不计。

②端承摩擦桩基础：在极限承载状态下，桩顶所受的竖向荷载主要是由桩侧面的阻力来承担的。

③端承桩基础：当达到其承载力极限时，桩顶所受的竖向荷载主要由桩端的阻力来支撑，而桩侧的承压力可以忽略不计。

④摩擦端承桩基础：在承载力达到极限时，桩顶所受的竖向荷载主要是依靠桩端的阻力来承受的。

按桩径大小可分为小桩基础（$d \leqslant 250$ mm）、中等直径桩基础（250 mm$<d<800$ mm）和大直径桩基础（$d \geqslant 800$ mm）。

按成桩方法可分为非挤土桩基础、部分挤土桩基础和挤土桩基础，如图3-8所示。

（1）非挤土桩基础：在成桩的过程中，与桩体体积相等的土壤会被挖出，因此桩周和桩底的土壤会出现应力松弛的现象。常见的非挤土桩基础类型包括挖孔桩基础和钻孔桩基础等。

（2）部分挤土桩基础：在成桩过程中，其挤土作用较轻，对桩周土壤的工程性质影响较小。这类桩基础的常见类型有预钻孔打入式预制桩基础和打入式敞口钢管桩基础等。

（3）挤土桩基础：在成桩的过程中，桩周土壤会被显著挤开，导致土壤的工程性质与天然状态相比发生较大变化。常见的挤土桩基础类型包括打入或压入的预制混凝土桩基础、封底钢管桩基础、混凝土管桩基础及沉管式灌注桩基础等。

(a) 人工挖孔桩基础

(b) 长螺旋钻孔灌注桩基础

(c) 泥浆护壁成孔桩基础

(d) 沉入桩基础

图 3-8　桩基础

3.2.2　桩基础主要施工方法

桩基础主要施工方法有挖孔、钻孔灌注和沉入(打入)，如表 3-1 所示。

挖孔桩基础的施工过程首先是人工挖掘土壤以形成桩孔，同时在掘进过程中进行孔壁衬砌，确保施工安全。清理完孔底后，会浇筑混凝土以完成桩的建造。这种施工方法通常适用于桩径较大(大于 80 cm)且地质条件较为优越的情况。然而，它的缺点是施工进度较慢，同时在操作过程中可能存在一定的安全风险。

钻孔灌注桩基础则是直接在预定的桩位上就地钻孔，随后在孔内安装钢筋笼并灌注混凝土。这种方法能够适应各种地层条件，无须进行接桩操作，并且在施工过程中不会产生振动、挤土效应和大的噪声，因此特别适合于在建(构)筑物密集的区域使用。钻孔灌注桩基础是桩基施工中最为常见的方法，其施工工艺多样。

根据成孔方式的不同，可分为干作业成孔、泥浆护壁成孔、套管成孔及爆扩成孔等多种类型。

依据施工机具的不同，可分为冲抓钻、冲击钻、旋挖钻、潜水钻等类型。

依据出渣方式的不同，可分为正循环和反循环等类型。

表 3-1　钻孔灌注桩基础成桩方式与适用条件

序号	成桩方式与设备		土质适用条件
1	泥浆护壁成孔桩	冲抓钻	
2		冲击钻	黏性土、粉土、砂土、填土、碎石土及风化岩
3		旋挖钻	
4		潜水钻	黏性土、淤泥、淤泥质土及砂土
5	干作业成孔桩	长螺旋钻	地下水位以上的黏性土、砂土及人工填土、非密实的碎石土、强风化岩
6		钻孔扩底	地下水位以上的坚硬、硬塑的黏性土及中密以上的砂土、风化岩层
7		人工挖孔	地下水位以上的黏性土、黄土及人工填土
8	沉管灌注桩	夯扩	桩端持力层为埋深不超过 20 m 的中、低压缩性黏性土、粉土、砂土和碎石类土
9		振动	黏性土、粉土、砂土
10	爆破成孔		地下水位以上的黏性土、黄土、碎石土及风化岩

　　沉入桩基础的施工过程主要是通过桩锤的冲击能量，将预制的钢筋混凝土桩或预应力混凝土桩打入土中。在这一过程中，土壤受到挤压而变得密实，从而达到加固地基的效果。沉入桩基础的施工方法多种多样，包括锤击沉桩、振动沉桩、射水沉桩、静力压桩及钻孔埋置桩等。每种方法都有其独特的应用场景和优势，可以根据具体的工程要求和地质条件来选择最适合的施工方法。

3.3　沉井基础施工

3.3.1　沉井基础的概念及适用条件

　　沉井基础确实是一种特殊的结构深基础形式，其断面和刚度相比桩基础而言要大得多。在施工过程中，通过在井内挖土，并借助井体自重以及可能的其他辅助措施，沉井基础能够逐步下沉至预定的设计标高，如图 3-9 所示。沉井构造主要由井壁、刃脚、内墙、取土孔、凹槽、封底和顶板组成，如图 3-10 所示。

　　沉井基础凭借其出色的特性，在多个工程领域中得到了广泛应用。其埋置深度大，不仅整体性强、稳定性好，还具有较大的承载面积，因此能够承受相当大的垂直荷载和水平荷载。在施工中，沉井基础占地面积小，无须设置临时支撑和防水围堰或板桩围护，与大开挖相比，挖土量明显减少，对周边建(构)筑物的影响也较小。此外，沉井基础施工操作简便，无须使用特殊的专业设备，因此在工程实践中备受青睐。

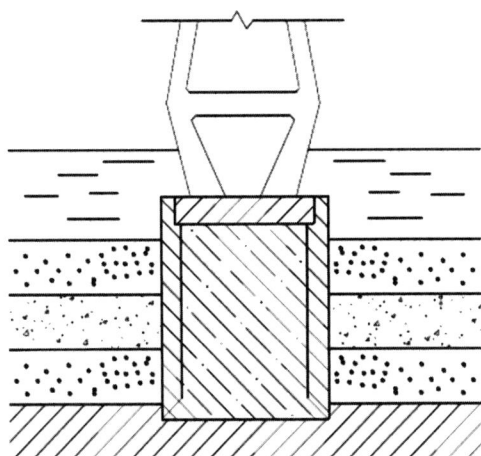

图 3-9　沉井示意图

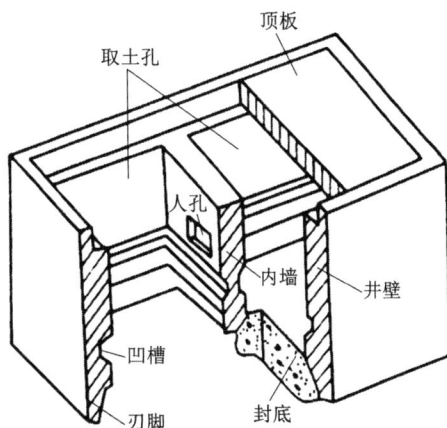

图 3-10　沉井一般构造

然而，沉井基础施工也存在一些挑战。首先，施工周期较长，可能对工程进度造成一定影响。其次，在粉砂、粉细砂等地质条件下，井内易发生流砂现象，导致沉井倾斜，从而增加施工难度和风险。最后，下沉过程中若遇到大孤石、树干等障碍物，或井底岩层表面倾斜过大，都可能给施工带来一定困难。下列情况下可采用沉井基础。

①上部荷载大，而表层地基土的容许承载力不足。

②在山区河流中，虽然土质较好，但冲刷大；或河流中有较大卵石不便进行桩基础施工。

③岩层表面较平坦且覆盖层薄，但河水较深；采用围堰有困难时。

3.3.2　沉井的分类

沉井按施工方法可分为以下类型。

①一般沉井：就地制造沉井下沉，即在基础设计位置处预制沉井，挖土过程中靠沉井自重下沉。如基础位置在水中，需要在水中筑岛，再在岛上筑井下沉。

②浮式沉井：在深水地区筑岛有困难或不经济，或有碍通航，且河水流速不大时，可在岸边浇筑沉井浮运就位下沉的方法。

沉井按形状可分为以下类型。

①按平面形状分为圆形沉井、圆端形沉井和矩形沉井。

②按立面形状分为柱形沉井、锥形沉井和阶梯形沉井。

沉井按材料可分为以下类型。

①素混凝土沉井：这种沉井利用了混凝土抗压强度高的特点，适用于下沉深度不大的软土层。

②钢筋混凝土沉井：这种沉井具有出色的抗拉与抗压能力，其下沉深度可至数十米。当下沉深度较小时，会在井壁的上部使用混凝土，下部则选用钢筋混凝土，这样的设计在桥梁工程中得到了广泛的应用。如果沉井的平面尺寸较大，则可以采用薄壁结构的设计。在施工

过程中，会利用泥浆润滑套和壁后压气等辅助措施来帮助沉井顺利地下沉或浮运下沉。另外，钢筋混凝土沉井的井壁隔离墙还可以采用预制分块的方式，在工地进行拼装，实现装配式施工。

③钢沉井：钢沉井由钢材制作，强度高，质量轻，易于拼装，适用于制造空心浮运沉井，但用钢量大，国内应用较少。

3.3.3　沉井基础的施工

为了确保沉井具有足够的强度和刚度，其平面尺寸、高度、体积和质量通常都相当大。因此，沉井基础施工的主要挑战和核心目标就是将庞大的沉井下沉至地层中预定的深度。一旦沉井下沉至预定深度，后续的沉井基础施工工作就会变得简单许多。沉井基础的施工方法遵循逐步接高和逐步下沉的原则进行。如图 3-11 所示，其主要工序为：沉井底节的制作与就位、沉井的接高、沉井的下沉、沉井的封底、沉井的填芯、沉井顶盖板的架设。

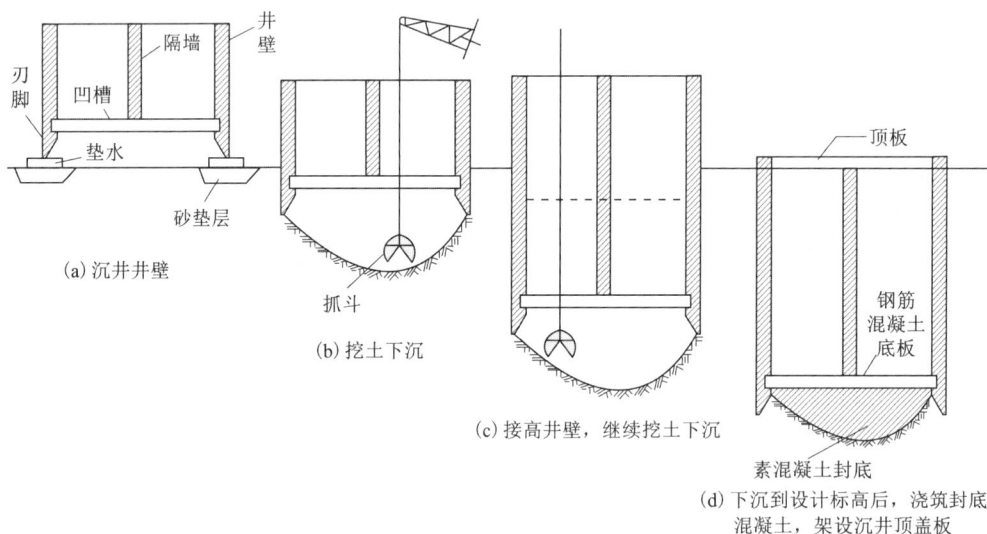

图 3-11　沉井基础施工顺序

①沉井底节的制作与定位：沉井底节的制作通常有两种方法，一种是就地制作就位法，即在设计的沉井位置筑岛作为制作场地，完成底节制作后直接在此处进行接高和下沉工作；另一种是预制浮运就位法，即在方便制作和下水的场地预制可自浮的沉井底节，然后采用相应方法使其下水并浮运至设计位置，并通过设置锚碇系统确保底节稳定，即完成沉井的定位。底节定位后，会在其上方持续进行接高和下沉作业，当沉井下沉到一定深度后，会填充为满足自浮而设置的空腔结构，以确保沉井满足作为基础的受力要求。

②沉井的接高作业：接高工作从底节开始，与沉井的下沉作业交替进行，确保沉井的高度和稳定性逐步提升。

③沉井的下沉作业：沉井下沉主要通过排除刃脚、井壁及隔墙附近的土体来减少沉井所受的土体阻力。同时，还会采用井内抽水减浮、临时压重、炮振以及空气幕或泥浆润滑套扰

动土层等辅助措施，以帮助沉井顺利下沉。

④沉井的封底技术：封底工作可采用多种方法，包括排水浇筑混凝土、水下混凝土浇筑及水下压浆混凝土浇筑等，确保沉井底部密封且稳固。

⑤沉井顶盖板的架设：当最后一节沉井下沉至顶面距地面或水面一定高度时，会在井顶设置挡土或防水围堰，以确保沉井在无土干扰和无水环境下进行顶盖板及墩、塔的地下或水下部分的施工。这通常需要在地面或水面以下一定深度处进行架设作业。

3.4　围堰

桥梁水中基础施工完成后，为确保承台或墩身施工顺利进行，需在无水环境中进行钢筋绑扎、立模浇筑混凝土等作业。为实现这一环境，围堰法常被采用。围堰的主要功能是防水和围水，一旦围堰内的水被抽干，即可形成稳定的工作平台。同时，围堰还扮演着支撑施工平台和基坑坑壁的重要角色。

围堰的种类繁多，常用的包括土石围堰、钢板桩围堰、单壁钢围堰、双壁钢围堰、锁扣钢管桩围堰和吊箱围堰等。其中，土石围堰主要适用于水深较小的情况。而在水深较大的环境中，钢结构围堰则更为常用，如钢板桩围堰、锁扣钢管桩围堰、单壁钢围堰、双壁钢围堰和吊箱围堰等。

在设计和建造围堰时，需特别注意围堰顶的高程，以确保其至少高出最高施工水位 0.5~0.7 m，从而有效防止水位上涨对施工造成不利影响。对于围堰的结构设计计算，建议参考相关施工手册或采用有限元分析等方法进行精确计算，以确保围堰的安全性和稳定性。

3.4.1　钢板桩围堰

钢板桩围堰是最常用的一种板桩围堰，如图 3-12 所示。钢板桩是带有锁口的一种型钢，其截面有直板形、槽形及 Z 形等。联锁形式主要有拉尔森式（图 3-13）、拉克万纳式等。钢板桩围堰适用于水深 4 m 以上，河床覆盖层较厚的砂类土、碎石土、半干性黏土、风化岩层等基础工程。钢板桩围堰有矩形、多边形、圆形等。

图 3-12　钢板桩围堰

图 3-13　拉尔森式钢板桩

根据工程规模的大小、当地的水文地质条件以及可用的打桩设备情况，钢板桩的插打方式会有所不同。通常，可以选择逐根插打或屏风式插打的方式。在插打过程中，一般遵循先上游后下游的原则，确保下游合龙，从而有效地控制水流和防止土壤侵蚀。

打桩设备是钢板桩围堰施工中的关键部分，主要包括以下三种。

①机械手：这是常见的打桩机械，它通常由不同型号的挖掘机加长臂加装震动锤改装而成，如图 3-14 所示。机械手的优点在于施工速度快，灵活性高，无须吊机的辅助，非常适合在狭小或复杂的工作环境中使用。其缺点在于施工的单根钢板桩长度有限，最长只能施工 15 m 长的拉尔森式钢板桩，因此，它主要适用于河道治理、临时护岸等浅水围堰工程。

②震动锤：震动锤则适用于长桩、土质较硬或工作平台与施打点距离较远的工程。其强大的震动力可以确保钢板桩顺利打入土中，如图 3-15 所示。虽然震动锤的施工速度较慢，精度也稍差，且需要与吊机同时工作，但它在处理大型桥梁基础、码头、船坞等深水围堰工程时具有显著优势。

③静压桩机：优点是其桩长不受限制，可在桥下、空间狭小处近距离施工（图 3-16），施工精度高，无噪声、无污染；缺点是设备保有量少，需要根据钢板桩型号使用不同设备，打桩成本高；可适用于各种形式的钢板桩围堰。

为了提高围堰的承载力，围堰内需设置围檩等内支撑结构。

图 3-14　机械手打设钢板桩围堰

图 3-15　震动锤打设钢板桩围堰

图 3-16　静压桩机打设钢板桩围堰

3.4.2　锁扣钢管桩围堰

　　锁扣钢管桩围堰是一种高效且稳定的围堰结构,它由钢管、C 形锁扣和 T 形锁扣等关键部件构成。钢管的直径在左端管壁上竖向连接了 C 形锁扣,如图 3-17 所示。这种锁扣的横断面设计为一边开口的 C 形,这种设计不仅增强了结构的稳定性,也便于钢管桩之间的连接和锁定。

　　相较于传统的钢板桩围堰,锁扣钢管桩围堰(图 3-18)具有显著的优势。首先,其结构更为稳定,能够承受更大的水压力和土壤侧压力。其次,施工速度快,大大缩短了工期,提高了工作效率。最后,材料周转率高,可重复利用,降低了工程成本。可以说,锁扣钢管桩围堰是钢板桩围堰与钢管桩围堰的有机结合,既保留了各自的优点,又克服了各自的缺点。

　　然而,锁扣钢管桩围堰也存在一定的挑战,其止水难度较大。因此,在黏土及亚黏土地质中使用时,需要特别注意止水措施的设计和实施。另外,由于钢管本身不容易振动入岩,如果在岩石地区使用,可以考虑在其底部增加混凝土桩,以提高其入岩能力。同时,底部一定长度的钢管可以做成钢管混凝土结构,这样既能增加其稳定性,又能提高其抗腐蚀性能。

图 3-17　锁扣钢管桩断面

图 3-18　锁扣钢管桩围堰

3.4.3　单壁钢围堰和双壁钢围堰

　　型钢和钢板制作的密封不透水围堰结构在桥梁水中基础施工中发挥着至关重要的作用。根据钢板层数的不同,这种围堰结构可分为单壁和双壁两种类型。双壁钢围堰通常设计为多仓室结构,以增强其结构强度和稳定性。

　　单壁钢围堰由于其结构特点,主要适用于水深小于 5 m 的环境。在这种深度下,单壁结构能够提供足够的支撑和防水功能,满足施工需求。相比之下,双壁钢围堰则更适用于水深大于 5 m 的环境。其双壁设计不仅提供了更好的防水性能,还能有效应对深水环境中的水压和水流冲击。多仓室结构进一步增强了其结构稳定性,使其能够适应更为复杂的施工条件。

　　在确定围堰形状时,需要综合考虑基础形状和水力荷载等因素。一般来说,圆形钢围堰具有较好的受力性能和稳定性,如图 3-19 所示,其剖面如图 3-20 所示,因此在实际工程中得到了广泛应用。其剖面设计也需要根据具体施工条件进行优化,以确保围堰结构的整体性能达到最佳状态。

图 3-19 圆形钢围堰

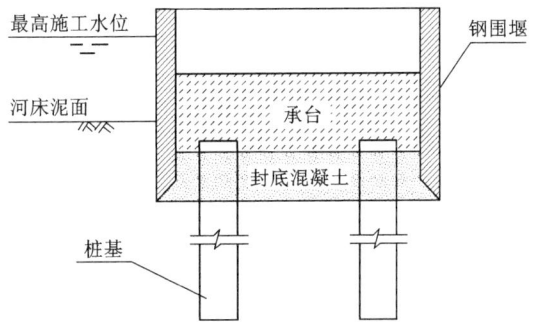

图 3-20 圆形钢围堰剖面

钢围堰的加工和安装过程同样重要。按照设计要求，在工厂进行分节加工，确保每节的质量和精度都符合要求。然后，通过分节浮运到位、现场分节安装和拼焊等步骤，将各节围堰连接成一个整体。在拼焊完成后，还需要进行焊接质量检验和水密试验，以确保围堰结构的密封性和安全性。

①钢围堰制作方面，要确保其尺寸、强度、刚度及结构稳定性完全符合施工标准。特别是底节设计，应包含刃脚，以便在着床后顺利在沉积层中下沉。

②在水上定位环节，首先要根据施工设计明确定位船(定位桩)和导向船的具体位置。定位船，也称为锚船，主要用于水上大型施工定位，它通过锚绳固定船位，并通过缆绳与导向船、施工结构相连。拼装船则适用于大型水上结构的施工。导向船的作用在于确保水上施工结构在桥墩墩位上的位置精确，并在其稳固于基底之前提供必要的支护。导向船不仅是桥墩施工的工作场所，还配备有起重设备。

③在围堰拼装和就位过程中，利用导向船上的起吊设备吊起底节钢围堰。底节就位后，需对称均匀地向围堰各隔仓加水，确保底节平稳下沉。当下沉到一定高度后，立即进行接高拼装。此后继续加水，同时进行下沉和接高操作，直至所有节段拼接完成。

④围堰就位后会自浮于水中。为了提高围堰刃脚部分的刚度和加快其入土后的下沉速度，通常在围堰刃脚段浇筑一定高度的水下混凝土。

⑤当钢围堰下沉到预定位置后，会采用高压射水方法清洗围堰内壁和钢护筒外壁，清除底部的浮泥。清洗完毕后，将使用水下混凝土进行封底操作。封底的厚度需经过精确计算确定，而水下封底则宜采用竖管法一次性连续浇筑水下封底混凝土。

3.4.4 吊箱围堰

当桥位处水深较大，需要设置高桩承台时，围堰无须着床，可以选择采用吊箱围堰。吊箱围堰是一种悬吊在水中的有底套箱，其设计独特，通常悬挂在施工桩基的护筒上，从而适应深水环境，确保施工过程的顺利进行。图 3-21 所示为某长江大桥的围堰结构。

对吊箱围堰进行封底后，抽水形成无水空间，进行承台、墩身施工。

(a) 结构图

(b) 围堰下放

图 3-21　吊箱围堰

3.5　承台施工

承台作为桥梁结构中的关键组成部分，主要起着连接桩与柱或墩的作用。通过承台，多根桩得以紧密相连，共同构成桩基础，为桥梁提供稳定的支撑。根据埋设位置的不同，承台可分为高桩承台和低桩承台两类。低桩承台通常被埋设在土中或部分埋入土中，与周围的土体共同作用，共同承受水平外力，从而保证了其良好的稳定性。相比之下，高桩承台则露出地面或水面，由于其具有一段自由长度，周围没有支撑体与其共同承受水平外力，因此在受力情况下较为不利。在相同水平外力的作用下，高桩承台的桩身内力和位移通常会比低桩承台更大，这导致其稳定性较差。

3.5.1　现浇承台

对于水中的承台施工，通常采用上文介绍的围堰方法来构建承台施工的平台，从而在一个无水环境中进行施工，提高施工效率与安全性。而在陆地上的承台施工，则根据具体情况进行。对于原地貌标高低于承台标高的承台，施工桩基础时已将施工平台填筑或搭设至设计承台底标高，因此承台施工可直接在施工平台上进行。

当原地面高于承台底标高时，施工难度会有所增加。特别是岩层条件较好的承台基坑，通常采用明挖方式进行开挖，并在必要时进行基坑支护，以确保施工的安全性。

现浇承台施工工序主要包括基坑（围堰封底）开挖、桩头凿除、桩身检测、钢筋制作及安装、模板制作与安装，混凝土浇筑（图 3-22）。承台钢筋一次绑扎完成，并预埋好墩身预埋钢筋，承台模型采用大块钢模一致安装完毕。大体积混凝土承台施工中需关注水化热问题。

图 3-22　承台混凝土浇筑

3.5.2 预制承台

在追求"工厂化、标准化、装配化"的设计理念下，承台的施工也可采取拼装法。这种方法尤其适用于跨海桥这样的长桥建设，旨在加快施工速度，或应对有特殊环境需求的场景。

为了有效减少预制墩身与承台间湿接缝的裂缝问题，确保整体结构的工程质量和耐久性，同时提升外观质量，采用了底节墩身与承台整体预制的方法，具体施工方式如图 3-23 所示。

图 3-23　预制承台及墩身

预制承台结构的安装环节至关重要，它要求确保作业环境无水，同时保障预制承台构件与桩之间的连接质量达到标准。在无水作业条件下，借助后浇混凝土的方式，实现了预制承台与桩基之间的牢固连接，如图 3-24 所示。

图 3-24　承台及底节墩身安装

思 考 题

1. 简述深基坑支护施工方法。
2. 简述桩基础主要施工方法及相应的设备。
3. 简述水中承台如何选择合理的施工方法及注意事项。
4. 简述预制桥墩施工方法及工艺流程。

第4章

墩台与塔柱施工方法

桥梁墩台与塔柱依据桥塔结构、材料的不同选用不同施工方法。钢结构一般采用拼装法；混凝土结构主要采用现场浇筑法，其次是预制拼装法。预制拼装法是发展方向，应用越来越广泛。本章主要介绍混凝土结构的施工方法。

混凝土墩台与塔柱施工方法分类如图4-1所示。

混凝土墩台与塔柱施工方法 { 现场浇筑法 { 整体浇筑法 / 分段浇筑法 { 脚手架立模浇筑法 / 爬模法 / 滑模法 / 翻模法 } } / 预制拼装法 }

图4-1 混凝土墩台与塔柱的施工方法分类

4.1 整体浇筑法和分段浇筑法

整体浇筑法和分段浇筑法的主要工序与钢筋混凝土梁式构件施工工艺非常类似，如预处理工作、钢筋加工和绑扎、模板安装、浇筑混凝土、混凝土养护、拆模等。

混凝土梁式构件为水平卧式构件，采用水平浇筑方式，而墩台身为竖向立式构件，采用竖向浇筑方式。因此其立模的方式存在很大的差异。

整体浇筑法是一种钢筋混凝土结构施工方法，适用于需要快速建造大型混凝土构件的场合，例如桥梁、高层建筑等。它的主要特点是将整个构件或大部分构件的混凝土一次性浇筑完成，而不是将构件分成若干段分别浇筑再拼接。整体浇筑法采用脚手架一次性立模浇筑成型；脚手架是工作平台，浇筑混凝土模板上的侧压力依靠对拉杆平衡。

整体浇筑模板常用的类型有木模、钢模。目前主要采用钢模，图4-2所示为高速铁路桥墩整体浇筑施工。

当桥墩台高度较大或结构较复杂，一次性整体浇筑难度较大时，则可以采用基于脚手架立模方式的分段立模浇筑，如图4-3所示。

图 4-2　高速铁路桥墩整体浇筑施工

图 4-3　桥台分段立模浇筑施工

　　斜拉桥、悬索桥的高塔或高墩，采用就地搭设脚手架立模浇筑的施工方法难以实现，需采用爬模法、滑模法和翻模法等分段浇筑法(图 4-4)，但由于模板结构的特殊性，在后文分别介绍。

图 4-4　桥塔分段浇筑施工示意图

　　表 4-1 列出了公路桥梁现浇墩、台质量检验评定项目和验收值。限于篇幅，本书不再列出其他构件、部件的质量标准，有兴趣者可参阅公路、铁路、市政部门颁布的相应的质量检验评定标准。

表 4-1 公路桥梁现浇墩、台质量检验评定项目

项次	检测项目		规定值或容许偏差	检查方法和频率
1△	混凝土强度/MPa		在合格标准内	按相关质检规范检测
2	断面尺寸/mm		±20	尺量：每施工节段测 1 个断面，不分段施工的测量 2 个断面
3	全高竖直度/mm	$H \leq 5$ m	≤5	全站仪或垂线法：纵、横各测 2 处
		5 m<$H \leq 60$ m	≤$H/1000$，且≤20	全站仪：纵、横各测 2 处
		$H > 60$ m	≤$H/3000$，且≤30	
4	顶面高程/mm		±10	水准仪：测 3 处
5△	轴线偏位/mm	$H \leq 60$ m	≤10，且相对前一节段≤8	全站仪：每施工节段测顶面边线与两轴线交点
		$H > 60$ m	≤15，且相对前一节段≤8	
6	节段间错台/mm		≤5	尺量：测每节每侧面
7	平整度/mm		≤8	2 m 直尺：每侧面每 20 m² 测 1 处，每处测竖直、水平两个方向
8	预埋件位置/mm		满足设计要求，设计未要求时≤5	尺量：每件测

注：H 为墩、台身高度，计算规定值或容许偏差时以 mm 计；△表示该项目为关键项目。

4.2 滑模法

滑模法是一种用于施工混凝土结构的先进技术。在滑模施工工艺中，模板被悬挂在工作平台的围圈上，并沿着所施工的混凝土结构截面的周界组装。随着混凝土的浇筑，模板结构由千斤顶带动向上滑升。如图 4-5 所示，整个滑模结构一般包括模板系统、操作平台系统、液压提升系统和垂直运输系统等部分。滑模施工工艺的原理：在混凝土结构中预先埋置支撑杆，然后利用千斤顶与提升架将滑升模板的全部施工荷载转移到支撑杆上；待混凝土达到设计强度后，通过自身液压提升系统将整个装置沿支撑杆上滑；随后，模板定位后再继续浇筑混凝土。整个过程形成不断循环的施工工艺。滑模法适用于等截面或变截面的实体或薄壁空心混凝土结构。这种施工方法具有高效、精准的特点，能够有效地提高工程的施工质量和速度。

1. 模板系统

模板系统由模板、围圈、提升架及其附属配件组成。

围圈又称拱带，其主要作用是使模板保持组装的平面形状，将模板与提升架连成一体，工作时承受由模板传递的混凝土侧压力等水平荷载及滑升摩阻力。围圈的垂直和水平方向变形不大于其跨度的 1/500，提升架、围圈、模板三者应采用螺栓连成整体，以加强整体刚度。

提升架是安装千斤顶并与围圈、模板连成整体的主要部件，其主要作用是控制模板、围圈因承受混凝土侧压力而产生的侧向变形，将模板系统和操作平台系统连成一体，并将全部

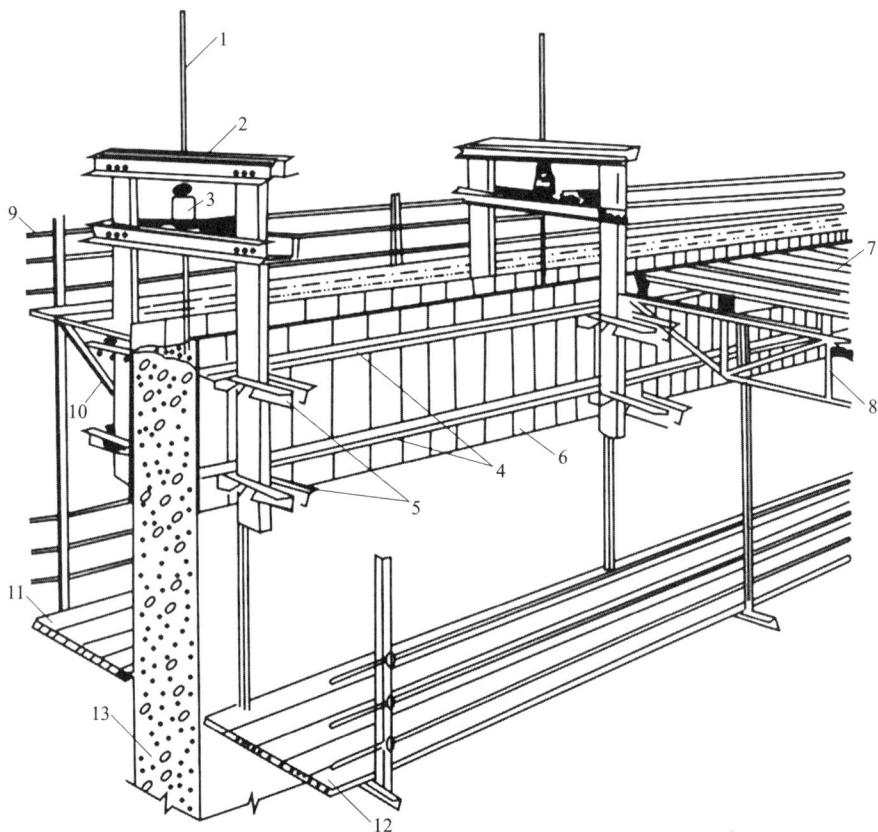

1—支撑杆；2—提升架；3—液压千斤顶；4—围圈；5—围圈支撑；6—模板；7—操作平台；
8—平台桁架；9—栏杆；10—外挑三脚架；11—外吊脚手架；12—内吊脚手架；13—混凝土结构。

图 4-5　滑模模板装置

荷载传递给千斤顶和支撑杆。提升架的布置需要保证整个模板系统荷载分配较为均匀，避免支撑杆因偏心受力后完全变形。

2. 操作平台系统

操作平台系统位于滑模装置的顶部，提供了工人进行操作、监控和管理施工过程所需的平台和设备。这个系统通常为平坦的平台或一系列连接的构件，配备有控制设备和监控系统，用于操作滑模装置的千斤顶、提升架，并监视施工过程的运行状态和关键参数。此外，操作平台还设置了安全设施，如栏杆、扶手等，以确保工人在高处作业时的安全。操作平台系统的设计和布置需综合考虑安全、操作便利性和施工效率等因素，以保证滑模施工过程的顺利进行。

3. 液压提升系统

液压提升系统由支撑杆、千斤顶、液压控制系统和油路等组成，它承担全部滑升模板系统的施工荷载。支撑杆是千斤顶向上爬升的轨道，又是滑升模板装置的承重支柱，承受着施工过程中的全部荷载。液压油路系统根据千斤顶进行布置，油路布置必须保证各台千斤顶供油均匀，便于调整千斤顶升差。

4. 垂直运输系统

垂直运输系统是人员、材料上下的通道，它由卷扬系统、吊笼、井字架、扒杆等组成。为确保卷扬系统的安全，卷扬系统钢丝绳安全系数不小于 10。

4.3　爬模法

爬模法，又称爬升模板或跳模，是一种施工方法，适用于浇筑钢筋混凝土垂直或倾斜结构，例如桥墩等。它主要由爬升模板、支架和爬升设备三部分组成。在施工过程中，爬架通过千斤顶支承于预埋在墩壁中的预埋件上。当浇筑好的墩身混凝土达到一定强度后，将模板松开，千斤顶上顶，将支架连同模板升至新的位置，然后将模板固定好，继续浇筑墩身混凝土，如图 4-6 所示。如此循环进行，逐节爬升。爬模法综合了大模板和滑升模板的工艺特点，具有灵活性强、适用范围广等优点。

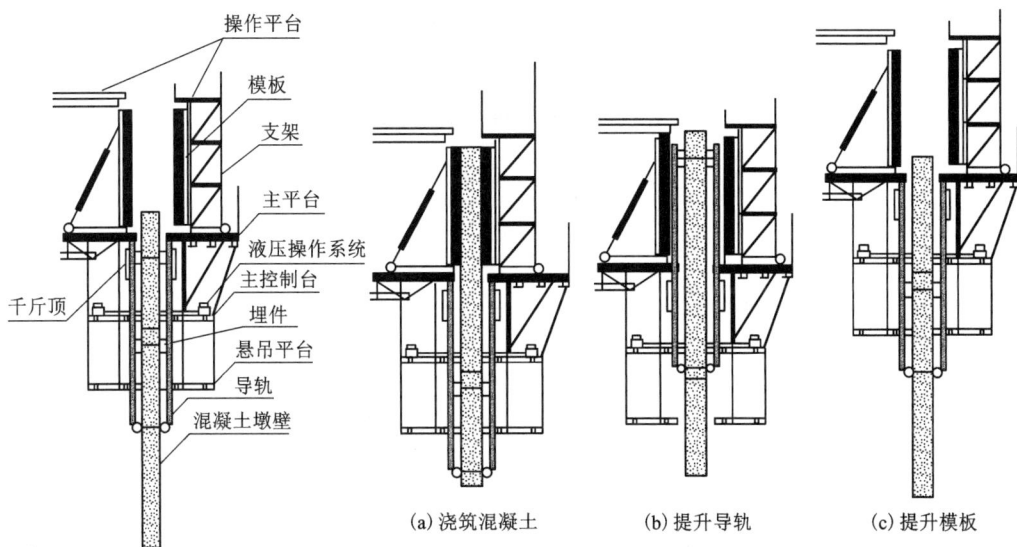

图 4-6　爬模工艺

施工爬架根据爬升动力不同，主要有三大类：液压式爬模、牛腿顶升爬模、托架定位提升爬模。

液压式爬模采用内爬外挂、分离模板，整体双臂双钩塔吊、液压爬升式爬模，主要由网架工作平台、中心塔吊、外挂 L 形支架、内外套架、模板体系等组成，如图 4-7 所示。

牛腿顶升爬模由爬升伸缩牛腿、承重梁、内井架、顶面桁架网片结构等组成，如图 4-8 所示。其工作原理：在已浇筑混凝土墩身上预埋爬窝，利用内井架底部设置的双层伸缩梁爬升架，通过螺旋式千斤顶交替爬升实现整个爬架上升。

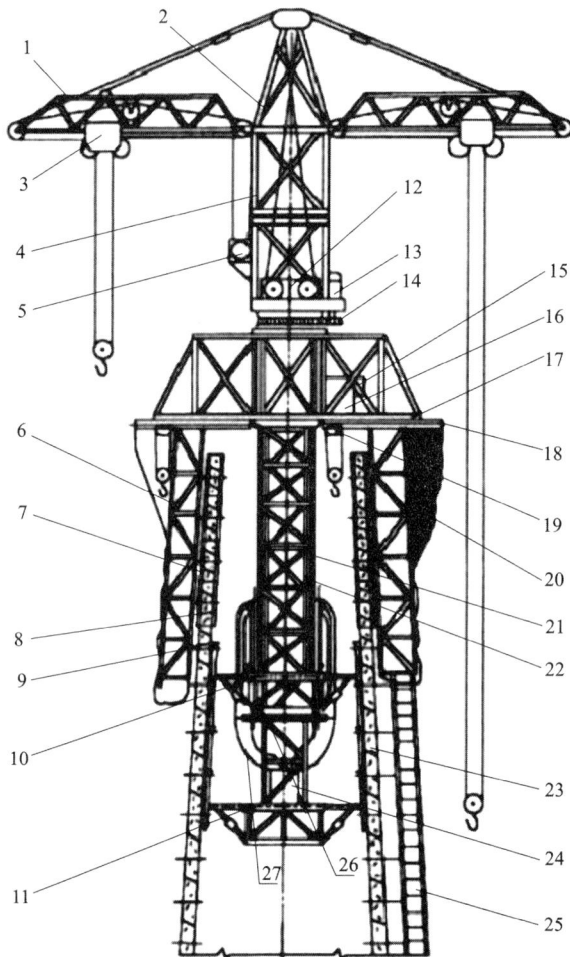

1—塔吊顶架；2—吊臂；3—水平走行小车；4—塔吊井架；5—电动葫芦；6—外挂 L 形支架；7—外模板；
8—内模板；9—附壁爬靴支座；10—上爬升梁；11—下爬升梁；12—主卷扬机；13—回转机构；
14—回转支承；15—控制箱；16—配电柜；17—网架工作平台；18—水平导轨；19—环链电葫芦；
20—安全网；21—外套架；22—内井架；23—模板拉杆；24—液压泵站；25—爬梯；26—顶外油缸；27—油管。

图 4-7 液压式爬模结构

托架定位提升爬模由爬模托架、外模板及工作架、内模板及内井架、塔吊提升模板、手动链条葫芦等部分组成，如图 4-9 所示。其工作原理：在已浇筑混凝土墩身预埋托架锥窝，利用爬模托架支撑外模板，对穿拉杆锁紧内外模板，其动力是通过塔吊或架空索道或依附钢筋笼或劲性骨架用手动链条葫芦分块提升模板和爬架上升。

在爬模设计中，预埋件扮演着至关重要的角色，因为它们用于支撑爬升架和固定系统。预埋件可以是通过预留孔插入的支撑杆，也可以是直接嵌入混凝土中的固定件。预埋件的受力情况对结构的安全性至关重要，因此必须进行抗剪、抗弯、抗拉等方面的计算，以确保预埋件具有足够的安全储备，能够承受施工过程中的各种荷载并保持结构的稳定。

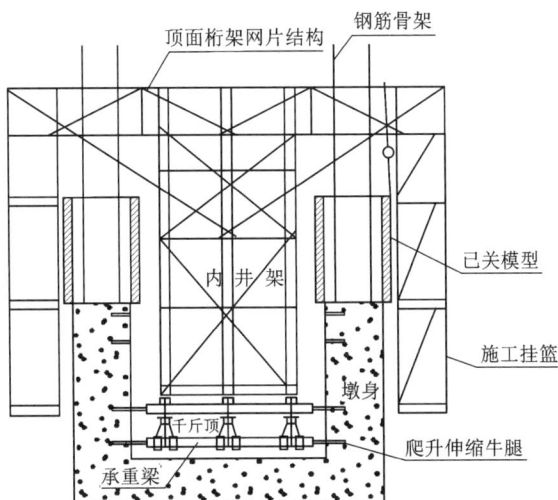

图 4-8　牛腿顶升爬模结构

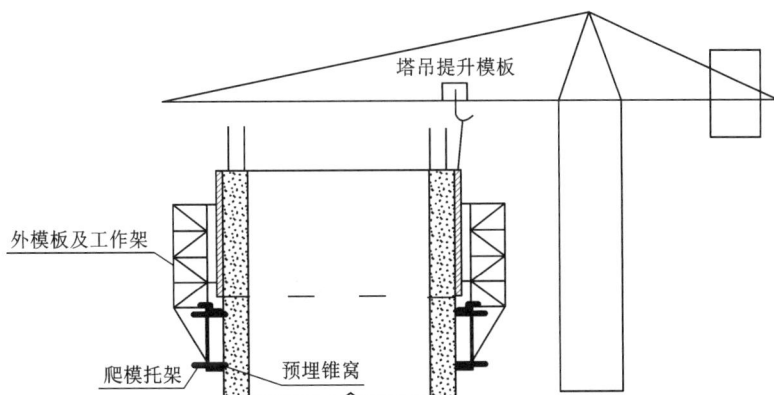

图 4-9　托架定位提升爬模结构

4.4　翻模法

　　翻模法是大模板施工方法，以混凝土结构为支撑主体，上层模板支撑在下层模板上，循环交替上升。翻模法分为悬挂式翻模法和液压翻模法两种。

　　悬挂式翻模法属于自承式施工技术体系，该施工整体采用对拉螺杆固定模板，模板外侧加设挂架作为操作平台。其工作原理：以已浇筑混凝土结构为固定支撑体，采用塔吊或吊车等起重设备配合模板的翻升、混凝土的浇筑，施工时将外模板设计成 2~3 节并配备 1 节内模板，浇筑完顶节混凝土后，拆除底节模板，将其接于顶节模板上，继续进行混凝土施工，如此循环，直至墩身完成，如图 4-10 所示。

　　液压翻模法是一种用于施工的技术，它由工作平台、顶杆及液压提升设备、内外吊架、模板系统、中线控制系统、抗风架及辅助设施等组成。其工作原理：首先在基础顶面部分浇

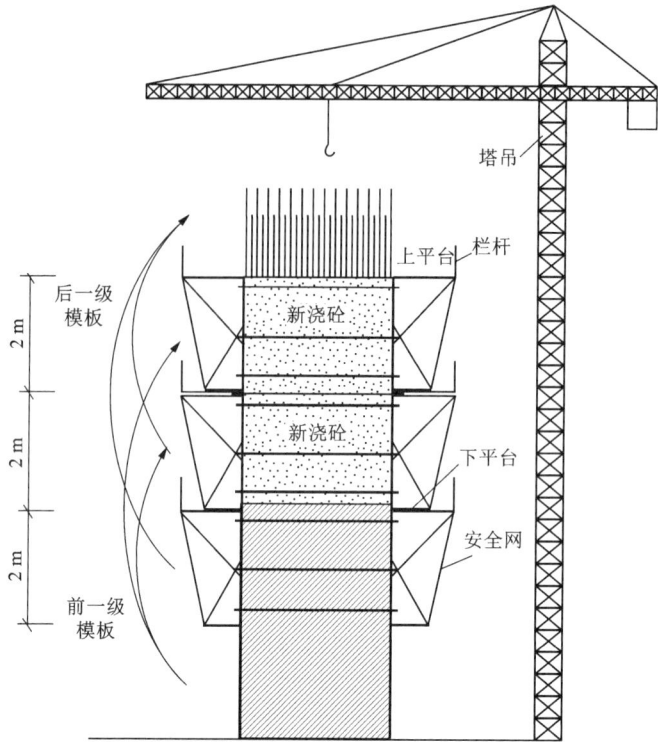

图 4-10　悬挂式翻模法施工

筑混凝土墩身，形成一个稳固的工作平台，然后将顶杆装置支撑于墩身混凝土内，并利用液压提升设备如千斤顶将工作平台提升至所需高度，如图 4-11 所示。这样，工人可以在提升的平台上进行后续的施工工作。

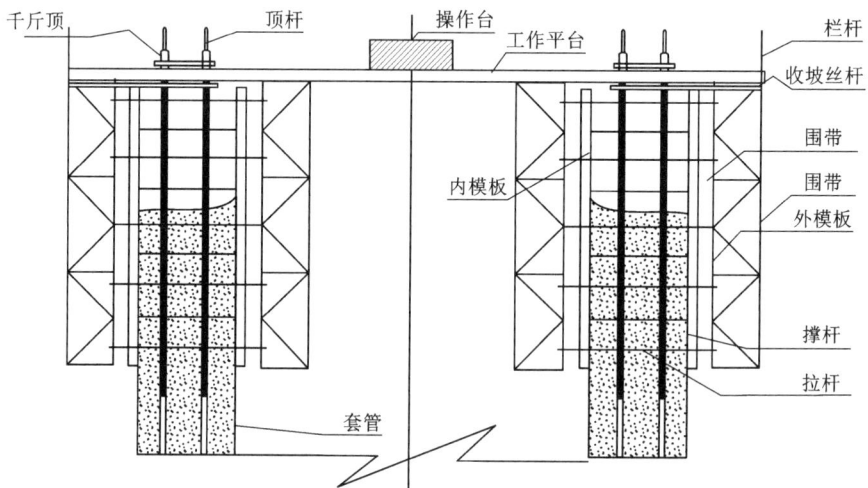

图 4-11　液压翻模法施工

4.5　塔柱施工

塔柱系指斜拉桥和悬索桥索塔、刚构桥桥墩等高耸结构。

塔柱施工一般采用工厂节段制造、施工现场拼装的方法施工。

混凝土塔柱均采用分段就地浇筑方法施工，塔柱混凝土输送采用混凝土输送泵或吊斗，塔柱施工方法与前述的墩台施工方法相同。一般情况下底节采用支架现浇，以上节段采用爬模法、滑模法或翻模法施工，塔柱中的横梁采用支架法施工，如图 4-12 所示。

图 4-12　斜拉桥塔柱施工图片

4.5.1　劲性骨架

为了配合塔柱施工，混凝土塔柱的塔壁内往往需设置劲性骨架。劲性骨架起施工位形控制、钢筋定位、模板固定、增大索塔整体刚度的作用。

劲性骨架是一种在工厂预先分节段加工的结构组件，它在现场进行分段超前拼接并精确定位。安装完成后，劲性骨架可用于进行测量放样、立模、钢筋绑扎及斜拉索钢套管的定位。此外，劲性骨架还能够承受部分施工荷载。特别是在倾斜塔柱中，劲性骨架的功能更为重要，因为它的设计往往需要与构件受力需求相结合。当倾斜塔柱内倾或外倾时，需要考虑在两个塔肢之间适当的高度设置受压横杆（内倾情况）或受拉横杆（外倾情况），以减小斜塔柱的受力和变形。具体的布置间距应根据塔柱结构的计算结果来确定。

4.5.2　斜塔柱施工

在施工混凝土索塔中的 A 形、倒 Y 形和钻石形等形式的索塔中，由于下塔柱和中塔柱存在一定的倾斜，常常会采用爬模法或滑模法进行施工。然而，在倾斜角度较大的索塔中，塔柱处于悬臂状态，受到自重和施工荷载的影响，底部承受较大的弯矩，导致塔柱截面内产生较大的拉应力，可能引起混凝土开裂，并且不平衡弯矩还会导致塔身产生横向位移，影响塔身线形的精度。因此，在施工过程中必须采取相应的措施进行控制。通常情况下，对外倾的下塔柱采用加对拉预应力钢绞线的方法进行加固，对内倾的上塔柱则采用加水平横撑的方式进行控制。在必要时，还需施加一定的对顶力，以确保索塔结构的稳定性和安全性。

4.5.3　混凝土泵送

通常情况下，高度较大的索塔混凝土施工，常会利用混凝土泵进行垂直输送。由于索塔的高度较大，因此在泵送过程中，需要确保混凝土具有良好的流动性和适当的坍落度，以防止管道堵塞的情况发生。为了有效地进行混凝土输送，可以采用两种常见的方法，即一泵到顶和分级泵送。具体选择哪种方法取决于索塔的高度以及混凝土泵的性能等因素，需要进行合理的选择。

4.6　拼装法

拼装法又称装配式安装法，是沿垂直方向将桥墩分解成若干构件，如承台、柱、盖梁（墩帽）等，在工厂或现场集中预制，再运送到现场装配成桥墩或塔柱，如图4-13、图4-14所示。其施工工序主要为预制构件、安装连接与混凝土填缝。拼装接头是关键工序，既要牢固、安全，又要结构简单便于施工。

预制墩身与预制承台的连接可采用湿接和干接两种技术方案，其设计思路如下。

①当底节墩身与承台整体预制时，底节墩身与次节墩身可采用湿接头，调整上节预制墩身的安装精度，消除安装误差和误差积累。湿接头对于高度较大的预制墩身尤其重要，湿接头技术避免了采用预应力体系，也避免了预应力体系失效或耐久性风险，且结构动力性能较优。

②为解决预制墩身与承台间湿接缝裂缝多的难题，确保结构的工程质量，提高结构耐久性及外观质量，简化现场作业工序，缩短施工周期，可采用干接缝胶结技术。

图4-13　桥墩装配式施工

图4-14　桥台装配式施工

1）预制墩身节段湿接技术

湿接技术是通过在两个预制墩身节段之间设置现浇段来实现连接。在连接部位，利用上下节段预留的 U 形钢筋相互套接，并在套接区域设置水平钢筋，从而增强钢筋与混凝土的锚固性能，提高连接的可靠性，同时避免传统方式连接的一些弊端。这种连接方式既不需要对上下节段间的钢筋位置精准要求，也不需要对现浇段长度严格要求，同时还减少了现场混凝土的浇筑量。

在施工过程中，需要吊装上节段预制墩身时，它会被支撑在下节段预制墩身顶面的临时设施上，并通过三向调节装置进行精确调整，调整上节段墩身的姿态和位置。接着进行湿接头混凝土的浇筑，然后再次浇筑临时支撑装置处的墩身混凝土，从而完成预制墩身节段的连接。

2）预制墩身节段干接技术

上节段墩身运至现场后，先进行预对位，通过墩身空腔内导向架的水平调位顶丝微调平面偏差。预对位后测量墩身倾斜度，然后起吊上节墩身，通过填塞不同厚度的镀锌薄铁片调整垂直度，连接上下节段墩身的预应力粗钢筋，并在拼接缝涂抹环氧树脂，再次下放上节段墩身，张拉预应力精轧螺纹钢筋，二次复拉精轧螺纹钢筋，波纹管压浆，封锚，完成干接缝施工。图 4-15 给出了某桥预制桥墩的结构构造示意图。

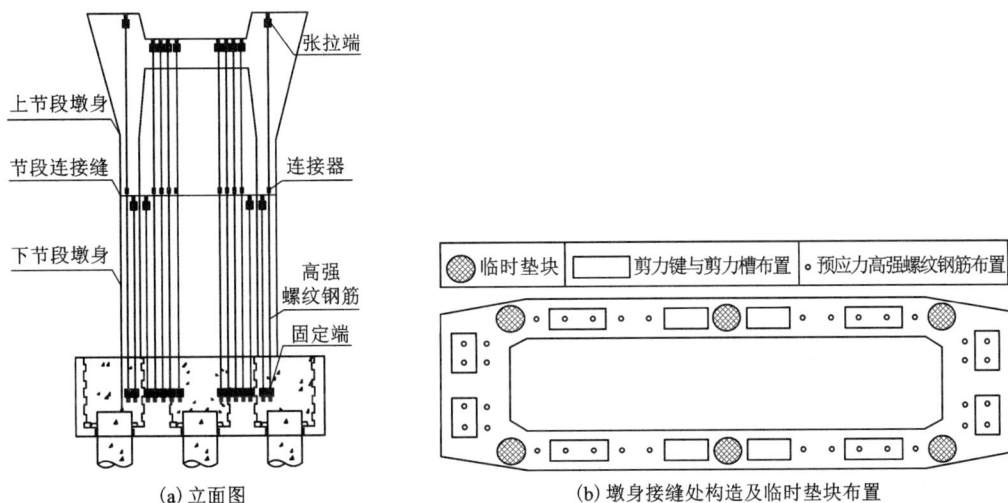

(a) 立面图　　　　(b) 墩身接缝处构造及临时垫块布置

图 4-15　预制墩身干接缝结构

思 考 题

1. 比较滑模法、爬模法和翻模法的优缺点。
2. 简述预制墩身节段连接方法及措施。

第5章

上部结构施工方法

桥梁上部结构的安装与施工方法种类繁多，可根据桥梁结构和材料等特点，桥址地形、水位、航运等情况，可选用的机具设备和起重能力，安装与施工方法的经济效益评价，以及施工单位的实际工艺水平、技术条件，施工工期等因素进行综合比选，选择一种适用、经济、适合当地条件且安全优质的施工方法，必要时开展技术创新，发展新工艺。表 5-1 列出了上部结构主要施工方法、适用桥型和跨度。

表 5-1　桥梁上部结构主要施工方法

	简支梁桥	悬臂梁桥 T形刚构	连续梁桥	刚架桥	拱桥	组合体系桥	斜拉桥	悬索桥	常用跨度/m	达到跨度/m
支架法	√	√	√	√	√	√	√		≤50	140
预制装配法	√	√		√	√	√	√	√	≤40	80
悬臂施工法		√	√				√	√	≥50	1100
顶推法			√				√		≤80	200
转体法		√		√			√		≤140	400
移动模架法		√	√	√	√				≤50	90
横移法	√					√	√		≤100	180
浮运法	√	√	√			√			≤80	160

下面重点介绍表中前六类施工方法，5.8 节简述其他施工方法。

5.1　支架法

支架法，又称为就地浇筑法，是一种桥梁施工方法。在该方法中，首先在桥位处搭设支架，作为工作和支撑平台；然后在支架上制作模板，并在模板中浇注梁体混凝土；待混凝土达到设计强度后，拆除模板和支架。这种方法适用于两岸桥墩较低的引桥和城市高架桥，或者在靠近岸边浅水且不需要通航的小跨径桥梁。其主要特点：①占用场地少，直接在现场浇筑成型；②无须大型起吊和运输设备；③桥梁整体性好；④工期长，施工质量不易控制；⑤施工支架、模板耗用量大，施工费用较高；⑥施工过程中搭设支架会影响交通、通航和排洪；⑦对预应力混凝土梁而言，混凝土的收缩、徐变引起的应力损失大。

支架法的施工基本作业内容如下。

①地基处理：根据地勘资料对支架的地基基础进行处理，避免施工过程中混凝土结构的模板和支架变形，影响施工质量。

②支架与模板工程：根据工程规模和现场条件进行支架和模板的选择、设计、制作、安装和预压工作，并在浇筑混凝土前对支架和模板进行全面、严格的检查。

③钢筋工程：对钢筋进行整直、切断、除锈、弯钩、焊接和绑扎等，钢筋和预应力筋位置严格按设计图纸规定进行布置，并在浇筑混凝土前检查钢筋与预应力筋管道位置是否满足设计要求、钢筋骨架是否可靠牢固，检查锚具、压浆管和排气孔是否可靠。

④混凝土工程：包括混凝土的拌制、运输、浇筑、振捣和养护等工序。

⑤预应力工程：后张预应力筋孔道的形成，预应力筋的制备、穿束、张拉，预应力孔道压浆、封锚等。

对于混凝土梁式结构按照上述施工基本作业开展支架法施工。支架法施工拱式结构的工艺次序与梁式结构类似，但为保证在整个施工过程中拱架受力均匀和变形最小，必须选择合适的浇筑方法和顺序。

①跨径小于 16 m 的拱圈或拱肋混凝土，按拱圈全宽从两端拱脚向拱顶对称、连续浇筑，并在拱脚混凝土初凝前全部完成。

②跨度大于或等于 16 m 的拱圈或拱肋混凝土，应沿拱跨方向分段浇筑，分段位置应以能使拱架受力对称、均匀和变形小为原则，如图 5-1 所示。

③间隔槽混凝土(图 5-1)，应待拱圈混凝土分段浇筑完成后且其强度为 75% 以上设计强度，并且接缝按施工缝经过处理后，再由拱脚向拱顶对称浇筑。

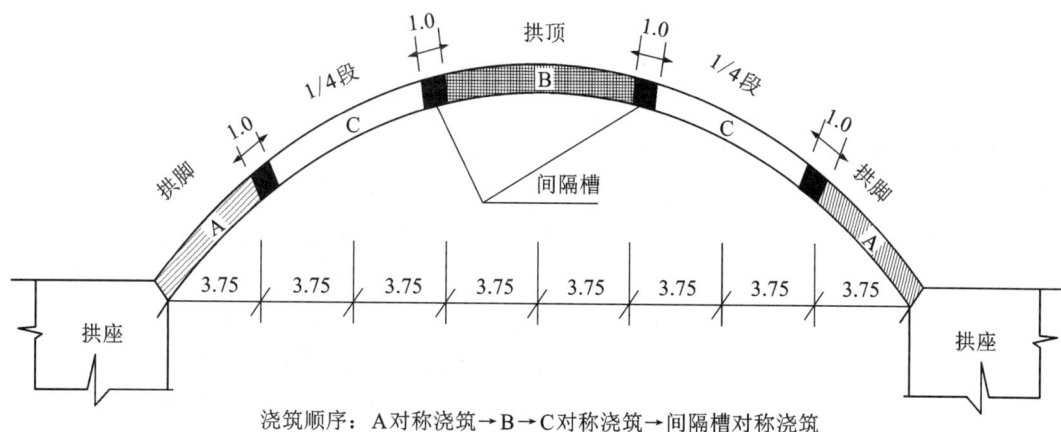

浇筑顺序：A对称浇筑→B→C对称浇筑→间隔槽对称浇筑

图 5-1　某拱桥拱跨方向分段浇筑(m)

④浇筑大跨径拱圈混凝土时，纵向钢筋接头应安排在设计规定的最后浇筑的几个间隔槽内，并应在浇筑这些间隔槽时再连接。

⑤浇筑大跨径拱圈(拱肋)混凝土时，宜采用分环分段法浇筑，也可沿纵向分成若干条幅，中间条幅先行浇筑合龙，达到设计要求后，再按横向对称、分层浇筑合龙其他条幅。

⑥大跨径箱形拱圈(拱肋)钢筋混凝土可采取在拱架上组装并现浇的施工方法。

5.2 预制装配法

预制装配法是一种桥梁梁体的施工方法，其过程是在预制工厂或者桥址附近设置预制场，对梁体进行整体成批预制，然后利用适当的架设方法进行安装到位。这种方法的优势在于整孔(片)预制和吊装过程相对简单，但需要使用大型的运输和架设设备。其主要特点：①工期短；②工厂预制，容易控制构件的质量和尺寸精度；③降低工程成本；④存梁时间较长，可减少混凝土收缩、徐变引起的变形；⑤需要大型的起吊运输设备和施工场地；⑥梁体的整体工作性能不如支架法。

预制混凝土简支梁的架设过程包括起吊、纵移、横移和落梁等工序。根据架设的工艺类别，可以分为陆地架设、浮吊架设和利用安装导梁或塔架、缆索的高空架设等。在每一类架设工艺中，根据起重、吊装等机具的不同，又衍生出各种各具特色的架设方法。质量较大的铁路、公路整孔(片)预制梁，通常采用专用架桥机进行架设；质量较轻的公路桥梁，除了采用专用架桥机外，还有许多灵活、简便的架设方法可供选择。大型预制梁的发展推动了大型机械化运输和架梁设备的发展。铁路部门形成了千吨级混凝土箱梁制运架成套技术和装备，如900 t轮胎式运梁车、900 t轮胎式提梁机以及各种型号的架桥机等。在中国修建科威特海湾大桥中，为了架设60 m预制公路箱梁，研发了YL1800型轮胎式运梁车和JQ1800型架桥机，将制运架技术标准提高到了1800 t。整孔(片)预制吊装法的施工基本作业内容如下。

①模板工程：根据工程规模和现场条件进行模板的选择、设计和预压工作，并在浇筑混凝土前对模板进行全面、严格的检查。

②钢筋工程、混凝土工程和预应力工程与支架法的基本相同。

③预制梁的运输：预制梁在施工现场内运输称为场内运输，一般采用龙门吊机将预制梁起吊后移到存梁处或转运至现场预制场，无龙门吊机时可采用吊机起吊；预制梁从预制场运至施工现场称为场外运输，常用专用运梁车、大型平板车、驳船或火车运送。

④预制梁的架设：预制梁的架设可利用龙门吊机[图5-2(a)]、汽车式吊机[图5-2(b)]、履带式吊机、架桥机[图5-2(c)、图5-2(d)]及浮吊[图5-2(e)]等。其中架桥机是将预制梁吊装至桥梁支座上的专业施工机械，按其用途可分为公路架桥机、铁路架桥机和公路铁路两用架桥机，目前国内公路架桥机最具代表性的就是整机步履式纵移和整机大悬臂轨行式纵移两种，高速铁路整孔箱梁架桥机主要有导梁式架桥机、走行式架桥机、导梁式定点起吊架桥机和运架一体式架桥机等四种。

(a) 龙门吊机

(b) 汽车式吊机

(c) 履带式公路架桥机

(d) 高速铁路走行式架桥机

(e) 浮吊

图 5-2 预制梁的架设

5.2.1 构件预制

在预制场和施工现场，可用固定式底座制作预制构件。预制构件在固定台位上完成各工序（包含模板工程、钢筋工程、混凝土工程、预应力工程，见第 2 章），如图 5-3 所示，直到构件完全可以移动后再进行下一个构件的制作。

预制构件制作完成后，采用龙门吊机、提梁机将经过初张拉的构件从制梁台座移至存梁台座，如图 5-4 所示，终张拉完成且管道内浆液强度达到设计强度后，又用移梁机从存梁台座移至存梁区。提梁时采用四点起吊三点平衡原理，吊点设在梁端腹板内侧，如图 5-5 所示，吊装梁体时在顶板下缘吊孔处垫厚度不小于 40 mm 的钢垫板及橡胶垫板保护梁体，起吊过程中应控制梁体同一梁端高差≤10 mm 和两端高差≤20 mm。

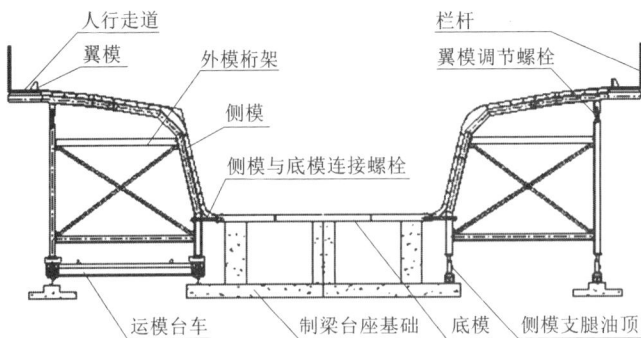

图 5-3　箱梁模板与台座

图 5-4　提梁机落梁入存梁台座

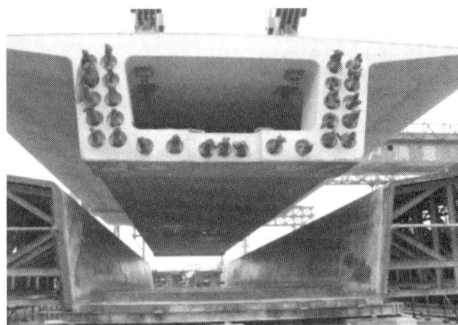

图 5-5　梁端腹板内侧吊点

5.2.2　构件运输

预制构件的场内运输常用龙门轨道运输。预制构件的场外运输主要采用大吨位运梁车将预制构件从存梁区运输至架梁工位，然后与架桥机配合完成相应的架梁作业。轮胎式运梁车是目前桥梁运输过程中最理想的预制梁运输专用工具，如图 5-6 所示，适用于架桥工地，以及预制梁场与架桥工地较远的场合，整车由两个独立的运行结构(主副车)组成。

炮车是专门为公路桥梁架设设计的预制梁运输机械，如图 5-6(a) 所示，由两个分别独立的运行机构(主动车、被动车)组成，运梁炮车兼有运梁和给架桥机喂梁的功能，主要适用于架桥工地、预制梁场等。

高速铁路简支箱梁运梁车以车架为主体，车架两侧各伸出若干轮胎。在运输过程中，如果支点不平整，尤其是梁端倒角部位(斜对角位置)，将会受到较大的拉应力，当支点的不平整量超过 3 mm 时，可能会导致裂缝的产生。同时，支点的不平整还会导致四个支点支撑力的不平衡。因此，在箱梁的同一端，支点的相对高差不得超过 2 mm；在装梁过程中，各支点的对位必须准确，纵向偏差不得超过 ±10 mm，横向偏差不得超过 ±5 mm，如果位置偏差超出标准，必须重新对位。

(a)运梁炮车

(b)铁路箱梁用轮胎式运梁车

图 5-6 运梁车

5.2.3 吊机架设

在桥墩不高且场内又设有行车便道的情况下用吊机架设中、小跨径的桥梁十分方便。吊机架设的机具主要有龙门吊机、汽车式吊机和履带式吊机等，如图 5-7 所示。

(a)龙门吊机架设

(b)汽车吊机架设

(c)履带式吊机

图 5-7 吊机架设

龙门吊机架设是将预制构件运输至桥位处，然后用跨墩龙门架或墩侧高低腿龙门架将构件吊起，再横移至设计位置处落梁安装。

汽车式吊机和履带式吊机都是大型自行式吊机，并且具有自身动力。汽车式吊机将起重机构安装在载重汽车底盘上，由汽车发动机提供动力。它的优点在于机动性好、行驶速度快，但需要较好的路面和支撑点。而履带式吊机由回转台和行驶履带组成，回转台上装有起重臂、动力装置、绞车和操纵室，履带架既是行驶机构也是起重机的支座。它的优点在于起重量大，可在松软的场地行驶，但行驶速度较慢且自重较大。采用自行式吊机架设梁体时，可以快速进行架设，有助于缩短工期，并且不需要额外架设其他临时动力设备或其他装备。根据吊装质量的不同，可以采用单台吊机架设、双台吊机架设或吊机与绞车配合架设的方法。

5.2.4　架桥机架设

架桥机就是将预制好的梁片吊放到桥墩上的专用设备。架桥机架设一片预制梁一般经过喂梁、捆梁、吊梁、落梁四个过程，如图 5-8 所示。

喂梁：喂梁时，运梁车应缓慢地推入架桥机后主梁内。

捆梁：构件在预定位置停车后，前后吊点同时挂好吊杆和底梁。

吊梁：采用吊梁小车(天车)吊运构件至指定位置下落就位，梁片在起吊、行走和下落时，应尽量保持水平。

落梁：将梁运至待架梁支座的上方，使梁体中心线与支座中心线对正，然后下落就位，落梁至距支座 200~300 mm 时，要确认支座和横移设备就绪后再继续落梁。

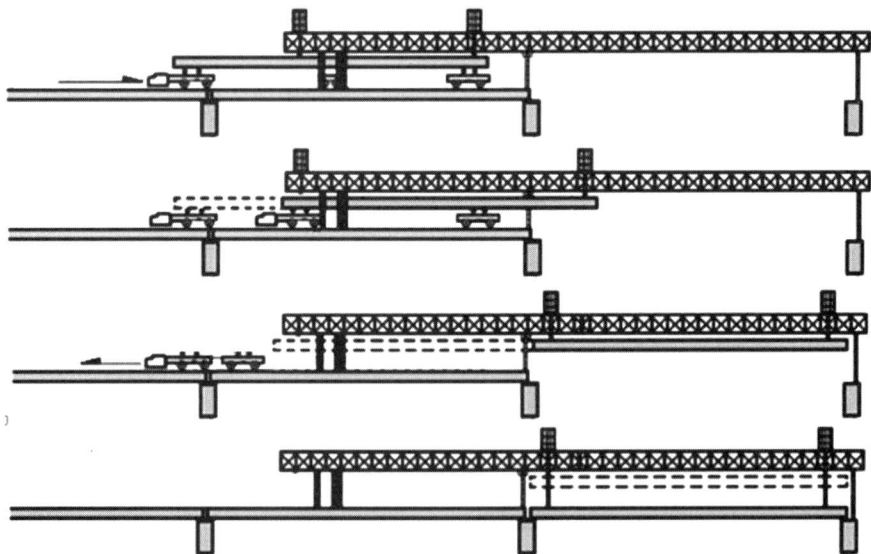

图 5-8　架桥机架设过程

有关架桥机更为详细的内容参见 7.5.8 小节。

5.2.5　浮吊架设

在深水大河或海上修建桥梁时，可采用回转的伸臂式浮吊架梁，如图 5-2(e)、图 5-9 (a)所示。这种架梁方法高空作业少，施工比较安全，吊装能力大，施工效率高，但需要大型浮吊。鉴于浮吊船来回运梁时间较长，一般采取用装梁船储梁后成批一起架设的方法。图 5-9(b)所示为利用浮船和水浮力控制高程的浮运架设示意图。

浮吊架梁时需要在岸边设置临时码头，移运预制梁。架梁时，浮吊应锚固牢靠。如果流速不大，则可用预先抛入河中的混凝土锚实现定锚。

(a)浮式吊车架梁

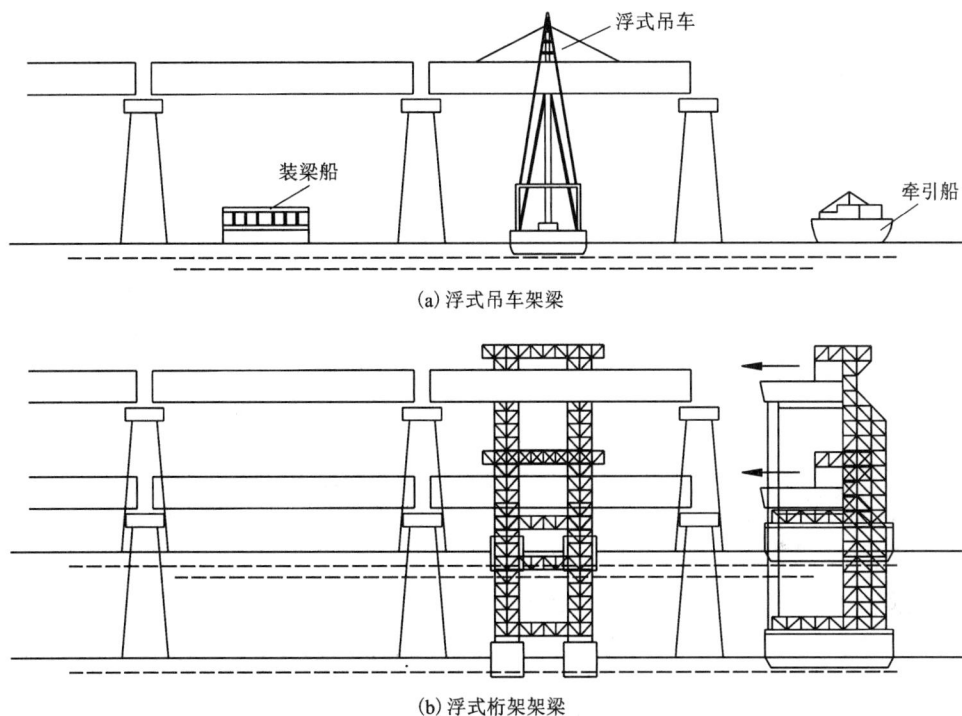

(b)浮式桁架架梁

图 5-9　浮吊架梁法

5.3　移动模架法

移动模架法是在可移动的支架或模板上完成一孔梁浇筑全部工序，采用逐跨原位现浇施工工艺，如图 5-10 所示。移动模架系统由牛腿、主梁、横梁、后横梁、外模板和内模板等部件组成，每个部分都配备有相应的液压或机械系统。移动模架法适用于在深水或墩身较高，使用支架或其他施工方法不经济的情况下建造桥梁的上部结构。该方法具有周转次数多、周转时间短、辅助设备需求少的特点，有效减少了人力、物资的浪费。

移动模架法大量地用于现浇制梁，配合起吊桁车，也可用于节段拼装制梁，用于后者时又称为造桥机。图 5-11 所示为造桥机拼装简支梁示意图。大型造桥机可用于拼装大跨度连续梁。

图 5-10　移动模架造桥机

图 5-11　架桥机拼装示意图

5.3.1　移动模架分类及选择

移动模架造桥机的种类较多，按照构造可分为悬吊式移动模架和支撑式移动模架。支撑式模架按照主梁的支撑位置，又可分为上行式、下行式和腹位式等几种类型，如图 5-12 所示。

上行式移动模架中，主梁在混凝土梁体上行走，工作面位于桥墩以上，主梁支撑在墩顶及已成梁段上，不需要在墩旁设置托架，因此对桥下净空没有特殊要求。这种施工方法适用于立交桥、城市高架桥、深谷高架桥及软土地基高架桥的建造。

下行式移动模架中，移动模架在梁体底面下行走，使得桥梁的宽度不受限制，适合于公路桥梁的施工。

腹位式移动模架的特点在于梁体位于支架梁的腹内，适用于节段拼装施工，为桥梁施工提供了一种有效的解决方案。

(a) 上行式移动模架

(b) 下行式移动模架

图 5-12　上行式、下行式移动模架

5.3.2　移动模架施工工艺

移动模架施工主要包括制梁、脱模和移动模架前移等工序。以制作预应力混凝土箱梁为例，其工艺流程如图 5-13 所示。

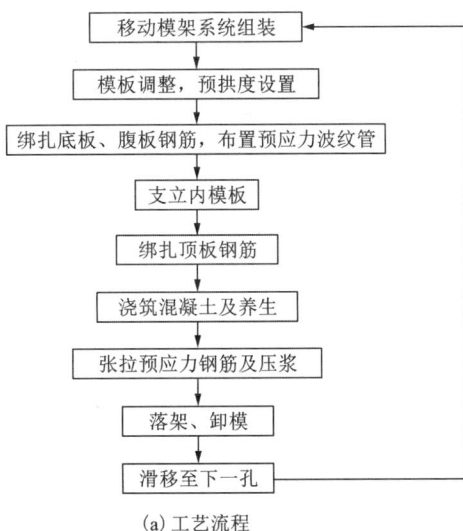

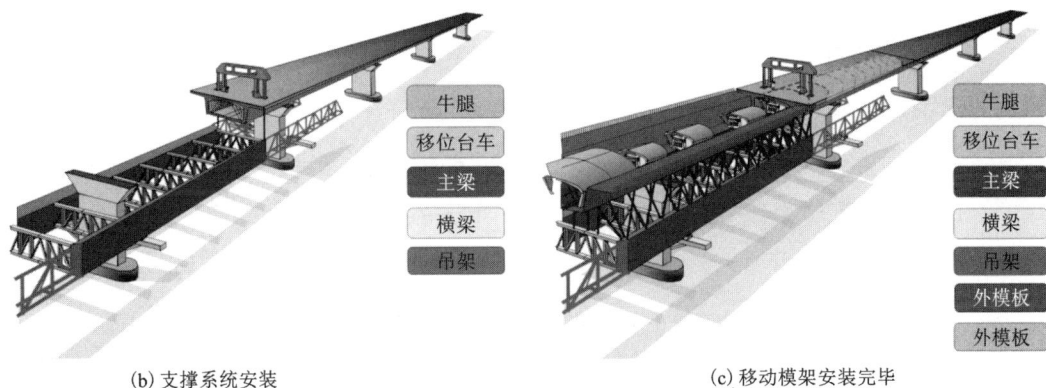

```
移动模架系统组装
模板调整，预拱度设置
绑扎底板、腹板钢筋，布置预应力波纹管
支立内模板
绑扎顶板钢筋
浇筑混凝土及养生
张拉预应力钢筋及压浆
落架、卸模
滑移至下一孔
```

(a) 工艺流程

(b) 支撑系统安装　　　　　(c) 移动模架安装完毕

图 5-13　下行式移动模架的施工工艺

5.3.3　移动模架线形控制

在移动模架施工中，控制梁体的线形主要通过调整模板来实现。为了保证梁体的施工预拱度和设计线形，需要在设置施工预拱度时考虑到移动模架在梁体混凝土作用下的变形情况，有必要进行静载试验来确定预拱度的设置。在施工过程中，只需根据要求设置预拱度，以确保混凝土浇筑过程中模板的变形，从而保证梁体的线形符合设计要求。

5.4 悬臂浇筑法

悬臂施工法，是以桥墩为中心向两岸对称、逐节悬臂接长直到跨中合龙的施工方法。它属于节段施工法。

由于悬臂施工时由已建墩、梁承重而不需要支架、便桥，对桥下通航或行车无影响，悬臂施工法大大推动了桥梁建设，因此悬臂施工技术是桥梁技术的一次革命。

悬臂施工法主要分为悬臂浇筑法和悬臂拼装法两种方法。在悬臂浇筑法中，梁部结构沿纵向被划分为多个段，将挂篮、桁架和托架等施工设备作为操作平台和承力、传力结构。首先，通过先浇筑部分结构来将力传递至桥墩，然后从墩顶开始，对称地逐段进行浇筑，直至最终实现合龙成桥的目标，如图 5-14 所示。悬臂拼装法在下一节介绍。

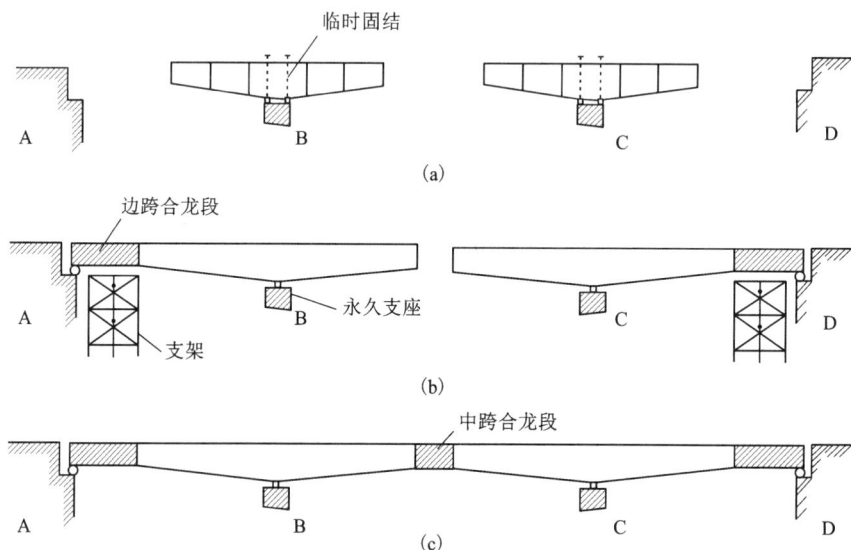

图 5-14　悬臂浇筑法施工流程

5.4.1　混凝土连续体系

采用悬臂浇筑法的主要设备是挂篮。挂篮在已张拉锚固并与墩身连成整体的梁段上移动，绑扎钢筋、立模、浇筑混凝土、施加预应力都在其上进行，如图 5-15 所示。完成本节段施工后，挂篮对称前移，进行下一对梁段施工，循序前行，直至悬臂梁段浇筑完成。

图 5-15　悬臂浇筑法

1. 挂篮

挂篮是悬臂梁段浇筑的施工平台和承重结构，因此挂篮应具有足够的强度、刚度和稳定性，及自重轻和移动灵活等特点。常用的挂篮有梁式挂篮、斜拉式（三角形）挂篮和组合斜拉式挂篮，如图 5-16 所示。

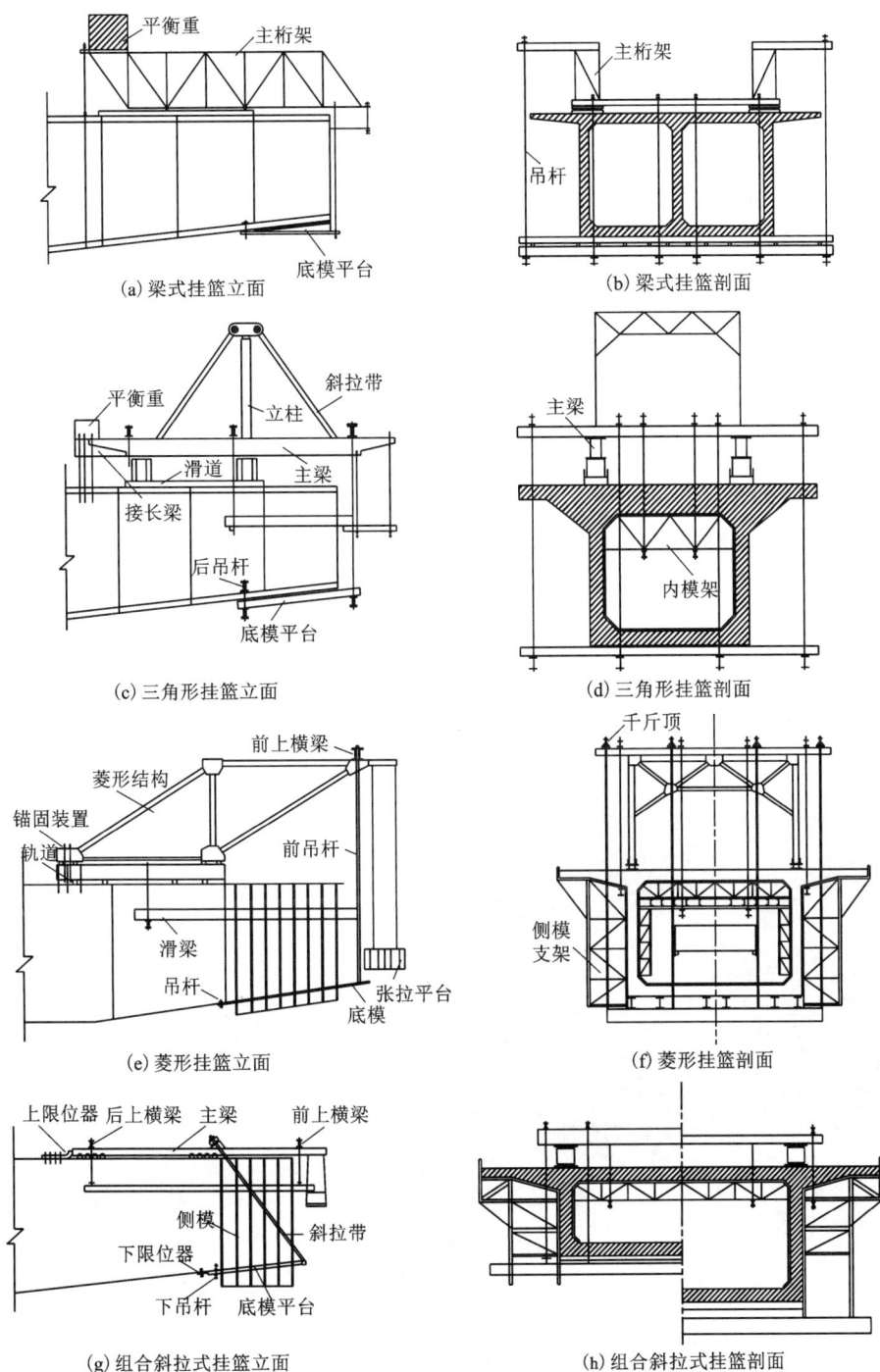

(a) 梁式挂篮立面

(b) 梁式挂篮剖面

(c) 三角形挂篮立面

(d) 三角形挂篮剖面

(e) 菱形挂篮立面

(f) 菱形挂篮剖面

(g) 组合斜拉式挂篮立面

(h) 组合斜拉式挂篮剖面

图 5-16　挂篮类型

挂篮主要由以下六部分组成。

①主桁架：挂篮的主要承重结构，一般由若干桁片构成两组，承受施工设备和新浇混凝土的全部质量，并通过支点和锚固装置将荷载传递到已施工完成的梁上。

②悬吊系统：由钻有销孔的钢带或两端有螺纹的圆钢组成，张拉平台的悬吊系统可由钢吊带、钢丝绳、链条等组成，其作用是将底模架、张拉平台的自重及其上的荷载传递到主桁架上。

③锚固系统与平衡重：为了防止挂篮在前移和浇筑混凝土时倾覆失稳，并确保施工过程挂篮的安全，锚固系统与平衡重的设置至关重要。挂篮在空载行走状态和浇筑混凝土时的倾覆稳定系数不小于1.5。

④行走系统：挂篮的整体纵移可采用滚移或滑移等方式，可采用千斤顶或手拉葫芦等方式实现挂篮的移动。

⑤工作平台：需要在挂篮主桁架前端设置工作平台，用于纵向预应力筋的穿束、张拉等作业。

⑥底模架：供立模、钢筋绑扎、混凝土的浇筑和养护等作业使用。

在挂篮设计中，选择合适的挂篮结构形式是关键问题，必须充分考虑实际桥梁悬臂施工的需求。设计的挂篮长度应根据节段长度、锚固条件、结构受力和变形等力学因素综合控制，通常设计的挂篮长度应该是最大节段长度和工作平台长度之和。挂篮横断面的布置需要根据桥梁的宽度和箱梁的横断面形式来确定，通常一个挂篮可以覆盖整个断面。为了提高施工效率，挂篮结构应尽可能采用高强度轻质钢材，以减轻自重负荷。此外，挂篮行走系统和模板升降系统宜采用液压装置或易于操作的螺旋千斤顶，以确保施工的顺利进行，如图5-17所示。

挂篮主桁架作为承重结构，是最重要的设计计算构件，其计算内容主要包括各类杆件和锚杆的内力、挂篮的变形、稳定性和抗倾覆稳定性等。由于挂篮主桁架为空间桁架结构，应采用空间杆系有限元模型进行计算，如图5-18所示。

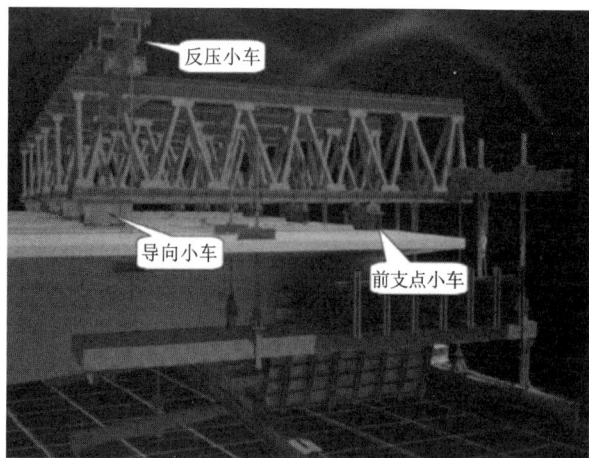

图5-17　液压行走系统

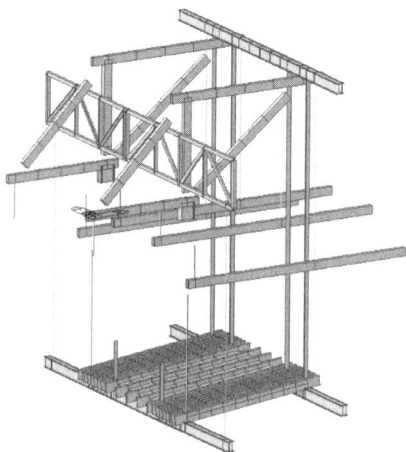

图5-18　挂篮计算的有限元模型

2. 悬臂浇筑施工工艺

悬臂浇筑法是将主梁沿桥梁轴线分成 2~5 m 长的若干段，墩顶 0 号块一般采用支架现浇施工，从 1 号节段开始采用悬臂挂篮对称浇注法进行施工。连续梁（刚构）桥的挂篮为后支点挂篮，其施工的一般顺序如下：挂篮就位→挂篮试压→挂篮立模标高调整并固定→安装底板、腹板钢筋，安装底板、腹板波纹管和竖向预应力粗钢筋，固定腹板锚具→内模就位→绑扎顶板钢筋、安装顶板波纹管→固定顶板锚具→安装端头模板→对称灌注梁段混凝土→覆盖养护→穿束→张拉→压浆→挂篮前移→进入下一梁段的施工→边跨合龙、中跨合龙、体系转换（挂篮整体下放拆除）。

每个梁段施工循环内的主要工序如图 5-19 所示。

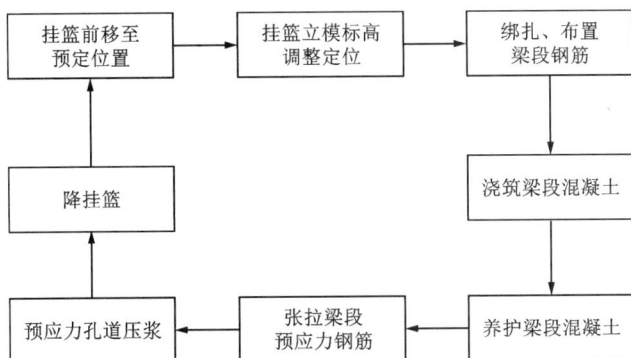

图 5-19 节段施工工序

1) 0 号节段施工

对于墩、梁之间没有固结的连续梁、斜拉桥漂浮体系结构，为了承受悬臂浇筑施工过程中可能出现的不平衡力矩，需要采取措施保证梁体稳定，目的是保证施工过程中 T 构的稳定可靠。常用的方法是将墩顶的节段与桥墩临时固结起来。悬臂浇筑施工时，墩梁临时固结措施或支撑措施主要有下列形式。

①当桥墩较大时，可以将 0 号梁段与桥墩直接临时固结，如图 5-20 所示，临时支墩采用 C50 混凝土和 C50 硫黄砂浆，通过锚固钢筋将梁、墩锚固，拆除方式是采用绳锯切割混凝土或通电熔化硫黄砂浆。

②采用支架、立柱或牛腿作为支架固结措施，如图 5-21 所示。支架固结措施适用于桥墩不高且水不深的情况，牛腿固结措施适用于桥墩较高的情况。

临时墩、梁固结应考虑施工时有一个梁段超前的不平衡力矩，并验算其稳定性，稳定系数不小于 1.5。

2) 合龙段施工

混凝土的收缩、徐变特性以及环境温度的变化，加上合龙段间距的限制，可能会导致合龙段发生拉裂或压坏现象。此外，合龙过程也意味着结构体系的转换，这种转换会引起整个结构内力和变形的变化。因此，合龙是关键的施工工序之一，其质量直接影响到整座桥梁的受力性能。合龙顺序通常由计算和设计确定，施工单位不得随意更改合龙顺序。因此为了保证合龙段质量，在合龙过程中应采取严格的施工控制措施，具体如下。

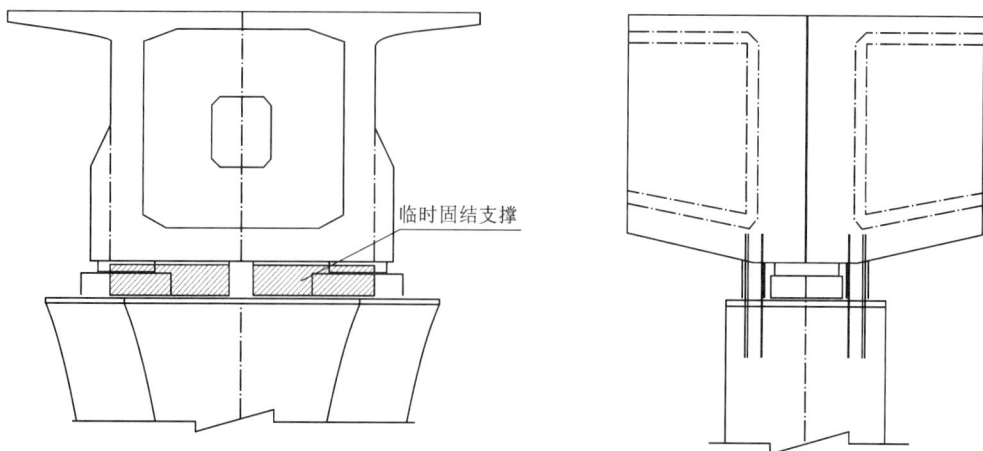

图 5-20　0 号梁段与桥墩的临时固结构造

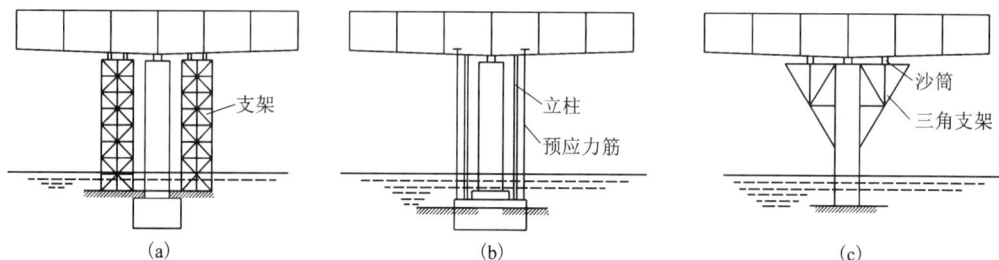

(a)　　　　　　　　　　(b)　　　　　　　　　　(c)

图 5-21　临时固结措施

（1）合龙段长度选择。

合龙段长度在满足施工操作要求的前提下，应尽量缩短，一般采用 1.5~2.0 m。

（2）合龙温度选择。

一般宜在低温下合龙，在预计合龙前 3 d 连续观测温度及合龙段悬臂端高程变化规律，时间间隔为 2 h，根据近期气温及标高变化规律确定最佳合龙时间。如果不是在设计合龙温度时合龙，应采用顶推等相应措施避免温度对结构的影响。

连续刚构桥中跨合龙时常采用对顶工艺，即在中跨合龙前利用千斤顶给两悬臂端施加水平推力，如图 5-22 所示，将两 T 构顶开一定位移，然后用劲性骨架锁定，在合龙段储备一定压力的操作。其作用主要如下：

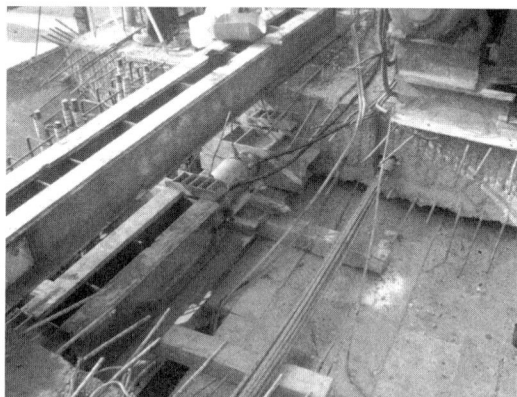

图 5-22　合龙口顶推

①消除高温合龙的影响：实际施工中受季节、天气等的影响，合龙温度常常高于设计温度。根据混凝土热胀冷缩的特性，一旦温度降低，梁体缩短，合龙段将承受拉力，可能造成

混凝土的开裂。连续刚构桥在高温条件下合龙采取预施加反顶力的施工措施,能够大大降低墩桩截面的拉压应力,能够很好地解决高温合龙对结构受力的不利。

②改善桥墩受力:在二恒、活载以及收缩徐变作用下,连续刚构桥中跨下挠通常较边跨大,从而使桥主墩产生向跨中倾斜的位移,导致墩身产生较大内力(弯矩)。采用对顶后,可抵消部分桥墩内力,改善其受力。

为了保证对顶效果,可采用对顶力或墩顶位移来控制。工程中主要有以下两种计算方法。

①消除墩顶水平位移的方法:设主梁后期收缩徐变和整体降温使墩顶向跨中的水平位移分别为 δ_1、δ_2,则顶推力使墩顶向两岸的偏移量为 $\delta=\delta_1+\delta_2/2$。

②消除主梁拉力的方法:连续刚构桥受到桥墩的约束,合龙温差和梁体收缩徐变会在跨中产生拉力,施加与此拉力大小相等的水平推力,可消除对桥梁的不利影响。

由于桥梁结构为超静定结构,可借助有限元分析进行较为精确的计算,全面掌握对顶力作用下主梁和桥墩的受力情况。实施对顶时,要加强梁端位移、墩顶位移及控制截面应力的监控。

(3)混凝土选择。

宜使用微膨胀混凝土,并及时张拉预应力束筋,防止合龙段混凝土出现裂缝。

(4)合龙段锁定。

在对梁体变形和温度变化连续观测的基础上,选择在梁体相对变形和温度变化都较小的时间段内,对称、均衡、同步地对梁体进行锁定,以防止悬臂端产生位移、裂缝。合龙段锁定中采用又拉又撑的方法,即用刚性支撑骨架承受压力,如图 5-23 所示,用临时预应力束承受拉力,刚性支撑骨架根据温度荷载计算其所需截面面积,同时应验算其压杆稳定性;临时预应力应确保降温时劲性骨架中既不出现拉应力,又要满足升温时骨架不致受压过大而失稳,具体张拉吨位根据合龙期间可能出现的温度范围计算,合龙段锁定温度选择在设计要求的合龙最佳温度范围内。

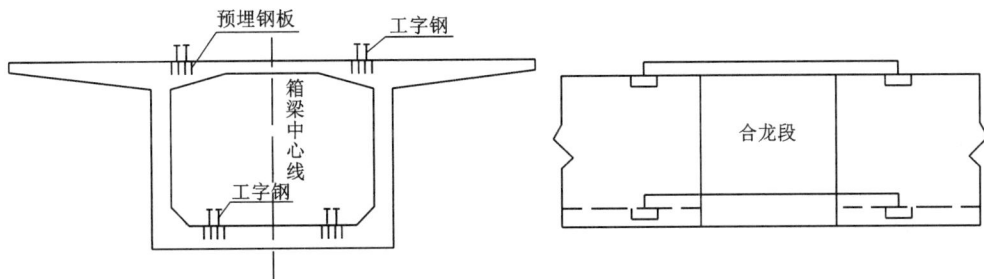

图 5-23　体外刚性支撑锁定

(5)配重。

在浇筑混凝土过程中,可在合龙前对两悬臂端施加与合龙段质量相等的配重,并在浇筑混凝土时等量、同步释放该配重,就会避免合龙段两端产生相对偏位和保证混凝土的浇筑质量,且配重可以调整合龙段两端的标高。配重通常是在悬臂端采用水箱、沙袋或预制混凝土块进行配重,如图 5-24 所示,并沿横桥向均衡布置,避免箱梁侧倾和扭转。每个悬臂端配重为合龙段混凝土质量的 0.5 倍。

图 5-24 合龙配重

（6）结构体系转换。

结构由双悬臂状态变成单悬臂状态，最终成连续梁受力状态的这一施工过程中存在结构体系转换，施工时应注意以下几点。

①结构由双悬臂状态转换成单悬臂状态时，梁体某些部位的弯矩方向发生转换。所以在拆除梁墩锚固前，应按设计要求，张拉一部分或全部布置在梁体下部的正弯矩预应力束。对活动支座，还需保证解除临时固结后的结构稳定，如需控制和采取措施限制单悬臂梁发生过大纵向水平位移。

②墩梁临时锚固的放松应均衡、对称进行，确保逐渐、均匀地释放。在放松前，应测量各梁段高程；在放松过程中，注意备梁段的高程变化，如有异常情况，应立即停止作业，找出原因，以确保施工安全。

③转换为超静定结构时，需考虑钢束张拉、支座变形、温度变化等因素引起的结构的次内力。若按设计要求需进行内力调整时，应以标高、反力等多因素控制，相互校核。如出入较大时，应分析原因。

④在结构体系转换中，临时固结解除后，应将梁落于正式支座上，并按标高调整支座高度及反力。支座反力的调整，应以标高控制为主，反力用来校核。

5.4.2 拱桥

拱桥悬臂浇筑法分为塔架斜拉扣挂悬臂浇筑法和悬臂桁架浇筑法。

塔架斜拉扣挂悬臂浇筑法是在拱脚墩台处安装临时的钢或者钢筋混凝土塔架，用斜拉索或者斜拉粗钢筋一端拉住拱圈或者拱肋节段，另一端绕向台后并锚固于岩盘上，以改善主拱在悬臂浇筑过程中的受力状态，从拱脚开始，逐段向拱顶悬臂浇筑，如图 5-25 所示，直至拱顶合龙。图 5-25 中的拱桥悬臂浇筑施工倒三角挂篮系统是一种结合了索、塔和拱肋三种基本结构的组合结构，这种独特的施工方法目前已经被广泛采用。它是国外早期采用的一种大跨径钢筋混凝土拱桥无支架施工方法。

悬臂桁架浇筑法（图 5-26）是将桁式概念引进拱桥的施工中，用悬臂桁架法架设大跨径

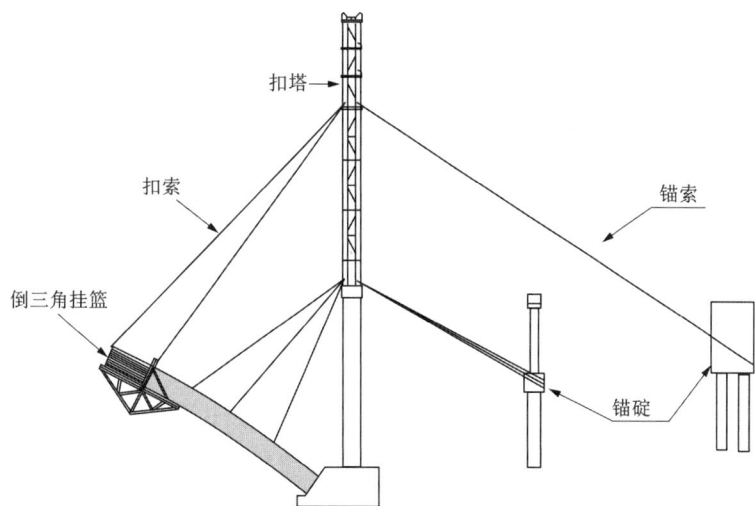

图 5-25　塔架斜拉扣挂悬臂浇筑法

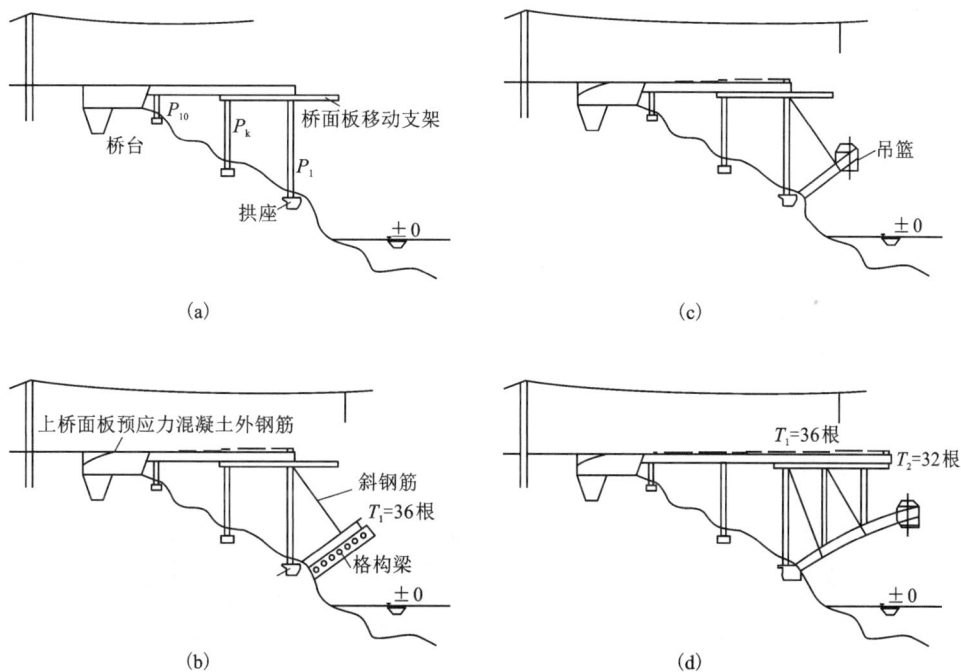

图 5-26　悬臂桁架浇筑法

桥梁，是当今世界普遍采用的新技术。悬臂桁架浇筑法是一种先进的施工技术，它通过将主拱圈、拱上立柱和桥面板同步浇筑，边浇筑边构成桁架结构，以达到提高施工效率和缩短工期的目的。在这种施工方法中，预应力钢筋或钢绞线被用作桁架的临时斜拉杆，桥面板的临时明索则通过拉杆或者桥面梁锚固于台后的岩盘上。整个过程中，主拱圈和上部结构同时施工，这样做不仅使得拱上结构能够参与受力，提高了整体稳定性，也显著缩短了工期。尽管这种施工方法在目前的桥梁建设中并不十分常见，但其独特的优势已经开始显现，展现了在修建上承式拱桥中的潜力和生命力。

1. 斜拉扣索

在拱桥悬臂施工中，由于连续浇筑节段的持续施加，主拱圈很容易受到过大的拉应力影响，这可能超出安全范围。对于使用先成拱的塔架斜拉扣挂悬臂浇筑法的情况，拱脚截面较为不利，而悬臂桁架浇筑法形成的桁架体系，在立柱下的主拱圈处也可能出现危险截面。通过临时斜拉扣索，主拱得以形成多点弹性支承，减轻了拱肋的截面弯矩，并且斜拉扣索的水平分力还能增强拱肋的抗裂性能。此外，斜拉扣挂索力直接影响着施工过程中拱圈的内力和成桥后的内力与线形，因此确定合理的扣索索力至关重要。斜拉扣挂悬臂浇筑施工拱桥的扣索索力需按以下两个步骤进行控制。

①采用最小弯矩能法求出最大悬臂状态下扣索索力后将拱圈正装至最大悬臂状态，通过控制各施工阶段主拱圈的应力水平来初步确定悬臂施工阶段需拆除的扣索及在哪一施工阶段拆除。

②由于最大悬臂状态时扣索索力直接影响成桥后拱圈的应力水平，因此拱圈悬臂施工到最大悬臂状态后，扣索索力应进行两次调整以保证拱圈成桥后处于理想受力状态。两次索力调整的具体方法为：将拱圈最大悬臂状态作为初始状态，以拱圈弯矩作为目标函数，一次落架的拱圈弯矩作为目标，应用有限元程序进行最大悬臂状态的两次调整索力。

2. 索塔支架系统

索塔作为全桥最主要的受力单元承担了主拱圈悬臂浇筑阶段所有荷载。一般索塔的形式有万能杆件、混凝土临时支撑、钢管支撑、钢管混凝土支撑。图 5-27 所示为钢管支撑索塔。安装、拆除时需要实时监测索塔的变形偏位，并按照计算结果控制变形量不得大于 $L/3000$。

图 5-27　钢管支撑索塔

3. 地锚系统

地锚常见的形式有岩锚、隧道锚、重力锚等类型。

4. 挂篮系统

拱桥悬挂浇筑挂篮是拱桥节段浇筑中的主要承重结构，通常采用三角挂篮悬臂浇筑方法。其核心组成包括承重系统、支反力系统、行走系统和模板系统，如图 5-28 所示。承重系统由底篮、侧桁架、挂钩等构成，支反力系统包括挂钩铰座、轨道剪力键等，行走系统则由滑块、千斤顶等组成。同时，模板系统包括底模板、外侧模板等，共同为拱桥浇筑提供了必要的支撑和工作平台。

在用挂篮浇注混凝土时，首先将挂篮安装在由现浇支架浇筑的第一节段上。通过摇柄将抗剪臂提升至所需高度，并插入已浇筑节段底部的预埋抗剪盒内以固定位置。然后在后支座上安装楔形钢板，将其置于后横梁上，以支撑挂篮的后端并确保其稳固地放置在拱桥的底板上。接着安装撑杆以支撑挂钩，以防止挂篮下滑。随后，安装模板系统，并根据需要调整标高。最后进行混凝土浇筑工作。

在挂篮移动时，首先确保行走反力轮就位，并将抗剪臂降下。然后在止推轨道前端使用千斤顶张拉精轧螺纹钢筋，以便挂篮顺着轨道前移。当千斤顶回油时，使用撑杆和止推牛腿支撑挂钩，并交替前移。当挂篮移动到位后，将行走反力轮放下，让后支座承受重力，同时将抗剪臂上升并插入拱桥底部的预留孔。接下来安装模板系统，调整标高，并进行混凝土浇筑，完成一个循环。

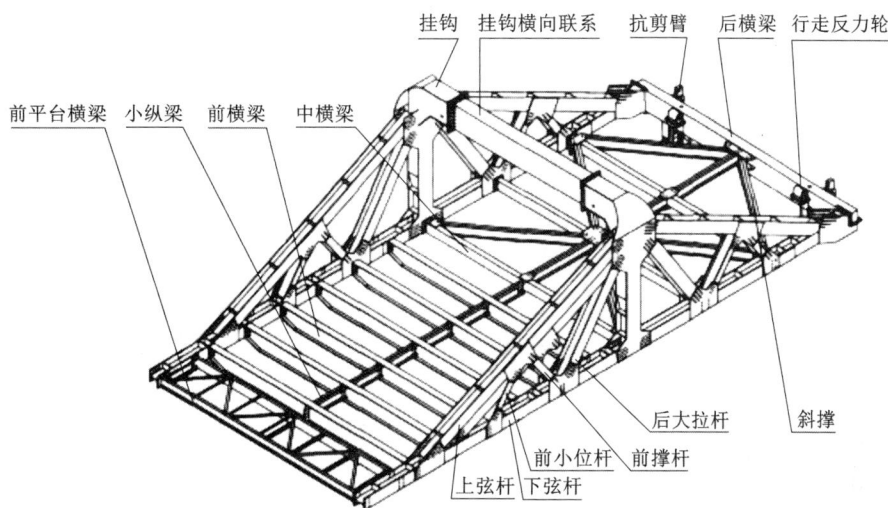

图 5-28　拱桥挂篮（未示底模架）

5.4.3　斜拉桥

混凝土斜拉桥的主梁通常采用悬臂浇筑法施工，而挂篮则主要采用牵索式挂篮，也称为前支点挂篮，如图 5-29 所示。这种挂篮的后端被锚固在已浇筑梁段的底板上，而待浇筑段的斜拉索则被牵挂在挂篮纵梁的前端，形成了前支点。这种设计充分利用了斜拉索的功能，使得挂篮在拉索张拉及混凝土浇筑过程中处于简支状态，从而减小了挂篮所需承受的荷载，并减轻了挂篮自身的质量。此外，在浇筑过程中，可以通过多次张拉拉索以平衡混凝土的重力，改善主梁的受力情况。经过不断实践与改进，前支点挂篮已经变得全面且完善，在混凝土斜拉桥的施工中被广泛采用。

斜拉桥悬臂浇筑法中主梁混凝土悬臂浇筑与一般预应力混凝土梁式桥基本相同。主要施工流程：支架上浇筑无索区节段→前支点挂篮安装、静载试验→底模安装与立模就位→斜拉

图5-29　前支点挂篮

索安装、第一次张拉→钢筋工程、预应力工程→混凝土抗拉索第二次张拉→混凝土浇筑与养护、纵向预应力张拉→索力转移至主梁、挂篮与斜拉索分离、拉索第三次张拉→挂篮前移→节段循环施工→合龙、体系转换→二恒施工→索力调整。

在混凝土斜拉桥的无索区节段施工中，通常采用支架法。在进行混凝土浇筑之前，需要将挂篮的主纵梁作为支架放置在其底模下。如果斜拉桥不是塔梁固结体系，则在解除临时固结时，必须采取相应的措施。在解除过程中，需要按照设计要求的程序进行操作，并对拉索的张力、主梁的标高、塔梁的内力及索塔的位移进行监测。

悬臂浇筑的节段长度应根据斜拉索的索间长度、梁段质量进行划分，节段长度一般为1索距或1/2索距。

5.5　悬臂拼装法

悬臂拼装法：将梁部结构化整为块，分块预制，利用移动式吊机起吊节段，从墩顶开始，对称地逐段拼装，利用环氧树脂和预应力钢筋连接成整体，直到合龙成桥，如图5-30所示。

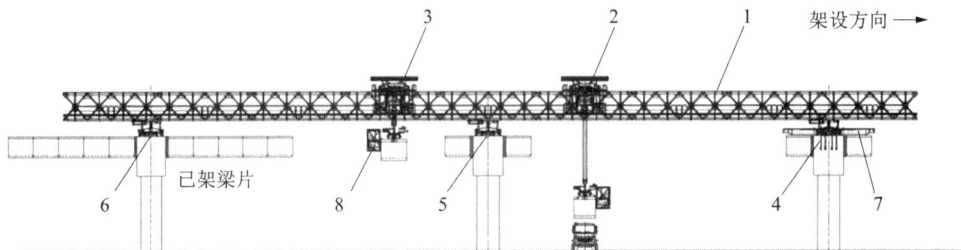

1—主桁架；2、3—起重桁车；4—前支点；5—中支点；6—后支点；7—牛腿；8—操作平台。

图5-30　造桥机悬臂拼装法示意图

5.5.1　混凝土梁

悬臂拼装法是从桥墩顶开始,将预制梁段对称吊装,就位后施加预应力,并逐渐接长的一种施工方法,如图 5-31 所示。

图 5-31　悬臂拼装法

1. 节段预制

悬臂节段通常采用长线法浇筑或短线法预制。

长线法浇筑是在足够长度(大于一跨长度)的预制台座上依整跨预制曲线作一次调整后,依次序逐块结合浇筑,最后完成一整跨后再将节段逐块脱离移至存梁区。

短线法预制是在有限场地上,只利用一套模板(一端为固定模架)进行各节段预制,浇筑第 1 节段(起始节段)后,以该节段端面(匹配节段)作为下一节段端模进行第 2 节段浇筑,如此反复。

1) 长线匹配预制法

长线匹配预制法作业是以桥梁跨度一半的梁体长度作为预制长度,在足够长度(大于一跨长度)的预制台座上,依整跨预制曲线作一次性调整后,依次序逐块结合浇筑,完成一整跨后,再将节段逐块脱离移至存梁区,如图 5-32 所示。

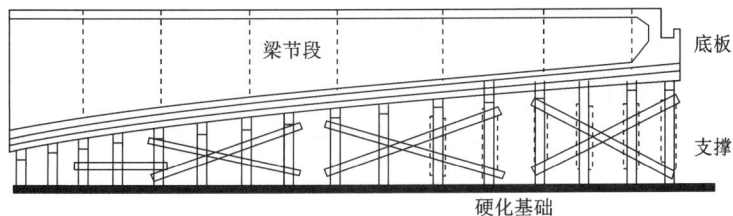

图 5-32　长线法施工

2）短线匹配预制法

短线匹配预制法是一种有效的桥梁节段预制方法，特别适用于有限场地的情况。在这种方法中，预制构件的几何线形控制主要集中在浇筑节段与相邻匹配节段的接合处。为了确保准确地匹配，每次进行密合预制时都需要精确调整匹配节段的位置以及模板的相对方位。因此，与长线匹配预制法相比，短线匹配预制法对节段块测量控制的精度要求更高。

当节段块混凝土已达到拆模强度时，其匹配节段即可吊运至存梁区存放，仅留下刚浇筑完成的节段块作为下一节段施工的匹配节段，如图 5-33 所示，其施工流程为：将梁体划分为若干节段，只采用一套模板（有一端为固定模架）进行节段预制。预制从第 1 个节段开始，第 1 个节段在固定端模和浮动端模之间浇筑，这个节段通常被称为起始节段；然后将该节段前移作为匹配梁（充当浮动端模）进行第 2 节段浇筑，这样能保证相邻节段之间的匹配质量。重复这个过程，将第 i 节段前移进行第 $i+1$ 节段浇筑，直到所有节段预制完毕。

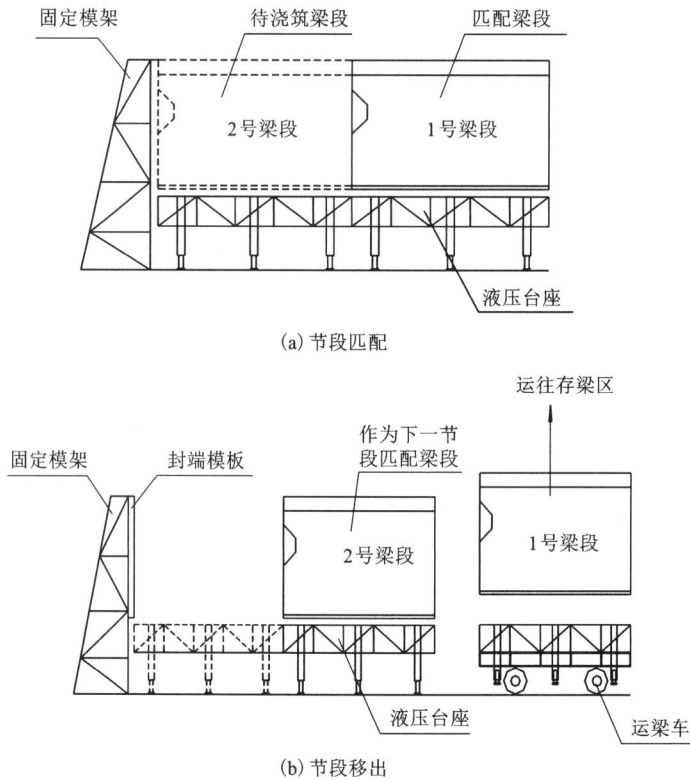

(a) 节段匹配

(b) 节段移出

图 5-33　短线法预制箱梁示意图

2. 拼装方式与接缝处理

悬臂拼装法施工中的 0 号块，由于其梁高大、质量大且吊装不方便，同时为便于控制整个梁体的安装精度，大多采用现场就地浇筑法施工，也有在墩上采用预制装配法施工的。

梁段的接缝可采用湿接缝、胶接缝和干接缝形式。

湿接缝宽 0.1~0.2 m，拼装时下面设置临时托架和模板，拼装梁段的位置调整准确后，用强度等级高的砂浆或小石子混凝土填实，待接缝混凝土达到设计强度后施加预应力。湿接缝常在 0 号块与 1 号节段间使用，因为 1 号节段的施工精度对后续节段的相对位置和控制桥梁拼装的标高影响甚大。

胶接缝用环氧树脂加水泥在节段接缝面上涂一薄层，厚约 1 mm，它在施工中起润滑作用，使节缝密贴，完工后可提高结构的抗剪能力、整体刚度和不透水性，常在中间节段的接缝中使用。

干接缝，即接缝间无任何填充料。它施工方便，依靠施加的纵向预应力承担接缝截面的弯矩，预压力产生的接缝截面摩擦力进行抗剪，主要预防接缝不密实导致钢筋锈蚀，使用较少。

3. 剪力键施工

为了有效传递节段间的剪力，预制节段通常在结合面上设有剪力键，如图 5-34 所示。剪力键根据形状可分为单键和多键。单键通常较大并集中在局部，多键则尽可能分布于结合面的各个部位，其尺寸也较小，可避免剪力集中，因此通常认为多键系统更为有效。

新节段与匹配梁脱离时要缓慢进行，并应采用有效措施避免损失剪力键。

图 5-34　剪力键布置图

4. 悬臂拼装法施工工艺

节段悬臂拼装法施工过程主要包括：①0 号块的施工；②架桥机的安装；③对称悬臂拼装；④边跨拼装；⑤合龙。

0 号块的施工有现浇和预制吊装两种方式。当 0 号块为现浇时，可能受到浇筑过程各种因素的影响，很难保证 0 号块的位置、尺寸精度达到悬臂拼装要求，而 1 号块是紧邻 0 号块两侧的第 1 个箱梁节段，其在预制阶段的尺寸已经控制好，如作为整个悬拼 T 构的基准梁段，后面的拼装节段线形调节量非常微小，因此 1 号节段的安装精度是至关重要的。

节段悬臂拼装应保持胶结面干净整洁，胶结面环氧树脂填充密实，预应力管道不被堵塞。拼装时同一 T 构两端的节段同时、对称拼装。节段拼装过程中允许误差如下。

①相邻两节段接缝处的高差不大于 3 mm。

②相邻两节段中线位置不超过 3 mm。

③节段前段高程不大于 5 mm。

④竖向和横向偏离设计线形不大于 10 mm。

当施工误差超过允许误差时，应及时调整，总体要求线形基本平顺，拼接缝平整、密实、颜色一致。部分悬臂拼装现场如图 5-35 所示。

5. 起吊机具和方法

根据现场布置和设备条件的不同，可以采用多种方法来实现预制块件的悬臂拼装。当靠岸边的桥梁跨度不高且可以在陆地或便桥上施工时，常采用自行式吊机或门式吊机进行拼

图 5-35　部分悬臂拼装现场照片

装。位于河中的桥孔，也可以利用水上浮吊进行安装。如果桥墩较高，或者水流湍急，不便在陆地或水上进行施工时，可以利用各种吊机进行高空悬臂拼装施工。

1）悬臂吊机拼装法

悬臂吊机由承重梁、横梁、锚固装置、平衡系统、起重系统、走行系统和工作吊篮等部分组成，如图 5-36 所示。承重梁和横梁可由万能杆件、型钢等构成。与用挂篮悬臂浇筑施工类似，在开始拼装靠近墩顶的 1 号、2 号节段时，可以用一根承重梁对称、同时起吊，在容许布置两台移动式悬臂吊机时，如图 5-36 所示，拆分承重梁形成两台吊机，开始独立、对称吊装。悬臂吊机的起重能力目前国内在 1800 kN 以内。

节段的运输可从桥下或水上浮运至桥位，再由悬臂吊机吊装就位。

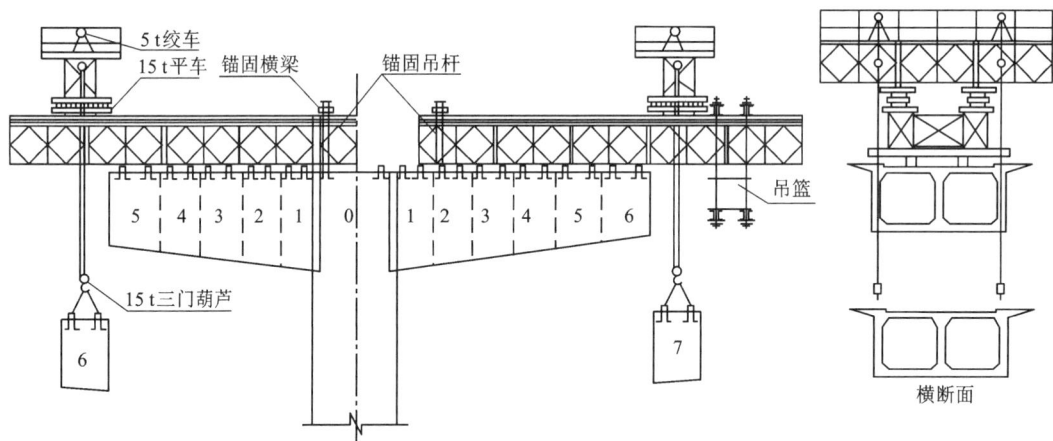

图 5-36　悬臂吊机构造

2）桁架拼装法

桁梁悬拼法是一种移动支架法，它以桁梁作为承重结构和运梁设备进行悬臂拼装施工，已被大量地应用在中型以上的高架桥上。悬臂吊机分为移动式和固定式，常用的是移动式。桁梁依据支承状态分为两类：一类是简支悬臂桁梁，长度大于桥梁的最大跨度，桁梁支承在已拼装完的梁段上和待拼墩顶上，如图 5-37 所示，必要时可用加劲索加强桁梁；另一类是连续桁梁，长度大于两倍桥梁跨度，形成三个支点的连续梁，国内称这类移动式连续桁梁为造桥机，如图 5-38 为我国自行设计制造的大跨度造桥机，跨度为 96 m，吊重 1600 kN，石长线湘江铁路大桥就是用该造桥机架设的。该桥的主要施工顺序为：0 号块现浇，然后用造桥机从桥的一端开始拼装，逐墩对称拼装，基本节段长 4 m，采用长线法预制，由平板车运至造桥机端，再由起重小车起吊运至待拼位置，被吊的块件可进行上下、顺桥、横桥方向的移动和平面转体。造桥机施工的显著特点是节段运输方便、拼装速度快。

图 5-39 为大跨度造桥机拼装示意图。

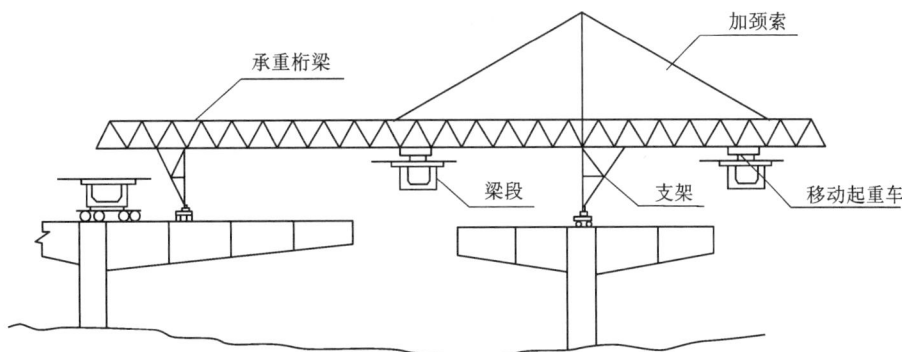

图 5-37　简支-悬臂桁梁拼装

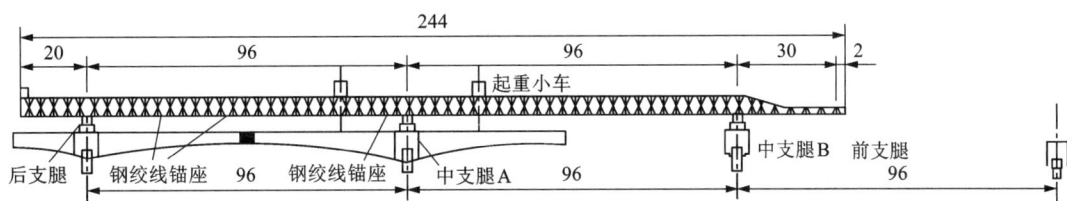

图 5-38　大跨度造桥机(m)

3）起重机拼装法

可采用伸臂吊机、缆索吊机、龙门吊机、人字扒杆、汽车吊、履带吊、浮吊等起重机械进行悬臂拼装。根据吊机的类型和桥孔具体条件的不同，吊机可以支承在墩柱上、已拼好的梁段上或处在栈桥上、桥孔下。

悬臂拼装法将大跨度桥梁分解为小节段，使得预制和拼装更加便捷。使用这种方法，上下部结构可以进行平行作业，从而加快拼装速度、缩短周期，大大提高了施工效率。同时，预制节段施工质量易于控制，结构所产生的附加内力较小。但是，悬臂拼装法也存在一些挑战。它需要较大的预制场地和较高的起重能力，其拼装精度要求较高，高程控制的难度也较大。因此，一般适用于跨径小于 100 m 的多跨桥梁。

6. 节段梁纠偏措施

悬臂拼装施工中高程控制的关键就是施工挠度，虽然在预制过程中已经考虑了理论预拱度，但是在实际施工中胶拼张拉预应力前后、墩台沉降以及施工误差等，会造成实际与理论

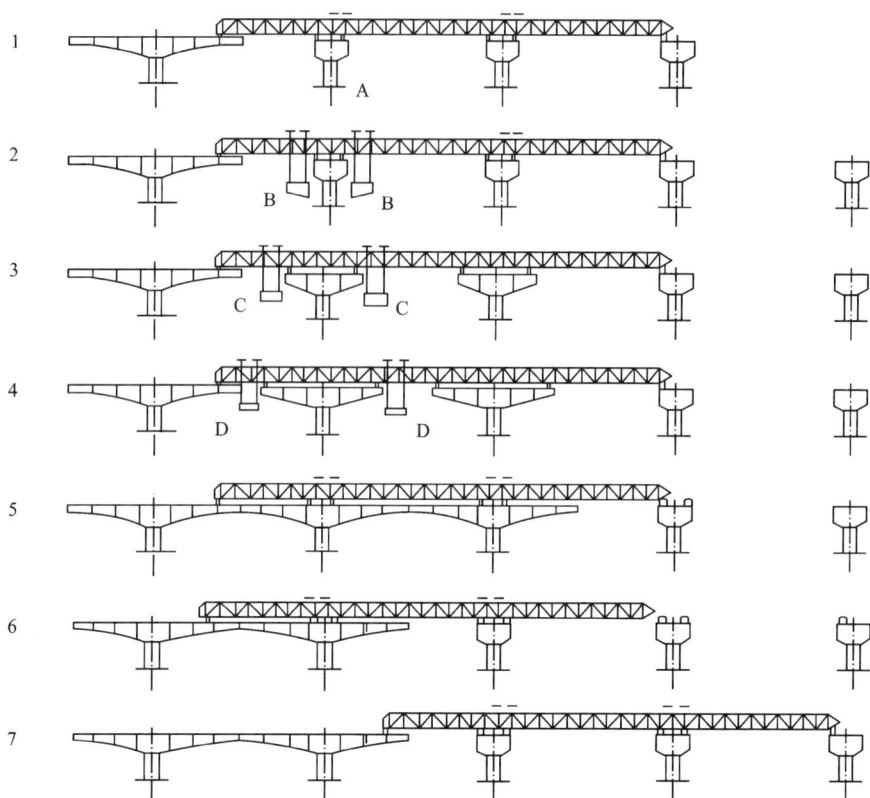

图 5-39 大跨度造桥机拼装示意

预拱度值的偏差。若测量结果超出几何控制数据库允许的误差范围，则须对后续梁段的拼装进行调整。可采取以下调整方法。

①改变胶接缝涂胶厚度。

②当线形发生主要定位错误或线形误差过大以致无法用楔形垫片纠偏时，须采用增设湿接缝的方法，增设的湿接缝厚度一般为 50 cm。

7. 短线法预制线形控制

1) 坐标转换原理

短线法预制线形控制的实质就是通过每次调整匹配节段相对于待浇节段的空间位置来保证梁体的设计线形。一般情况下，桥梁的设计线形（即梁体的实际空间位置）为整体坐标系，而在节段预制时，匹配节段的方位是相对于待浇节段的相对坐标，属于待浇节段的局部坐标系。短线法预制线形控制就是通过每次调整匹配梁的空间位置来保证梁体的设计线形，包括匹配梁理论安装位置和每次制造误差的补偿修正。这就需要进行一定的坐标转换来确定匹配梁的理论安装位置。

首先根据设计线形确定总体坐标系，确定总体坐标系中各节段梁之间的接缝理论位置，并在每一个接缝上确定用于短线预制的控制点的位置以及在总体坐标系中的坐标；然后计算各局部坐标系的方向余弦以及相对于总体坐标系的坐标平移；再进行坐标转换，即将各接缝的控制点的总体坐标转化为相应的局部坐标；最后由同一节段梁在不同坐标系中的不同坐标，计算每一节段梁从现浇位置移动到匹配位置的位移量。需说明的是，第 1 节段浇注的梁没有匹配梁，只有浮动端模板；最后的节段梁不用计算其平移。

　　如图 5-40 所示，假设每一接缝处有三个点作为控制点：L 代表左边的控制点，M 代表中间的控制点，R 代表右边的控制点；L、R 点控制点标高，M 点控制平面桥梁的线形。

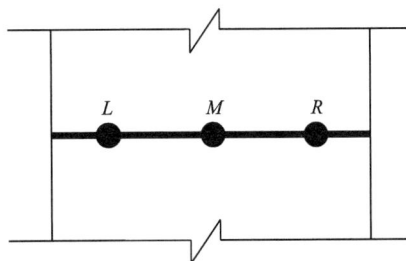

图 5-40　节段梁接缝控制点

　　设总体坐标 (X, Y, Z) 中，Z 轴表示竖直方向，X 轴表示梁中轴线方向，Y 轴表示梁体水平宽度方向。第 i 个接缝的控制点记作 M_i、L_i、R_i，其在总体坐标系下的三个坐标分量分别为 XM_i、YM_i、ZM_i、XL_i、YL_i、ZL_i、XR_i、YR_i、ZR_i，这些量共同组成的第 i 个接缝的控制量，设 $\{\delta M_i\} = [XM_i, YM_i, ZM_i]^T$，$\{\delta L_i\} = [XL_i, YL_i, ZL_i]^T$，$\{\delta R_i\} = [XR_i, YR_i, ZR_i]^T$，记向量 $\{\boldsymbol{\delta}_i\} = [M_i, M_i, M_i]^T$。

　　当接缝位于固定端模板的位置时，可以确定一个局部坐标系，该局部坐标系的原点为现浇梁前接缝的 M 点，局部坐标 X 轴的确定由相邻两个接缝的 M 点确定，即从现浇梁前接缝的 M 点指向现浇梁后接缝（匹配梁前接缝）的 M 点；局部坐标系的 Y 轴从现浇梁的前接缝 M 点指向现浇梁前接缝的 L 点；局部坐标系的 Z 轴可由已确定的局部坐标轴 X 轴、Y 轴确定。

　　设第 i 段的后接缝编号为 0 号接缝，第 i 号节段的前接缝编号与节段编号相同，如图 5-41 所示。对于每一个节段都有一个前接缝和后接缝，第 i 节段的前接缝同第 $i-1$ 节段的后接缝是同一条接缝，第 i 节段的后接缝同第 $i+1$ 节段的前接缝是同一接缝，当每一节段处于现浇位置时，这时前接缝位于固定端模板的位置。

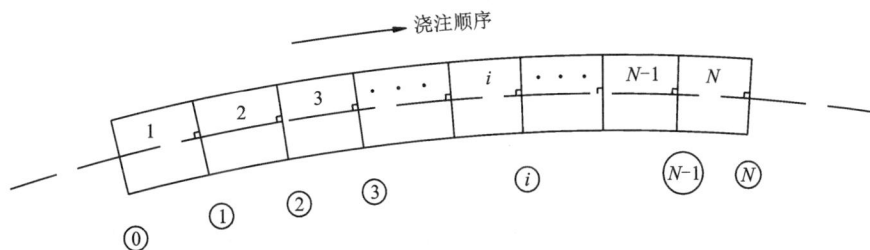

图 5-41　节段浇注示意图

　　在总体坐标系中，第 i 个接缝的局部坐标系的 u 轴的坐标向量为 $\{\boldsymbol{u}_i\} = \{\delta M_{i-1}\} - \{\delta M_i\}$，$v$ 轴的坐标向量为 $\{\boldsymbol{v}_i\} = \{\delta L_i\} - \{\delta M_i\}$，$w$ 轴的坐标向量为 $\{\boldsymbol{w}\} = \{\overline{\boldsymbol{u}_i}\} \times \{\overline{\boldsymbol{v}_i}\}$。$\{\boldsymbol{u}_i\}$ 与总体坐标系中的 X、Y、Z 轴的夹角分别为 α_{1i}、β_{1i}、γ_{1i}，$\{\boldsymbol{v}_i\}$ 与总体坐标系中的 X、Y、Z 轴的夹角分别为 α_{2i}、β_{2i}、γ_{2i}，$\{\boldsymbol{w}_i\}$ 与总体坐标系中的 X、Y、Z 轴的夹角分别为 α_{3i}、β_{3i}、γ_{3i}，则局部坐标的三个坐标轴的方向余弦分别为：

$$[\cos\alpha_{1i}, \cos\beta_{1i}, \cos\gamma_{1i}]^T = \frac{\{\boldsymbol{u}_i\}}{|\{\boldsymbol{u}_i\}|} \tag{5-1}$$

$$[\cos\alpha_{2i}, \cos\beta_{2i}, \cos\gamma_{2i}]^{\mathrm{T}} = \frac{\{v_i\}}{|\{v_i\}|} \tag{5-2}$$

$$[\cos\alpha_{3i}, \cos\beta_{3i}, \cos\gamma_{3i}]^{\mathrm{T}} = \frac{\{w_i\}}{|\{w_i\}|} \tag{5-3}$$

则总体坐标向第 i 个局部坐标转换的转换矩阵为：

$$[t_i] = \begin{bmatrix} \cos\alpha_{1i} & \cos\beta_{1i} & \cos\gamma_{1i} \\ \cos\alpha_{2i} & \cos\beta_{2i} & \cos\gamma_{2i} \\ \cos\alpha_{3i} & \cos\beta_{3i} & \cos\gamma_{3i} \end{bmatrix} \tag{5-4}$$

则第 j 个接缝的控制点在第 i 个局部坐标系中的坐标为：

$$\{\delta_j\}_i = [T_i]\{\delta_j\} + \{\Delta\} \tag{5-5}$$

式中：$\{\delta_j\}_i$ 为第 j 个接缝的控制点在第 i 个局部坐标系中的坐标；$\{\delta_j\}$ 为第 j 个接缝的控制点在总体坐标系中的坐标；T_i 为控制点坐标转换矩阵，是一分块矩阵，即 $[T_i] = \begin{bmatrix} t_i & 0 & 0 & 00 \\ 0 & t_i & 0 & 0 \\ 0 & 0 & t_i & 0 \\ 0 & 0 & 0 & t_i \end{bmatrix}$；$\{\Delta\}$ 为局部坐标系原点相对于总体坐标系原点的平移。若将局部坐标系的原点选在第 j 个接缝的中间控制点，则

$$\{\Delta\} = -[\delta M_j, \delta M_j, \delta M_j, \delta M_j]^{\mathrm{T}} \tag{5-6}$$

当计算第 i 节段的梁由现浇位置向匹配位置的位移时，首先计算第 i 个局部坐标系，其次计算第 $i-1$ 个接缝以及第 i 个接缝在第 i 个局部坐标系中的坐标 $\{\delta_{i-1}\}_i$、$\{\delta_i\}_i$，以及第 $i+1$ 个坐标系中的坐标 $\{\delta_{i-1}\}_{i+1}$、$\{\delta_i\}_{i+1}$，两种坐标之差即为第 i 个节段的平移量。设 $[D_i]$ 为最终的平移量，则

$$[D_i] = \begin{Bmatrix} \{\delta_{i-1}\}_{i+1} - \{\delta_{i-1}\}_i \\ \{\delta_i\}_{i+1} - \{\delta_i\}_i \end{Bmatrix} \tag{5-7}$$

在 $[D_i]$ 中起控制作用的是，M 点局部坐标的 X、Y 坐标，以及 L、R 点的 Z 坐标，其余的点是冗余的，可以起到检验的作用。需要编制专用程序进行计算和控制。

2）短线法预制线形控制的实现

短线法预制线形控制是通过每一次密接匹配预制时精确地调整匹配节段的方位及模板的相对方位来实现的。线形控制直接影响工程质量，要达到理想的目的，最主要的是精密的测量及正确调控相邻匹配节段（旧节段，即已浇筑节段）与新节段模板之间的相对位置。

根据前述坐标转换原理，可在匹配节段两端面各设置 3 个控制点（L、M、R），通过测量控制这六个控制点坐标来控制匹配节段的位置，俗称"六点坐标"法。因实际工程中，很难在节段两端接缝处设置控制点，通常在每一节段前后端顶面距梁端约 20 cm 处分别布置四个高程标钉（L、R 点）和两个中线标钉（M 点）。测量两个中线标可定出匹配节段在水平面内的偏转角度（即转角）；测量四个高程标钉可定出匹配节段在竖直平面内的偏转角度（即倾角或仰角）以及绕节段轴线的旋转角度（即扭角或畸变角）。图 5-42 所示为广州地铁四号线高架桥短线节段预制时梁顶六个控制点的设置。

精确的测量是短线法预制线形控制的关键，必须要有专职测量工程师驻守在工地现场，

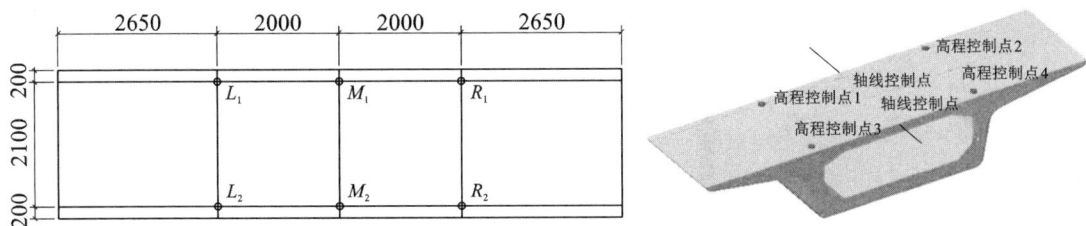

图 5-42　测量控制六点坐标

精确翔实地进行测量、记录，测量记录实行双检制，以确保节段预制的精确度。如图 5-43 所示，首先在预制场内设置稳定的观测塔 "O" 基准点和目标塔，在观测塔上架设测量仪器来进行调控。在节段预制过程中观测塔、目标塔及观测塔上的测量仪器均不得有任何移位，否则必须重新建立测量控制系统。

端模板必须永远保持垂直、水平和方正，所有线形控制是依预制曲线来移动旧节段（匹配节段）来进行控制的。匹配预制之前再次对上述 6 点测量并做好记录，此时这个节段方可进行密接匹配预制。

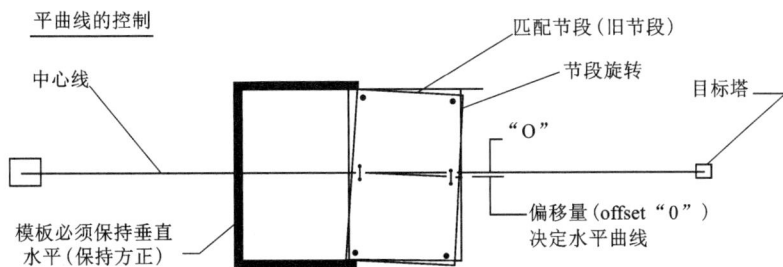

图 5-43　六点坐标测量平面图

当匹配节段移到密接匹配预制位置后，依据控制程序计算的结果重设方位，直线桥中线保持不变，曲线桥则有偏移量。竖曲线的控制方法与上述相似（图 5-44），因为要补偿挠度而有预拱值，所以每段曲线桥都要作竖向的调控，调整量的大小决定于施工图中的预制曲线。

当匹配节段调整到位后，新节段的预制准备也已完成，就可以浇筑混凝土了。在匹配节段移走之前，必须再次测量，以确定浇筑混凝土当中旧接块是否有移动。这种移动的情况时常会发生，其因素有模床沉陷、振动器的影响，以及封模时的外力都可能造成匹配节段的移动。

浇筑混凝土前的测量记录及调控极为重要，但是混凝土浇筑后，这些控制点的数据很难保持与浇筑前相同，所以浇筑混凝土后的测量是极为关键的。虽然这种移动量可能很小，但它会发生；因此浇筑混凝土后须如实记录这些数据，并利用控制程序作为下一个新节段定位时补偿前一个节段制造误差的计算依据。

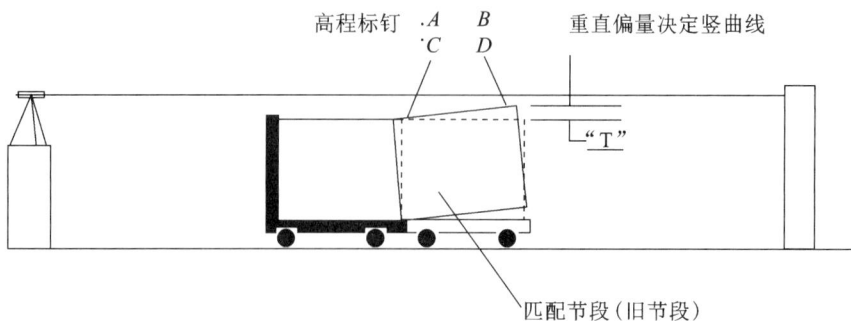

高程标钉 A B 重直偏量决定竖曲线
C D
"T"
匹配节段（旧节段）

图 5-44　竖曲线线形控制立面图

5.5.2　钢梁

钢构件一般采用分节段安装架设，即钢构件按照设计要求分段制作并运至桥位逐段吊装，钢构件节段之间全断面焊接或螺栓连接，直至合龙，成桥后钢构件线形与拱度应符合设计设定的要求。

1.钢构件制造工艺

常用的钢梁结构形式有钢桁梁和钢箱梁，后者的制造工艺更为复杂，简介如下。

钢箱梁是一种正交异性板结构，这意味着可以将其构件(如面板、底板、纵隔板、腹板和风嘴等)分割成若干有纵、横肋的独立构件，以便于起吊和运输。然后，这些独立构件可以按照一定的顺序在胎架上组装成钢箱梁。根据钢箱梁的结构特点(如单箱、双箱或三箱)，制造过程可以分为二阶段或三阶段。

二阶段制造法是指在钢构件制造中分为板单元制造阶段和钢构件组装焊接阶段。

板单元构件的宽度和长度是根据结构设计图确定的，同时考虑了钢板的轧制尺寸(宽×长)、起吊能力和运输净空等条件进行划分。这些构件通常在工厂进行制造，其制造精度和板的平整度对保证钢构件的制造精度至关重要。

钢构件组装焊接阶段是在胎架上进行的，由此形成箱梁节段。这种二阶段制造方法是常用的方法，特别适用于双箱或二箱结构。相比于三阶段制造法，二阶段制造法具有工效高、制造工期短的优势。

三阶段制造法是将每节钢构件分为板单元构件单体组装与焊接，以单元或块体组装焊接成整箱，再沿纵向分成两个或三个单体。整箱组装焊接往往结合施工阶段，与梁匹配组装，以确保桥梁吊装的精度要求。

2.钢构件匹配

钢构件施工接口匹配原则是确保接口匹配质量，从接口刚性强到刚性柔的顺序依次完成匹配，钢构件接口初匹配控制程序如下。

起吊钢构件与前一梁段平齐→对齐主腹板→安装顶板临时连接件→测量主梁高程及轴线→调整主梁前端高程及轴线→安装底板临时连接件→测量主梁前端高程及轴线→调整主梁前端高程及轴线至合格。

在连接之前对接口进行精匹配，要求保证接口面板高低差不大于 0.5 mm，通过千斤顶压平接口，并用于马板固定的方法使接口完成精匹配，如图 5-45 所示，再进行最后连接。

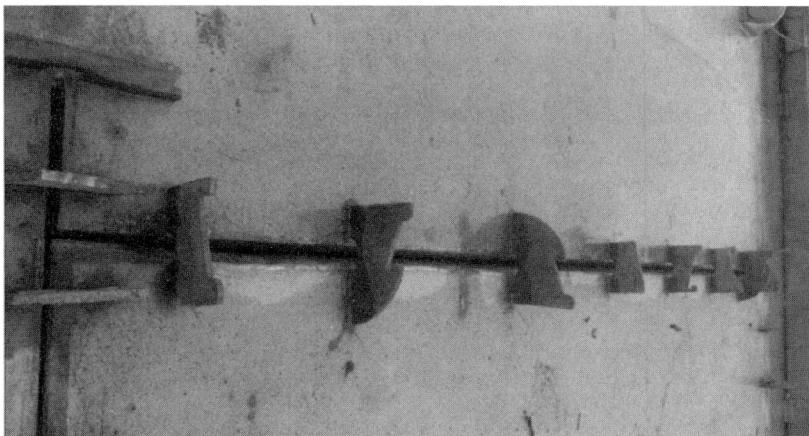

图 5-45　马板固定

3. 钢构件拼装

现代钢构件节段之间现场连接方式有三种：全焊接、栓焊结合、全栓接。

采用全焊接连接方式的钢构件，U 形肋嵌补段对接焊和肋角角焊均处于仰角位置施焊，而仰焊工作条件差，施工周期长，质量控制难度大。

栓焊结合适用于钢构件桥面板采用焊接（陶瓷衬垫单面焊双面成型工艺），U 形肋采用高强度螺栓连接，这是钢构件拼装目前最适宜的连接方式，这种连接方式具有足够的刚度、承载力和耐久性。

全栓接为钢构件桥面板和纵向 U 形肋全部都采用高强螺栓连接。因为桥面板上栓接板突出，使桥面铺装层因栓接接头而受到削弱，给铺装工艺和质量控制带来困难，铺装层容易产生断裂、剥离等破坏。

4. 钢梁拼装中改善悬臂内力和挠度的措施

结构悬臂长度越长、悬臂端挠度越大，悬臂根部的构件受力就越大。施工中，依据实际工程的需要，需采取合理的措施，以改善悬臂内力和挠度，常用的措施如下。

①连续结构半（对称）悬臂拼装、跨中合龙[图 5-46(a)]，如此可大幅度地减少悬臂长度。

②辅助吊索塔架[图 5-46(b)]，改善构件受力状态。

③墩旁托架[图 5-46(c)]，减少悬臂长度。

④临时加强伸臂支点附近的杆件或梁体[图 5-46(d)]。

⑤临时支墩[图 5-46(d)]，减少悬臂长度。

⑥水上吊机，减少梁端施工荷载。

(a) 南京大胜关大桥对称悬臂施工

(b) 九江长江大桥双层辅助吊索塔架

(c) 南京长江大桥墩旁托架辅助悬臂施工

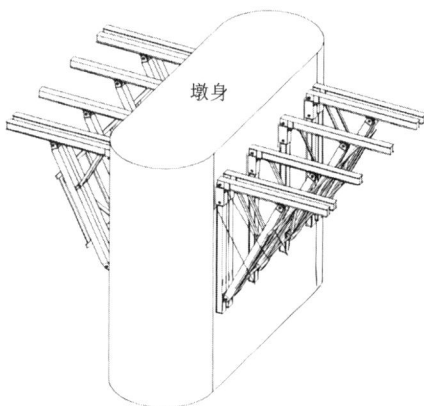

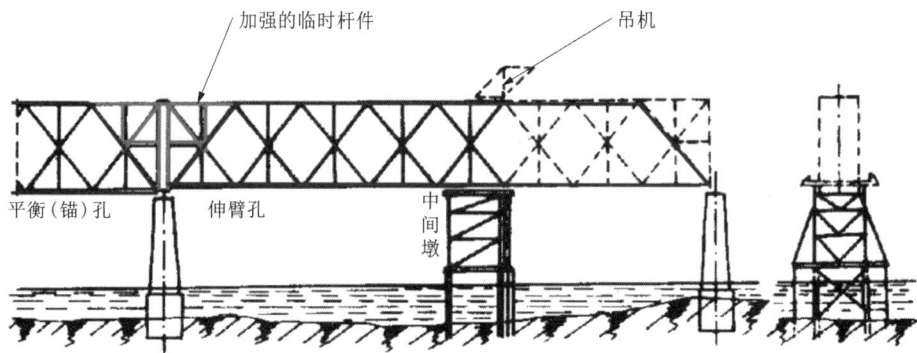

(d) 简支桁梁半悬臂安装示意图

图 5-46　改善悬臂内力和挠度的措施

5.5.3　拱桥

在峡谷或水流湍急的河段，或者需要满足船只通行的通航河流上修建拱桥时，采用有支架施工将会遇到极大的困难。因此，在这些特殊条件下，通常会优先考虑采用无支架施工方法。缆索吊装施工是无支架施工拱桥中应用最广泛的一种方法，特别适用于采用钢箱拱、钢管拱、钢桁拱和大跨度混凝土拱等的桥梁。通过缆索系统，可以有效地将预制构件吊装成桥梁，从而实现施工过程中对峡谷或河流的通行要求。缆索吊装施工法是通过缆索系统把预制构件吊装成桥梁的方法，如图 5-47 所示。缆索吊装施工具有跨越能力大、水平和垂直运输灵活、适应性广、施工方便等优点。其施工顺序大致包括：拱肋（箱）的预制（或制作）、移运和吊装，拱上建筑的浇筑或安装，桥面结构的施工等。

1. 缆索吊装系统

缆索吊装系统按其工作性质可分为四个基本组成部分：主索、工作索、塔架及锚固装置。其中工作索包括起重索、牵引索和扣索等。缆索吊装的工作原理是利用主缆承受吊重和作为跑车的运行轨道，主索跑车上的起重装置和牵引装置将构件吊起、升降、运输和安装。

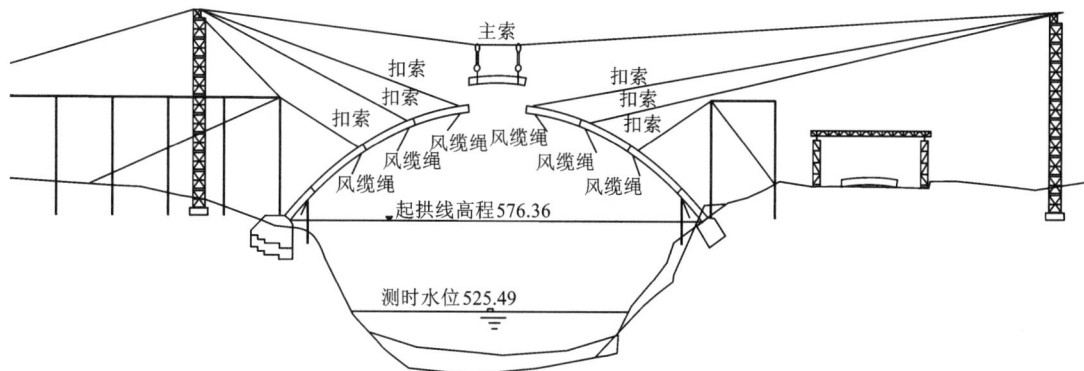

图 5-47　缆索吊装系统

2. 拱节段预制

无论是钢箱（肋）、钢管拱还是钢桁拱，一般均采用在钢结构加工厂加工成节段，运输到工地后进行吊装的方法。

工厂预制过程中，按照设计图纸在预制台上放样、下料、加工成零部件，组拼成节段，并进行试拼，涂装后发送至工地。对于钢箱（肋）采用立式预制，对于桁架片采用卧式预制。

3. 吊装方法和加载程序

吊装方法应根据桥的跨径大小、桥的总长及桥宽等具体情况而定。拱桥构件一般在桥位附近预制和预拼后送至缆索下面，由起重车起吊牵引至预定位置安装。为了使端段基肋在合龙前保持一定位置，在其上用扣索临时扣住后才能松开起重索。

基肋（拱箱、拱肋）吊装合龙要拟定正确的施工程序和施工细则，并严格执行。

在拱桥跨径较大的情况下，施工的稳定性至关重要，因此最好采用双肋或多肋合龙的设计。对于肋拱桥，在安装拱肋后应及时安装永久性横向联结系，以增强已安装拱肋的稳定性。同时，基肋与基肋之间必须紧密连接，跟随拱段的拼装及时进行连接。当端段拱箱（肋）就位后，除了使用扣索拉住上端外，还应在左右两侧各用一对缆风索牵住，以防止左右摇摆。而当中段拱箱（肋）就位时，必须缓慢放松起重索，确保各接头顶紧，避免简支搁置和冲击作用。

吊装程序可按照从端段开始吊装就位，并将端段拱座处于墩、台帽直接抵接牢靠，上部用扣索扣好、下部用缆风索拉好后送去吊索；然后按预定施工程序依次吊装个拱箱（肋）段，每段上部用扣索扣好、下部用缆风索拉好，且每接头处用螺栓固定；最后吊运合龙段并与之相邻的节段相接，完成合龙。当拱圈符合设计高程后，即可用钢板楔形紧接头，松吊、扣索但暂不取掉，待全部接头焊接牢固后方可取掉全部吊、扣索。

缆索吊装施工过程中，其加载程序需要对脱模起吊、悬挂合龙和施工加载等阶段进行详细计算，确保受力安全。

5.6 顶推法

顶推施工法是在桥头沿桥纵轴线方向将逐段预制张拉的梁体向前推出使之就位的施工方法，如图 5-48 所示。其施工原理如下：沿桥纵轴方向的桥台后设置预制场，分阶段预制拼装梁体或整体制造梁体，通过水平千斤顶施力，借助由聚四氟乙烯模压板与不锈钢板特制的滑移装置，将梁体逐段向前顶推，就位后落梁并更换正式支座，从而完成桥梁施工。

顶推法是一种适用于跨越城市、深谷、大河、公路和铁路等场景的连续梁结构施工方法。它常用于 30~60 m 跨径的预应力混凝土连续梁的架设，可用于直线、曲线和坡道桥的施工。在顶推法中，梁的前端处于悬臂状态，与后部相比，该部位的截面受力较大。为了降低梁前端悬臂在架设过程中的截面受力，可以在梁前端安装导梁，并根据现场条件，在桥墩间设置临时支墩，如图 5-49 所示。在中间跨度大，又不能设置临时支墩的情况下，也可用导梁从两侧相对顶推，在跨中联结。

图 5-48 顶推法施工

图 5-49 辅助墩（临时墩）

顶推法是一种用于连续梁结构施工的方法，根据顶推动力装置的多少可分为单点顶推和多点顶推；根据动力装置的类别可分为步距式顶推和连续顶推；根据支承系统可分为临时滑道支承装置顶推施工和永久支承装置顶推施工；根据顶推方向可分为单向顶推和双向（相对）顶推；根据梁节段的成形方式可分为预制组装、分段顶推和逐段预制、逐段顶推。

单点顶推：顶推的装置集中在主梁预制场地附近的桥台或桥墩上，前方墩各支点上设置滑动支承，如图 5-50 所示。其特点为设备数量少，易于集中和同步，功率大，墩台受力大。

多点顶推：需在每个墩台上设置一对小吨位水平千斤顶，将集中的顶推力分散到各墩上，如图 5-51 所示，且需采用一套液压与电路相结合的控制系统，以集中控制、分级调压，保证同时启动、同步前进、同时停止。

顶推法的施工平台和设备主要包括顶推平台、导梁、滑道、千斤顶与油泵。

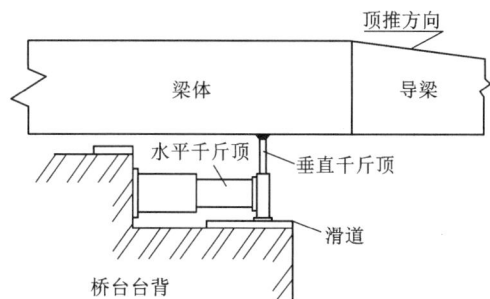

图 5-50　单点顶推

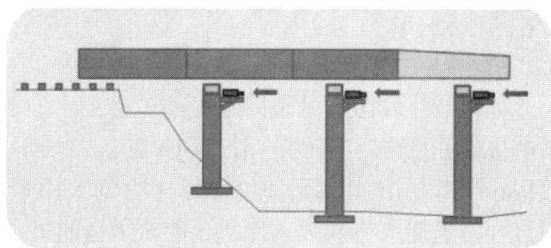

图 5-51　多点顶推

5.6.1　顶推平台

顶推平台由支墩、平台、活动底模、升降设备、支墩顶部底模或滑道等组成。顶推平台对平整度、刚度、整体性等要求严格，以保证主梁结构的制作质量，为顶推架设创造顺利条件。

根据桥梁结构和线路特点，顶推平台通常布置在桥台后方。在遇到困难的情况下，顶推平台也可以设置在桥梁某个孔跨内。顶推平台沿桥的长度至少应不小于最长的梁节段长度。如果平台长度较短，无法保证梁体被顶推出平台后的梁底面线形保持平整和顺直，那么应在顶推平台前增设临时墩或者加长顶推平台，以改善线形。这样可以确保下一段新增梁体与已顶出的梁体之间梁底线形的良好衔接。同时平台后方应留有作业平台，作业平台长度不宜小于 10 m。

5.6.2　导梁

顶推法的梁前端应设置导梁，导梁长度一般为顶推跨度的 0.6~0.7 倍。为了使顶推时的挠度小，应采用钢板梁结构形式，如图 5-52 所示，同时导梁的刚度一般为主梁刚度的 1/15~1/9。由于顶推时其下翼缘在滑动支座上通过，所以在设计时应保证其平滑性和对支点反力有足够的强度。为了使导梁的前端在顶推时能在各滑动支座上顺利推出，需装滑履，导梁与混凝土梁的连接一般采用预应力精轧螺纹钢连接，并且将导梁埋入梁端的一部分作为连接处，以承受抗剪应力。

图 5-52　导梁

5.6.3 滑道

如何减小摩阻力是顶推施工的关键技术问题。施工中通过在梁底、墩顶设置滑道的办法来解决。如图 5-53 所示，滑道用聚四氟乙烯滑板和镍钢(不锈钢)板组成，滑移面的摩擦系数很小，为 0.02~0.04；顶推时，组合的聚四氟乙烯滑块在不锈钢板上滑动，并在前方滑出，通过在滑道后方不断喂入滑块，带动梁身前进。

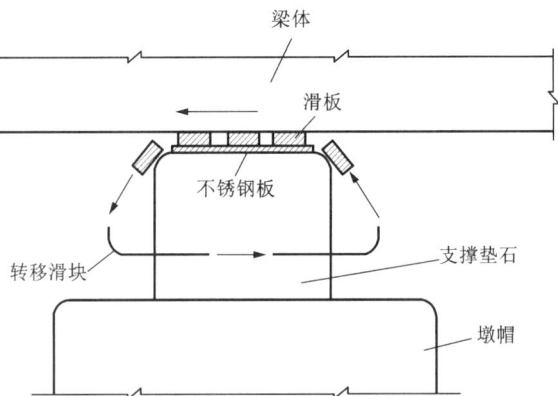

图 5-53　滑道构造

在顶推钢桁梁结构中，因下弦杆中部不能承受支点反力，而只能依靠主桁节点受力，所以京广高铁石武段郑州黄河公铁两用桥施工中研发了墩顶长滑道，其构造图参见图 5-54。该装置利用墩旁和墩身布置长滑道，使顶推过程中能确保 1~2 个主节点落在滑道上，有利于推进顶推法在连续钢桁梁中的应用。

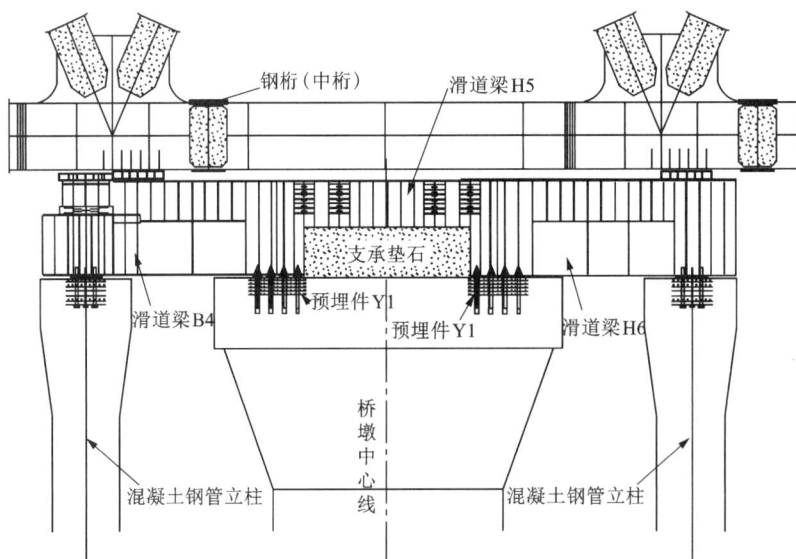

图 5-54　长滑道构造

5.6.4　千斤顶与油泵

顶推装置集中在主梁预制场附近的桥台或桥墩上，前方各支点上设置滑动支承。顶推装置分为两种：一种是水平千斤顶通过箱梁两侧的牵动钢杆(索)给预制梁一个顶推力，如图 5-55 所示；另一种是水平千斤顶与竖直千斤顶配合使用，顶推预制梁前进。

在国内，常采用拉杆式顶推方案进行桥梁施工。在每个墩位上，安装一对液压穿心式水平千斤顶。每侧使用一根或两根 $\phi25$ mm 高强螺纹钢筋或钢绞

图 5-55　顶推千斤顶

线。这些杆的前端通过锥楔块固定在水平顶活塞杆的头部，另一端则通过特制的拉锚器、锚定板等连接器与主梁连接。水平千斤顶固定在墩身特制的台座上，同时在梁位下设置滑板和滑块，当水平千斤顶施顶时，带动箱梁在滑道上向前滑动。

2010 年杭州九堡大桥多跨连续组合拱桥施工中专门研发了步履式平移顶推装置，它将前述单点顶推中"联合使用水平千斤顶与竖直千斤顶"的装置改造为一个整体的"步履式顶推装置"，参见图 5-56；其在梁体的布置如图 5-57 所示，梁体下布设多个步履式顶推装置。

主要顶推工艺具体如下。步骤 1：顶升，开启支撑顶升油缸，使主梁被顶推装置整体托起，脱离垫梁。步骤 2：水平顶推，开启水平千斤顶顶推，使主梁与顶推装置上部结构一起向前移动。步骤 3：降落，支撑顶升油缸回油下降，主梁整体下降搁置于临时垫梁上。步骤 4：缩回，水平千斤顶油缸回油，顶推装置回到初始顶推状态，完成一个顶推过程，准备下一循环过程。

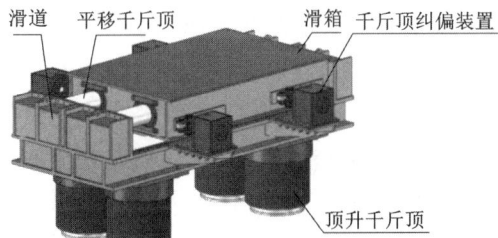

图 5-56　步履式顶推装置

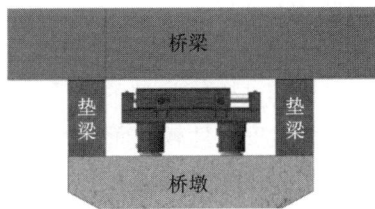

图 5-57　步履式顶推装置布置

5.6.5　横向导向装置

为了使主梁能正确就位，施工中的横向导向装置是不可少的。图 5-58(a)所示是利用横向水平千斤顶进行导向的一个装置，当需要纠偏导向时，在箱梁腹板外侧利用聚四氟乙烯板和水平千斤顶形成滑动面，就能达到导向、纠偏的目的。也可以在反力架上设置贝雷平滚，

根据需要在平滚和箱梁侧面之间塞入厚度不同的薄钢板来调整梁的平面位置，如图 5-58(b)所示。后一种方法设备简单，但是精度较差。

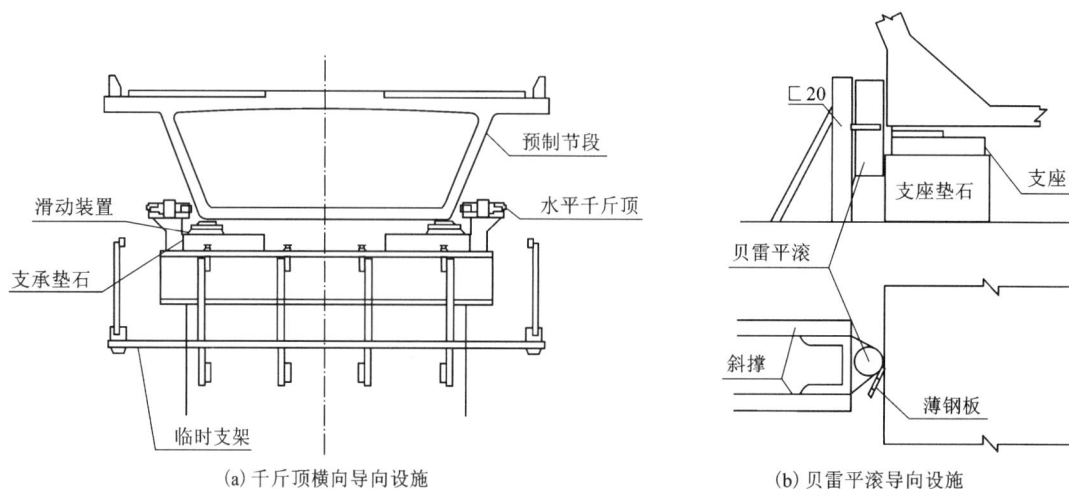

(a)千斤顶横向导向设施

(b)贝雷平滚导向设施

图 5-58　横向导向设施

5.7　转体法

转体施工法是在河流的两岸或适当的位置，先将半桥现浇或预制完成，之后以桥梁结构本身为转动体，利用千斤顶等动力装置分别将两个半桥转体到桥位轴线位置合龙成桥。按转动方式的不同可分为平面转体、竖向转体及平竖结合转体。

转体法施工是一种桥梁施工方法，它的原理如下：首先在桥梁的非设计轴线位置进行构件的制作(浇筑或拼接)；然后在特定位置设置转盘等转体装置，施加转动力矩使得构件旋转到位；接着拆除转体装置，封固转盘；最后完成桥梁的合龙。这种方法主要分为竖转法、平转法以及竖转与平转结合法。转体法施工的优点包括能够有效克服桥下的障碍物，减少对桥下交通的影响，施工速度快，造价低等。竖转法多用于拱桥，而平转法主要用于斜拉桥、T 构桥、连续梁桥和拱桥等类型的桥梁。在我国公路桥梁建设中，平转法因其所需的施工设备少、操作简便且安全性较高而得到广泛应用。国内首座采用转体法施工的铁路桥梁是大秦至京秦下行联络线的大里营斜拉桥，其主桥跨径为 (50+40.75)m。

5.7.1　平面转体

1.拱桥

平面转体施工是将两个半跨的拱圈(肋)的桥轴线旋转至沿岸线或后台，利用地形及支架按设计高程进行现浇或预制拼装，然后在水平面内绕拱座底部的竖轴旋转使拱圈(肋)合龙成拱，如图 5-59 所示。按施工方法可分为有平衡重转体和无平衡重转体两种。有平衡重转体是一种在旋转过程中自平衡的转体,对于单跨拱桥通常需要利用桥台背墙重量和附加平衡压重,以平衡半跨拱圈(肋)的自重力矩。无平衡重转体是指以两岸山体岩石的锚碇锚固半跨拱在悬臂状态平衡时所产生的水平拉力,借助拱脚处立柱下端转盘和上端转轴使拱体实现平面转动。

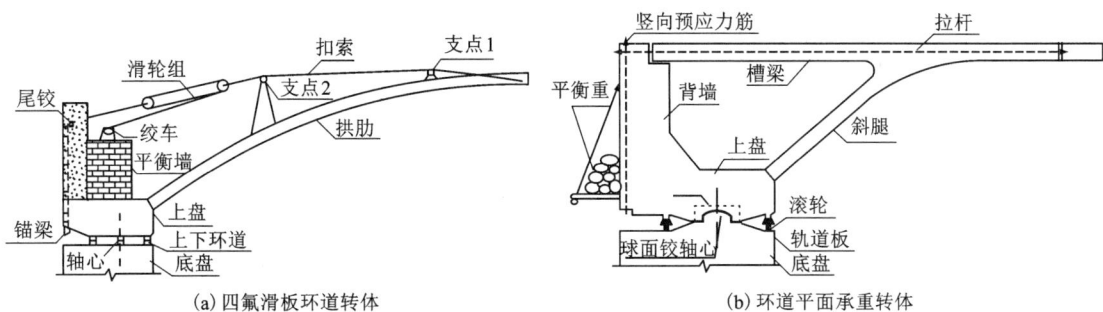

(a) 四氟滑板环道转体　　　　　　　(b) 环道平面承重转体

图 5-59　平面转体施工

2. 梁式桥及斜拉桥梁

预应力混凝土连续梁桥、连续刚构桥、斜拉桥采用平转法进行转体施工时,施工流程如图 5-60 所示。

平转法施工中,转动位置的设置需要考虑尽量减小转动质量,同时也要方便转动装置的布置,即应有足够的空间。在连续梁施工中,转动位置依据具体的结构不同而不同,设置在墩顶、墩中、墩底的均有,以在墩底的居多,而近年发展的永临结合的墩顶转体,如图 5-61 所示,使其成为了连续梁转体施工中的主流方法;V 形墩结构一般设置在墩底或承台中。

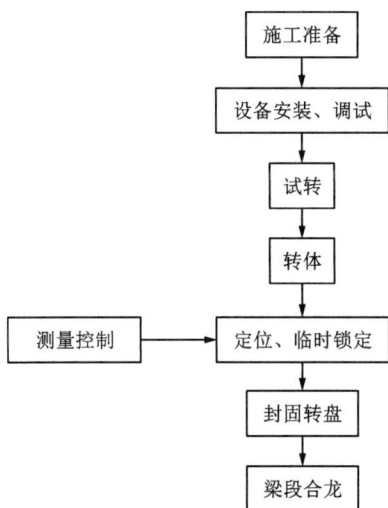

图 5-60　转体施工流程图　　　　　　图 5-61　永临结合的墩顶转体系统示意图

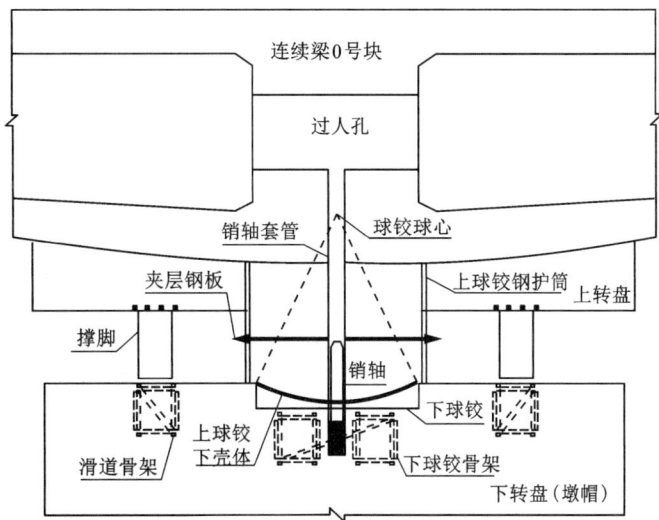

转体施工应进行转体结构稳定、偏心及牵引力计算,转体牵引力可按式(5-8)计算,牵

引设备应按计算牵引力的 2 倍配置。偏心值宜为 0.05~0.15 m。

$$T = \frac{2fGR}{3D} \qquad\qquad (5-8)$$

式中：T 为牵引力，kN；G 为转体总重力，kN；R 为铰柱半径，m；D 为牵引力偶臂，m；f 为摩擦系数，无试验数据时，可取静摩擦系数为 0.1~0.12，动摩擦系数为 0.06~0.09。

转动体系主要由上转盘、下转盘、转轴、转体滑道、辅助支腿、转体牵引索和动力系统组成。分为"中心支承的转盘体系"和"环道+中心支承相结合的转盘体系"，前者用于中、小跨径结构，后者用于大跨径结构。

1）钢球铰+滑道转动体系

该转体系统主要包括下转盘、球铰、上转盘、转体牵引系统。该转体系统立面布置如图 5-61 所示，转动体系设置在墩帽和 0 号块梁底之间，利用永久支座和临时支座结合的方式实施转体工艺。此转体系统在京张高铁土木特大桥中取得成功应用。

转体球铰是由支撑骨架、圆形滑道、下球铰、上球铰、销轴、滑片等部件组成。支撑骨架采用型钢焊接而成，用于支撑和定位环形滑道和下球铰。下球铰的上面板呈凹面，上面排布着 MGB 滑片。上球铰由带凸面的下壳体、平面夹层钢板和钢护筒组成，采用高强度螺栓连接。环形滑道的宽度和直径根据操作空间和转体自重来确定。在下球铰、上球铰的下壳体和上球铰的钢护筒中分别设置了销轴套管，套管内装有定位实心钢销轴。球铰的制造通常在工厂完成，上、下球铰间的摩擦系数应尽量减小。上转盘下面设有四组撑脚，撑脚沿滑道中心对称布置。在上转盘与墩顶之间设置了多个砂箱。

转体牵引系统由同步控制系统、连续千斤顶、牵引反力座、钢绞线等组成（图 5-62）。

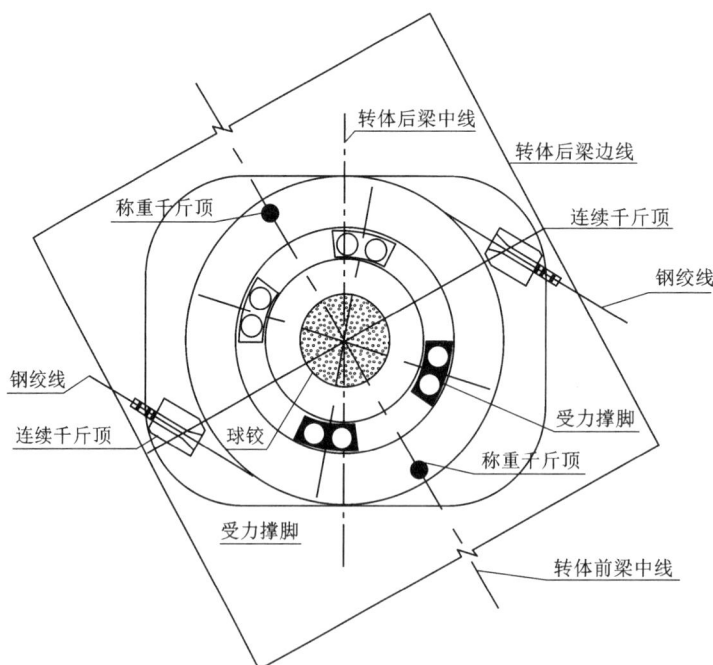

图 5-62　转体牵引系统及转体时三点支撑示意图

转体前须拆除临时结构(挂篮、临时固结、砂箱),安装转体牵引系统。按启动牵引力的 2 倍配置多台连续千斤顶和牵引钢绞线,通过称重、配重使梁体形成稳定支撑体系,在转盘底配置千斤顶进行称重,配重后梁体偏心距应小于设计值,转体梁达到球铰和 2 对撑脚共同受力的"三点支撑"稳定体系(图 5-62)。为了防止超转,必须设置限位装置限制撑脚,同时在边跨侧设置临时辅助墩对梁端进行辅助限位。

转体就位进行球铰转换,利用顶梁等措施,拆除转动体系,安装永久支座。

2) 中心支承的转盘体系

平面转盘承压面采用钢板加四氟滑块组成,转动中心设置定位钢轴。平面转盘由上面板、下面板、四氟滑块、上套筒、销轴、下套筒、肋板、上环筋、下环筋等几部分组成,如图 5-63 所示。平面转盘上面板与镶嵌在下面板上的四氟滑块形成转动副,实现刚构悬臂梁的水平转动要求;悬臂梁上部载荷通过上面板、四氟滑块、下面板均匀地传递给下部结构。

连续转体系统包括连续千斤顶、泵站、主控台、高压油管和控制导线等。根据转动平面转盘的平转力矩配置了连续千斤顶。每组连续千斤顶固定在混凝土挡块后面,而混凝土挡块则浇筑在承台面上。钢绞线束绕在保险支墩周围,一端固定在基座底面,另一端由连续千斤顶牵引。主控台上安装了电脑,其内安装有平转监控程序。位移计安装在每台连续千斤顶上,按设定的时间间隔将伸长量数据传输至电脑。电脑对数据进行处理,控制泵站调节千斤顶的油量,以确保每组千斤顶同步、匀速地顶推。在平转就位处设置卡梁限位,以阻止撑脚在到位后继续前进。

封盘:平转到位后,拆除各种转体辅助设施,清理底盘上表面,焊接预留钢筋,立模浇筑封盘混凝土,对转盘进行完全固结。

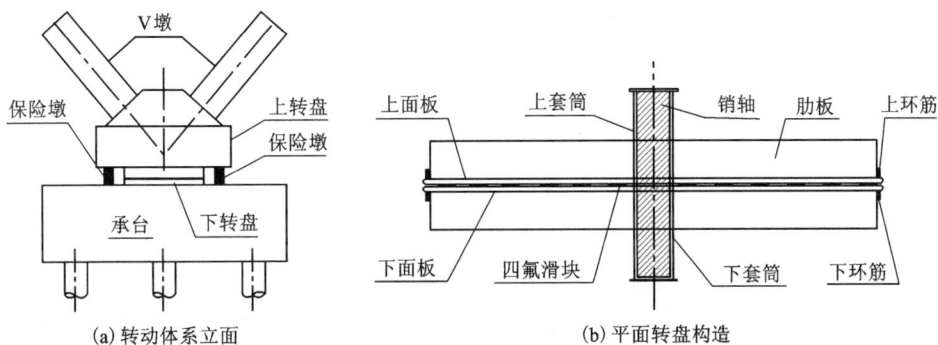

(a) 转动体系立面　　　　　　　　　　(b) 平面转盘构造

图 5-63　中心支承的转盘体系示意图

3) 混凝土球铰+环形滑道转动体系

与钢球铰不同,混凝土球铰采用现场浇筑的磨心和磨盖,配合以环形滑道,形成转动体系,如图 5-64 所示。

转体施工注意事项如下。

①转体系统的制作、安装精度及表面摩擦系数应满足设计要求;辅助支腿应对称均匀布置,与下环道不大于 20 mm 的间距;应设置防超转限位装置。

②预埋于上转盘的转体牵引索固定端与上转盘外圆相切;千斤顶必须水平、对称地布置

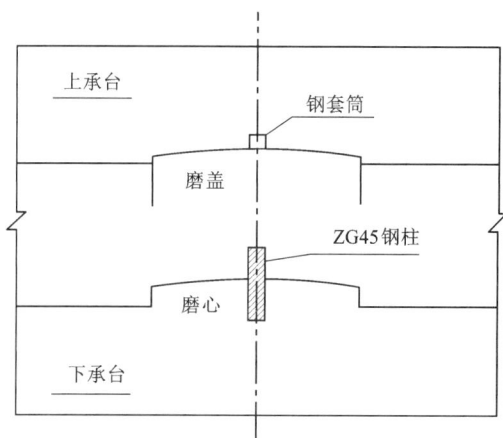

图 5-64　混凝土球铰构造示意图

于转盘两侧的同一平面内；千斤顶的中心线必须与转盘外圆相切，中心线高度与上转盘预埋钢绞线的中心线水平，同时要求千斤顶到上转盘的距离相等。

③转体前应进行桥体称重，根据实测不平衡力矩推算出所需配载质量，使实际重心偏移量满足设计偏移量要求；主梁试转后，根据测量监控所提供的数据，进行二次配重。

④转动时应控制转速均匀，角速度不宜大于 0.02 rad/min，且梁体悬臂端线速度不大于 1.5 m/min。平转接近设计位移 1 m 时降低平转速度，距设计位置 0.5 m 时采用点动牵引法就位。

⑤转体到位后，应精确测量调整中线位置，并利用千斤顶调整梁体端部高程，调整就位后应及时浇筑转盘封盘混凝土。

图 5-65 为某斜拉桥转体施工现场图。

（a）转体前

（b）转体后

图 5-65　斜拉桥转体施工现场图

5.7.2　竖向转体

竖向转体施工，用于拱桥施工，它是在河岸或浅滩上将两个半跨的拱圈(肋)在桥轴竖平面内预制，然后通过竖平面绕拱脚旋转使拱圈(肋)合龙成拱，如图 5-66 所示。竖向转体施工法较拱架施工可节省投资和材料，但如果跨径过大，拱圈(肋)过长，则竖向转动不易控制，因此一般适用于中、小跨径拱桥施工。

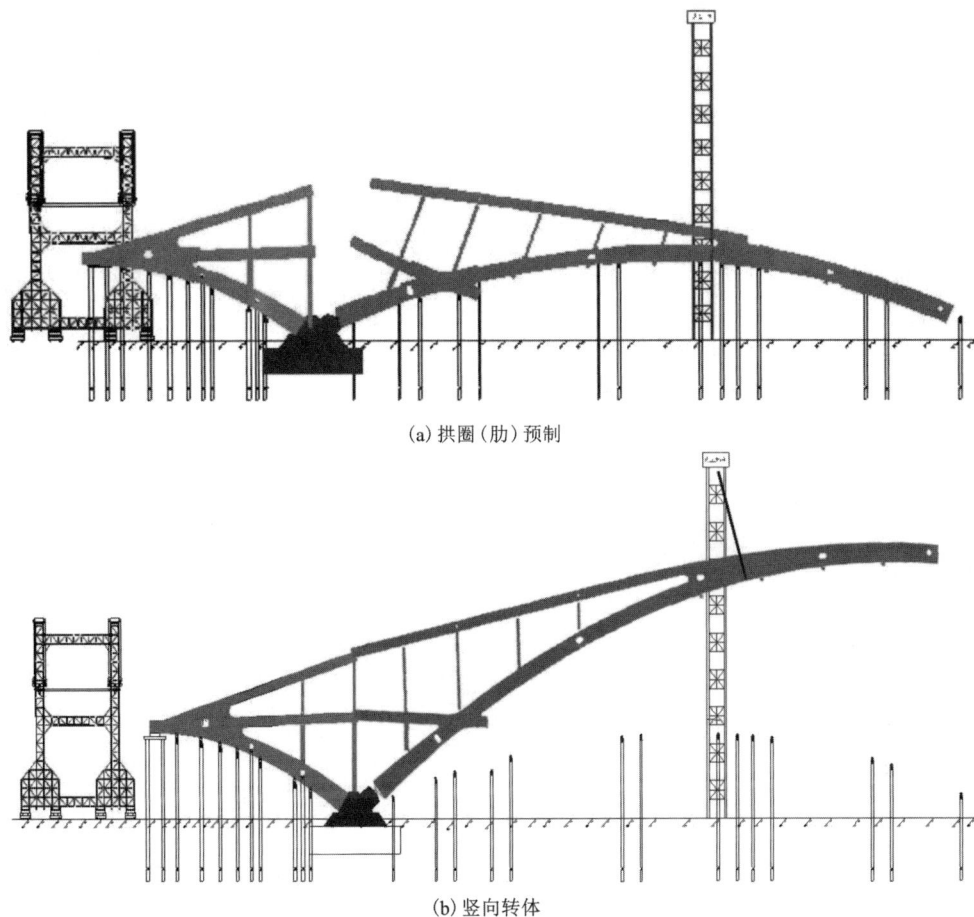

(a) 拱圈(肋)预制

(b) 竖向转体

图 5-66　竖向转体施工示意图

5.7.3　平竖结合转体

平竖结合转体是将平面转体施工和竖向转体施工结合的一种转体施工方法，其施工过程如图 5-67 所示。

<table>
<tr><td>(a) 竖向转体</td><td>(b) 平面转体施工</td></tr>
</table>

图 5-67　平竖结合转体施工案例

5.8　其他施工方法简介

5.8.1　拖拉法

　　拖拉法是将预制拼装的单根梁或预拼的整孔梁，用拖拉设备从桥头纵向拖到墩上的施工方法，如图 5-68 所示，一般适用于钢梁的架设。拖拉法关键施工技术包括临时支架平台、牵引与制动系统、滑行系统和顶升移位系统。

图 5-68　拖拉法施工

　　临时支架平台须具有一定的强度、刚度和稳定性，特别是拖拉纵向稳定性须满足设计及施工规范。

　　拖拉法施工动力系统一般均采用卷扬机和滑轮组，卷扬机配置最大牵引力要满足牵引力要求。

　　滑行系统通常由上滑道、滑块(或滑车)和下滑道组成。通常情况下，钢桥梁体的下底面用作上滑道，滑块可以采用带有橡胶板的聚四氟乙烯板，或者直接使用自制的滑车。下滑道可以采用钢轨、槽钢，或者直接利用贝雷支架的表面。

　　顶升移位系统常采用几组相同型号的分离式液压千斤顶，其液压系统单独配套设置液压泵，并可设置 PLC 控制室，实现顶升、移位作业的同步控制。

5.8.2　浮吊法

浮吊法是采用大型浮吊船，直接起吊安装。图 5-69 为平潭海峡公铁两用大桥中采用大吨位长臂架变幅式起重船——3600 t 海鸥号大吨位长臂架变幅式起重船，架设 80 m 简支钢桁梁照片。海鸥号具备自航能力。

图 5-69　平潭海峡大桥 80 m 简支钢桁梁整孔浮吊架设

5.8.3　浮运法与浮拖法

浮运法是指把桥梁结构起吊或移梁到浮船(箱)上，再浮运至预定架设的桥孔上落梁就位的方法，如图 5-70 所示。浮船的移动可用锚索、人工或电动绞车绞紧，或放松锚索米使浮船前进或横移，有时也用拖轮以帮靠、顶推成牵引浮船的方式进行，需用的绞车能力或拖轮马力都可根据施工风力和水流阻力计算确定。施工中可借助浮船或浮箱中的注水量和水浮力控制高程并落梁。

(a) 浮运法架设钢梁　　　　　　　(b) 桥梁节段浮运

图 5-70　浮运法施工

浮拖法是将浮运与拖拉法相结合的施工方法，如图 5-71 所示，利用浮船(箱)形成活动支点，基于拖拉实施纵向移动，主梁移动到桥位并准确对位后落梁。适用于水流速较小的地区。

浮运法与浮拖法具有施工周期短、经济性好、断航时间短等优点，常在有通航要求的河流上被采用，适用于重量大的钢结构桥梁。但是，浮拖法在浮拖过程中的稳定性较难控制。

图 5-71　浮拖法施工

5.8.4　顶进法

顶进法主要用于既有线中地道桥施工，如图 5-72 所示，其工艺流程见图 5-73。它是在线路侧工作坑内预制框架式地道桥，借助顶进设备产生的顶力和后背提供反力，克服框架与周围土壤的摩擦力，将框架向前顶进，边顶进边出土，将框架按设计的坡度顶入路基中。其主要特点可不中断既有线的运营，为此，需对既有线进行架空加固。

当地道桥较长时，可采用节继顶的方式，即将框架纵向分节，前端节段完成一个顶进行程，再依次顶进后面的节段，如此循环。

图 5-72　某地道桥顶进法施工

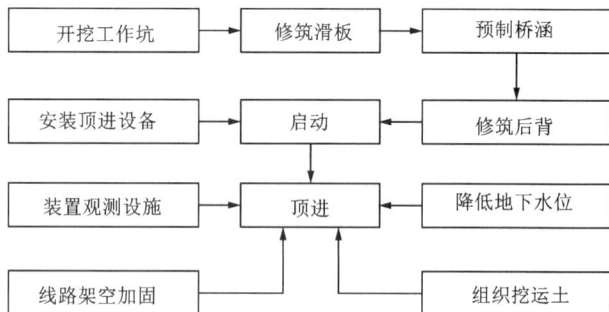

图 5-73　顶进法工艺流程

5.8.5　横移法

横移法是在拟待安装结构的位置旁预制该结构，并横向移动该结构至设计位置的施工方法。横移法多用于正常通车线路上桥梁工程的换梁，以减少交通的中断时间；也可用于新建桥梁的横移，如图 5-74 所示。

图 5-74　横移法施工

思 考 题

1. 名称解释：悬臂浇筑法、悬臂拼装法、顶推法、转体法。
2. 简述桥梁的主要施工方法及其使用场合。
3. 简述悬臂浇筑法施工流程及注意事项。
4. 顶进法用于曲线梁时，需要注意什么问题？
5. 简述预制装配法施工特点。
6. 简述移动模架法移跨施工过程。
7. 比较长线法与短线法的优缺点。
8. 简述转体施工过程中如何称重。

第6章

缆索体系施工

本节主要介绍斜拉桥的斜拉索、悬索桥的主缆和吊索、拱桥的吊索和系杆等几种索结构的施工方法和工艺。

考虑到悬索桥主梁架设工艺的特殊性,列入本章介绍。

6.1 斜拉索安装施工

斜拉索的安装施工包括拉索制作、运输、放索、安装、张拉锚固、索力测试与调整等内容。目前使用的拉索均是成品索,已有一套较完整的技术规范(程)进行了详细技术规定,并在《桥梁工程》中已介绍,本节仅对拉索安装和张拉进行简介。

6.1.1 斜拉索的制造

斜拉索由两端的锚具、中间的索体及防护构件三部分组成,称为拉索组装件,如图6-1所示。斜拉索技术研究主要聚焦于三个核心目标:其一,如何实现斜拉索与锚具组装件在整个斜拉桥使用寿命内,能够应对大幅度的应力变化,即锚具应具备卓越的抗疲劳性能。其二,如何确保拉索组装件拥有可靠且长效的防护措施。其三,在确保拉索组装件可靠性和耐久性的基础上,追求施工过程的便捷性以及成本的经济性,力求实现造价的低廉。斜拉索的材料主要有高强钢丝、钢绞线等。

1.平行钢丝索(PWS)

平行钢丝索是将若干根高强度钢丝平行并拢,同心同向作轻度扭绞,缠包高强复合带,然后挤包单护层或双护层而形成。高强钢丝直径为 5 mm 或 7 mm,钢丝的优点是强度高(1570~1860 MPa)、弹性模量高(2.0×10^5 MPa),可以做成较长的钢丝索而无须中间接头,吨位可大可小,配用冷铸锚可以有较好的耐疲劳性能;缺点是对防锈的要求较高。索体工厂制作成成品索后绕盘,索体直径大,需要使用重型设备运输至现场安装。

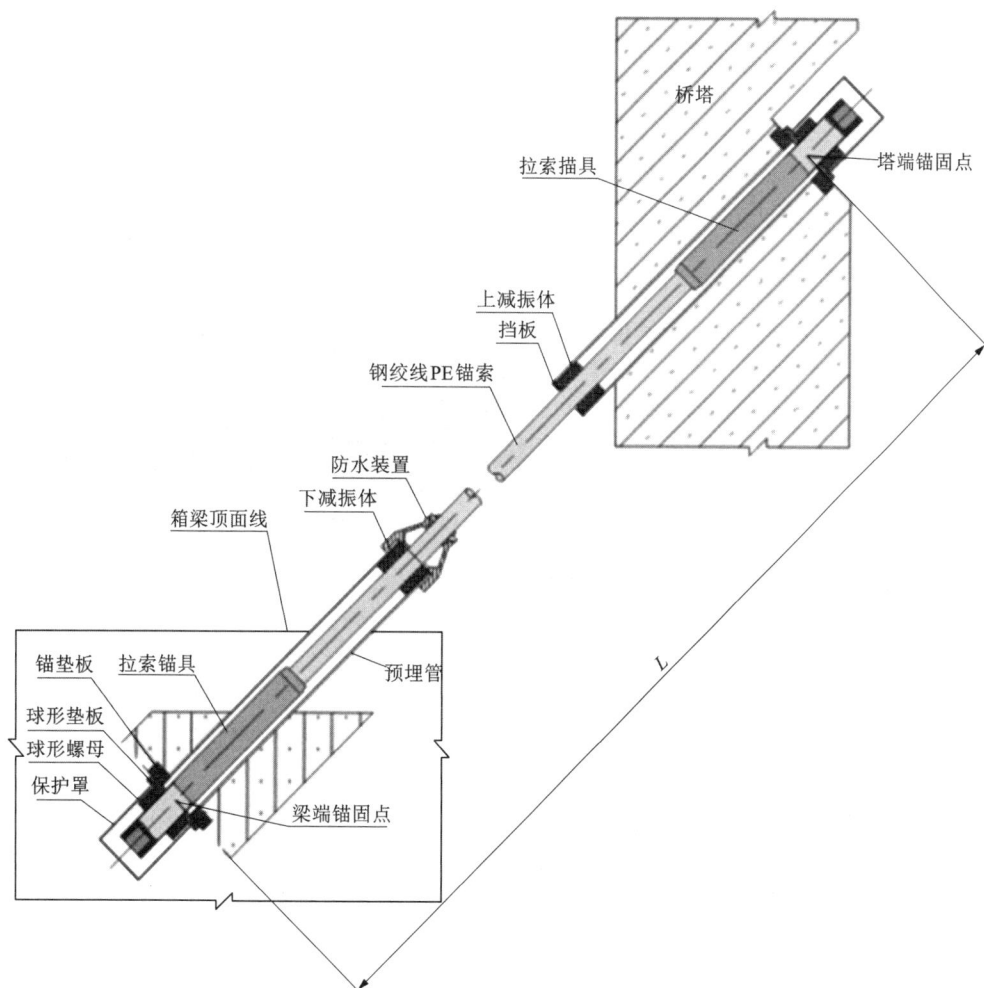

图 6-1　斜拉索

2. 平行钢绞线

平行钢绞线索是由单根钢绞线热挤聚乙烯护套组成的钢绞线束，整索束外层是双层同步挤压成型的高密度聚乙烯防护套管形成的自由伸缩段，两端配有单根锚定夹片式张拉端锚具（含螺母）和固定端锚具（不含螺母），如图 6-2 所示。

图 6-2　钢绞线拉索

6.1.2 斜拉索的安装

1. 放索

为确保拉索在运输和移动过程中的
便捷性，通常需要将原本呈直线形的拉
索卷曲成圆盘状，如图 6-3 所示。在卷
曲过程中，需注意圆盘的内径尺寸，一
般盘内径应不小于 2.0 m，以确保拉索
在卷曲状态下的稳定性和安全性。放索
盘有立式放索盘和水平放索盘，常用的
是立式放索盘。由于拉索一端有较重的
锚头挂在索盘的外侧，使放索盘偏心，
因此放索时索盘转动时会产生加速度，

图 6-3 拉索盘

导致拉索散盘，损坏拉索以及危及施工人员安全，为此，一般情况下转盘应设刹车装置。

2. 拖动

拉索自索盘释放，进入梁端、塔端钢套管前，需在桥面移动一段较长的路径。在此过程
中，对拉索防护外套的保护至关重要。为此，常采用滚筒法或垫层拖拉法等方法，确保拉索
防护外套在移动中不受损伤。

滚筒法：在桥面上摆设多个滚筒，如图 6-4 和图 6-5 所示，滚筒之间要保持合适的距离，
防止拉索因下垂与桥面接触损失防护套。滚筒可与桥面固定，防止拉索移动时倾倒。制作滚
筒时，要根据拉索的刚柔程度，选择适宜的滚轴半径，以免滚轴弯折，增大摩阻。

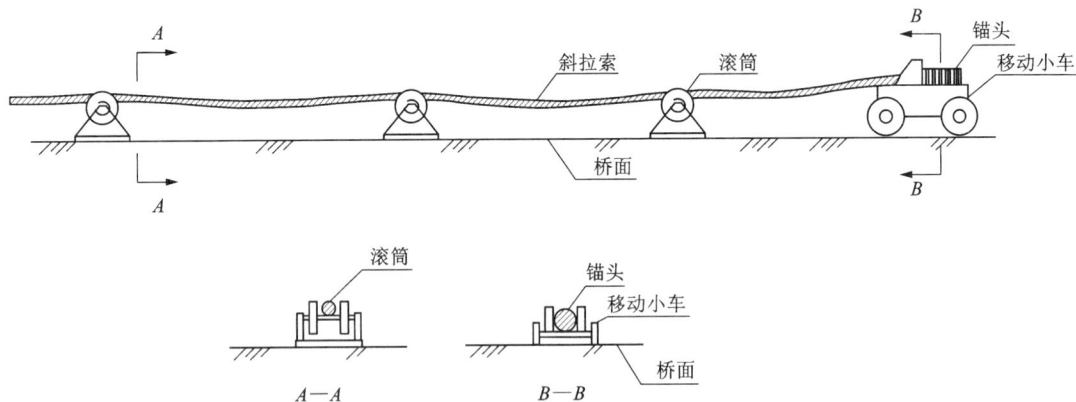

图 6-4 滚筒法

图 6-5 滚筒

移动平车法：当拉索上桥后，每隔一段距离垫一个平车，由平车载索移动。梁顶面凹凸不平会导致平车运动不便，所以平车的轮子不宜太小，且应保持合适间距，避免拉索与桥面接触。

垫层拖拉法：针对自重较轻、长度较短的拉索，可在桥面放索线上铺设麻袋、地毯等柔软垫层，采用就地拖移的方式进行移动。这种方法简便易行，能有效保护拉索的防护外套，避免其在移动过程中产生磨损或损坏。

3. 挂设

斜拉索的挂设是将拉索两端锚头引出主梁、主体上的锚箱或锚垫板外，拧上锚圈固定。施工方案的选择取决于拉索挂设时最大牵引力，因此要根据拉索的技术参数和拉索在牵引过程中不同工况计算的挂索牵引力与张拉力，来选择合适的挂设方法和配备相应的挂设设备以及锚固顺序。

拉索常用的挂设方法有：吊点法、硬牵引法、软牵引法、承重导索法。每一种挂索方法有三种锚固顺序：梁端先锚固作为固定端，塔端后锚固作为张拉端；塔端先锚固作为固定端，梁端后锚固作为张拉端；梁、塔两端同时作为张拉端锚固。

1) 吊点法

吊点法是指利用吊装设备作为拉索挂设时起吊、牵引的动力，如图 6-6 所示，完成拉索的挂设施工，可分为单吊法和多吊法。

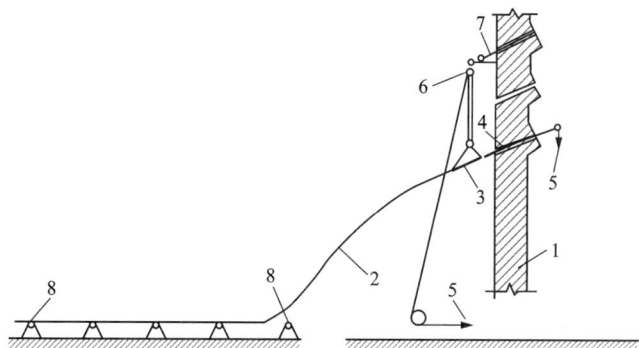

1—索塔；2—待安装拉索；3—吊运索夹；4—锚头；5—卷扬机牵引；6—滑轮；7—索孔吊架；8—滚轮。

图 6-6 吊点法

单吊法：拉索上桥后，从索塔孔道放下牵引绳，连接拉索的前端，在离锚具下方一定距离设一个吊点，索塔吊架用型钢组成支架，配置转向滑轮。当锚头提升到索孔位置时，采用牵引绳与吊绳相互调节，使锚头尺寸准确，牵引至索塔孔道内就位后，传入锚头固定。单吊法施工操作简便，但该方法对起重索的拉力要求较高，同时在吊点处拉索的弯折角度较大。

多吊法：当斜拉索上桥后，前端连接从预穿索孔中引出的牵引索，每隔一段距离放置一个吊点，如图6-7所示，使拉索沿导索运动。多点吊法通过分散吊点的方式，减小了拉索在吊点处的弯折角度，实现了拉索的均匀起吊。这种方法无须在拉索两端使用大吨位的千斤顶进行牵引，因而能简化施工流程，提高施工效率。

2）牵引法

根据斜拉索在安装过程中索力递增的特点，分别采用不同的工具将拉索安装到位。通过卷扬机钢丝绳和转向滑轮就可以完成挂索的方法称为硬牵引法。利用多股钢绞线通过特殊连接器或组合多节张拉杆与索头加长拉杆相连，配合千斤顶牵引拉索的方法为软牵引法，如图6-8所示。

图6-7　多吊法

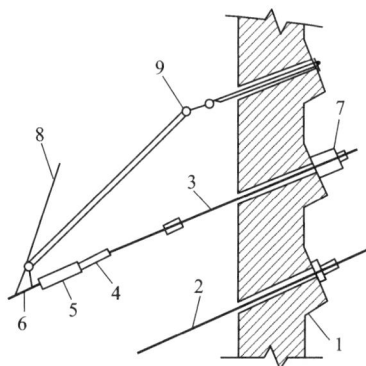

1—索塔；2—已安装拉索；3—钢绞线；
4—刚性拉索；5—拉索锚头；6—待安装拉索；
7—千斤顶；8—卷扬机；9—滑轮。

图6-8　软牵引法

3）承重导索法

在待安装拉索上方安装一根斜向承重导索，每隔一定距离放置一个吊点，悬吊拉索沿承重导索运动，直至完成拉索的挂设成为承重导索法。

6.1.3　斜拉索张拉

1. 张拉方法

斜拉索的张拉方法主要由设计确定。一般可分为拉丝式锚具张拉（钢绞线夹片群锚）和拉锚式锚具张拉（平行钢丝束）两种。

拉锚式锚具张拉因其施工操作简便、现场工作量相对较小等优点，在实际工程中得到更广泛的应用。根据设计要求及现场实际情况,有采用塔部一端张拉的,有采用梁部一端张拉的,也有采用塔、梁部两端张拉的,其中以塔部一端张拉使用最为广泛。

对于配装拉丝式夹片群锚锚具的钢绞线斜拉索,挂索时先要在拉索上方设置一根粗大钢缆作为辅助索,拉索的聚乙烯套管先悬挂在辅助索上,然后逐根穿入钢绞线,用单根张拉的小型千斤顶调好每根钢绞线的初应力,最后用群锚千斤顶整体张拉。新型的夹片群锚拉索第一阶段张拉使用拉丝方式,调索阶段使用拉锚方式。

拉锚式斜拉索张拉均为整体张拉。当前技术水平下,国内外的拉索锚具、千斤顶及拉索设计吨位均已达到"千吨"级标准。大吨位拉索的整体张拉工艺已经相当成熟,能够满足现代大型工程的需求。无论是一端张拉还是两端张拉,一般情况下都需在斜拉索端接上张拉连接杆,之后使用大吨位穿心式千斤顶张拉。

2. 索力调整

斜拉桥在施工过程中结构的内力和线形都在不断变化。为了实现设计给出的理想成桥状态,需设计一套合理的索力张拉及调整方案以满足桥梁在成桥状态和运营阶段的受力要求,并实现设计所预测的结构长期变形特性。在施工过程中,若过度追求一次性张拉到位,尽管能达到设计要求的理想成桥状态,但这种做法会极大地降低施工过程中的安全储备,一旦出现施工误差或质量缺陷,结构将面临极高的风险,甚至可能引发灾难性事故。

在斜拉桥合龙之后进行二次调索能有效地避免这种情况,也是目前主流的方法。此时,称斜拉索安装时的张拉为初张拉,合龙后的张拉为索力调整或二次张拉。两者的张拉工艺和设备基本相同。

索力调整的计算方法主要有最小二乘法、弯曲能量最小法、弯矩最小法、影响矩阵法。最小二乘法是使误差平方和达到最小,但需反复迭代计算;弯曲能量最小法是用结构的弯曲余能作为目标函数,弯矩最小法是以弯矩平方和作为目标函数,这两种都要在计算中改变结构的模式;影响矩阵法将优化的目标函数统一用索力变量与广义影响矩阵表示,可同时对多种目标函数进行优化,实现程序化计算非常方便。

影响矩阵法:已知斜拉桥初始索力 T_0 和目标索力 T_m,拟定一合理的调索顺序,在斜拉桥二次调索之前这一初始状态下,分别给每根拉索施加单位索力,计算出该单位力对结构指定物理量(包括索力、控制截面应力、监测点位移)的改变量,得出物理量的相关影响矩阵。通过影响矩阵法计算出在调索各个阶段当前索的施调量 ΔT,找出最优调索顺序,在保证结构最安全的情况下使得在调索完毕之后每根索力达到目标值,即

$$[T_m] = [T_0] + [C][\Delta T] \tag{6-1}$$

其中,$[C]$ 为拉索变化单位力对索力的影响矩阵,其值为

$$[C] = \begin{bmatrix} 1 & c_{12} & \cdots & c_{1n} \\ c_{21} & 1 & \cdots & c_{2n} \\ \cdots & \cdots & \cdots & \cdots \\ c_{n1} & c_{n2} & \cdots & 1 \end{bmatrix}$$

式中:c_{ij} 为第 j 号拉索变化单位力对 i 号拉索的影响力;n 为拉索数。

在二次调索前已完成了主梁施工,结构体系已完成,以此为结构初始状态,该状态下的索力值为式(6-1)中的初始索力值 T_0,计算出斜拉索索力影响矩阵 $[C]$,根据目标索力 T_m 可

以由式(6-2)很方便的求出索力调整值 ΔT:

$$[\Delta T]=[C]^{-1}([T_m]-[T_0])\qquad(6-2)$$

求出施调索力向量之后，在不考虑结构内力是否超过允许值的情况下，采用任何一种调索顺序最终都能使全桥的索力达到目标值，但在实际施工中须找到一种最优的调索顺序以保障结构的安全性。工程中常用的以斜拉索在调索阶段所出现的最不利工况索力值为目标函数，约束条件为在调索过程中应力、位移不超过允许值，即

$$\left.\begin{array}{l}[T_0]+[C][\Delta T]=[T]\\{}[M_0]+[A][\Delta T]=[M]\\{}[\Delta_0]+[\delta][\Delta T]=[\Delta]\end{array}\right\}\qquad(6-3)$$

式中：T_0 为成桥状态下初始索力向量，为 $n\times1$ 阶列阵，n 为控制截面数；M_0 为成桥状态下，恒载、计或不计汽车荷载和预应力引起的控制截面弯矩向量，为 $m\times1$ 阶列阵，m 为控制截面数；Δ_0 为成桥状态下，恒载引起控制点的变位向量，为 $l\times1$ 阶列阵，l 为控制截面数；$[\Delta T]$ 为施调索力向量，为 $n\times1$ 阶列阵；$[C]$ 为拉索变化单位力对索力的影响矩阵，为 $n\times n$ 阶列阵；A 为控制截面弯矩影响矩阵，为 $m\times n$ 阶列阵，其中元素 a_{ij} 表示第 j 号拉索变化单位力引起第 i 号控制截面弯矩变化；$[\delta]$ 为 $l\times n$ 阶矩阵，其中元素 a_{ij} 表示第 j 号拉索变化单位力引起第 i 号控制截面竖直变位的影响值；$[T]$、$[M]$ 和 $[\Delta]$ 为期望的索力、控制截面弯矩和控制截面变位。

式(6-3)求解出多组 $[\Delta T]$，可采用优化程序得到最优索力值，如采用约束最优方法中的惩罚函数法将上述单目标、多约束二次规划问题转化为一系列无约束问题，可求解得出满足约束条件下的最优调索顺序。

6.2 悬索桥主缆制作与安装

斜拉桥的拉索目前均为成品索，现场主要工作是安装和张拉，而悬索桥的主缆则不同，其制作、安装均在现场进行。

在悬索桥的主缆架设前，应先完成先导索、牵引索、猫道的架设。

架设先导索是悬索桥上部结构施工的第一步，国内某桥采用无人机牵引先导索过江方法。选用 $\phi2.5$ mm 迪尼玛绳作为先导索，其具有强度高、比重小的特点，先导索过江后，将逐一牵拉替换成 $\phi6$ mm、$\phi10$ mm 迪尼玛绳和 $\phi16$ mm 钢芯镀锌钢丝绳，将其作为过渡索进行架设，后续再利用牵引索形成单线往复式牵引系统，逐步形成猫道施工平台，从而搭建起空中跨江施工的"栈桥"。

先导索的架设方法还有海底拽拉法、浮子法、空中渡海法、热气球牵引、直升机牵引法、火箭抛送法等。建桥史还有利用风筝架设先导索的案例。

6.2.1 猫道施工

猫道是悬索桥施工时架设在主缆之下、平行于主缆线形的临时悬索结构施工便道，如图 6-9 所示。它是施工人员进行施工作业的高空脚手架，是主缆系统乃至悬索桥整个上部结

构的施工平台。施工人员在其上完成诸
如索股牵引、调股、整形入鞍、紧缆、
索夹及吊索安装、箱梁吊装及工地连
接、主缆缠丝、防护涂装等重要任务。
上、下游各一条，断面通常呈 U 形，狭
长且有一些摇晃、上端坡度陡峭、行走
不变，故称"猫道"，英文为 catway。猫
道系统一般由承重索(包括索端长度调
节装置)、面层、栏杆和扶手、横向天
桥、抗风系统等组成。猫道因其狭窄的

图 6-9　猫道

宽度，在风力的作用下存在被吹翻的风险。为确保施工安全，并方便上、下游猫道之间的交
通，通常在两猫道间设置横向天桥。中跨部分可根据需要设置三至五道天桥，而边跨则通常
设置一道。猫道是悬索桥施工中极其重要的临时设施，大桥竣工后被拆除。

　　猫道的安装：在悬索桥的索架塔之间架设猫道承重索，对承重索的垂直度进行调整，之
后再用钢丝绳将成卷的猫道面铁丝网牵引展开铺设在猫道主索上。

6.2.2　主缆制作

　　悬索桥的主缆一般由平行钢丝束股组成，其架设方法有空中纺线法(简称 AS 法)与预制
钢丝束股法(简称 PWS 法)两种。

1. 空中纺线法

　　空中纺线法工作原理：沿着主缆设计位置，从一侧锚碇到另一侧锚碇，布置一根无端牵
引绳(即长绳圈)，将送丝轮扣牢在牵引绳某处。从卷筒抽出一钢丝头，套过送丝轮，并暂时
固定在某靴跟(可编号为 A)处。用动力机驱动牵引绳，送丝轮就带着钢丝套圈送至对岸，取
下套圈，将其套在对应的靴跟(可编号为 A′)上。随着牵引绳的驱动，送丝轮就被带回。再将
钢丝绕过编号为 A 的靴跟后，就可继续抽送钢丝，形成下一个套圈并套在送丝轮上。如此反
复进行，当套在两岸对应靴跟(A、A′)上的丝数达到一根丝股的设计数目时，将钢丝剪断，用
钢丝连接器将其两端头连起来。这样，一根丝股的空中编制就完成了。图 6-10 是美国韦拉
扎诺桥的送丝工艺示意图。

2. 预制钢丝束股法

　　预制钢丝束股法(PWS 法)与空中纺线法(AS 法)施工工艺差别主要体现在平行丝股的制
造和预制丝束的架设。

　　图 6-11 为预制平行丝股制作工艺示意图。钢丝从丝盘中放出，通过导向网格，在成型
机上向右移动，每隔一定距离用捆扎机捆扎一道，然后卷在卷筒上。最后，在丝股两端安装
锚头。成型后的丝股是正六边形。

　　预制平行丝股架设成主缆时，也需要事先架设猫道、无端牵引绳(或叫拽拉索)和丝股输
放机。但在猫道之上，要设置若干导向滚轮，以支承丝股。用动力机驱动牵引绳，将丝股拽
拉到位，丝股两端分别连接于锚杆。图 6-12 为丝股架设示意图。

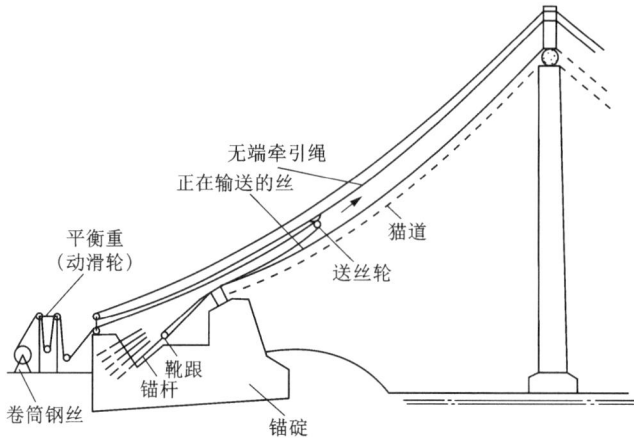

图 6-10 空中纺线法（AS 法）示意图

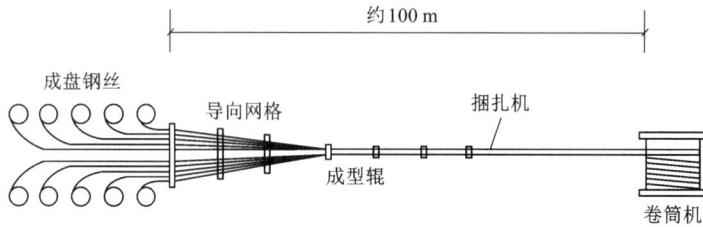

图 6-11 预制平行丝股制作工艺示意图

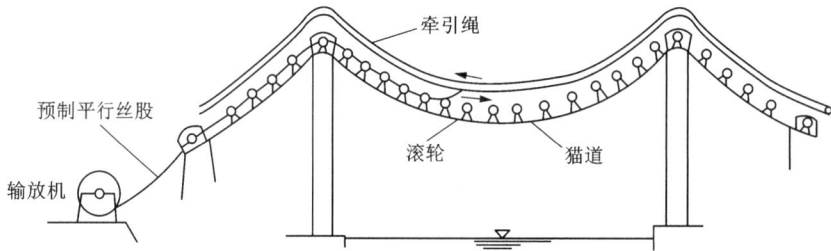

图 6-12 预制平行丝股架设示意图

3. 主缆挤紧

主缆初整圆的目的是为下一步挤紧做准备，初整圆在气温稳定的夜间进行。首先在主跨 1/4、1/2、3/4 及边跨 1/2 处确定钢丝束排列有无差异、钢丝是否平行。经过初步整圆处理，主缆表面已呈现出基本的平顺状态，未出现凹凸不平的现象，但空隙率尚未达到设计要求。

主缆初整圆后紧随主缆挤紧工艺。紧缆机包含一个安装在主缆外面的环状刚性钢架，内有置于径向的千斤顶，千斤顶可以是液压式或螺旋式，如图 6-13 所示。紧缆机能够沿着主缆移动，首先从两主塔向中跨跨中挤紧，然后再从主塔分别向两边跨挤紧，挤篮间距为 1 m。挤篮后在挤紧压块前后各用钢带捆扎一道。

4. 缠缆

缠缆工作应在大部分恒载作用之后进行，以确保主缆在拉应力作用下截面发生适度收缩，并确保索夹均已准确安装到位。缠丝工作依靠缠丝机进行，缠丝机主要部件包含一个可以开闭的钢环，钢环隔着圆弧形衬板跨在大缆之上，如图 6-14 所示。缠在环上的软钢丝被一迅速旋转的飞轮抽出，紧紧缠在主缆之外。对于缠丝和索夹之间的缝隙，需要用铅毛(极细的小段铅丝)嵌塞。但位于主缆下面的缝隙都不必嵌塞，以使侵入主缆内部的水分可以从这里泄出。

图 6-13　主缆挤紧

图 6-14　主缆缠缆

6.2.3　主缆锚固

悬索桥按主缆锚固方式分地锚式和自锚式两种。

1. 地锚式

地锚式在大跨度悬索桥上广泛采用，又称"锚碇"式。锚碇一般由锚碇基础、锚块、锚碇架及固定装置等部分组成。锚块通常与基础紧密结合，形成一个稳固的整体。其主要功能是通过锚块与基础整体的重力作用，平衡主缆产生的巨大拉力。由于这种锚碇方式主要依赖重力来发挥作用，因此被称为重力式锚碇，如图 6-15(a)所示。靠岩洞中的混凝土锚块与岩洞孔壁的嵌固作用来平衡主缆拉力，称为隧道式锚碇，如图 6-15(b)所示。锚碇架及固定装置则埋设在重力式锚块或岩洞中的混凝土锚块上。

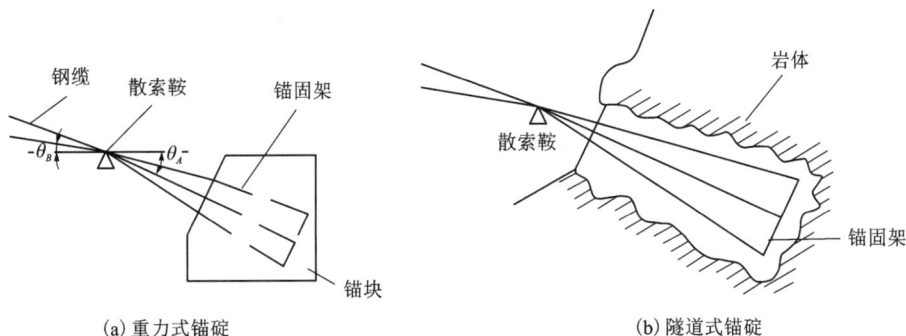

(a) 重力式锚碇　　　　　　　　　　　(b) 隧道式锚碇

图 6-15　锚碇构造

2. 自锚式

自锚式是将主缆直接锚在加劲梁上，必须先架梁，后挂缆，主缆强大的水平分力和使用荷载作用，使加强梁为压弯结构，故只适用于小跨径悬索桥。主缆在梁端的锚固方式主要有：

①采用混凝土锚固体：锚固于梁端混凝土块或桥墩上，如图6-16(a)所示。

②采用钢结构锚固：主缆进入钢结构锚固体，通过散索鞍三开分别锚固在锚固面上，如图6-16(b)所示，锚固体通过高强螺栓或焊接与钢箱梁的顶板、底板和腹板相连，将水平力传递给全截面。

③主缆连续绕过在梁端的帽梁上，连接为环形，如图6-16(c)所示。

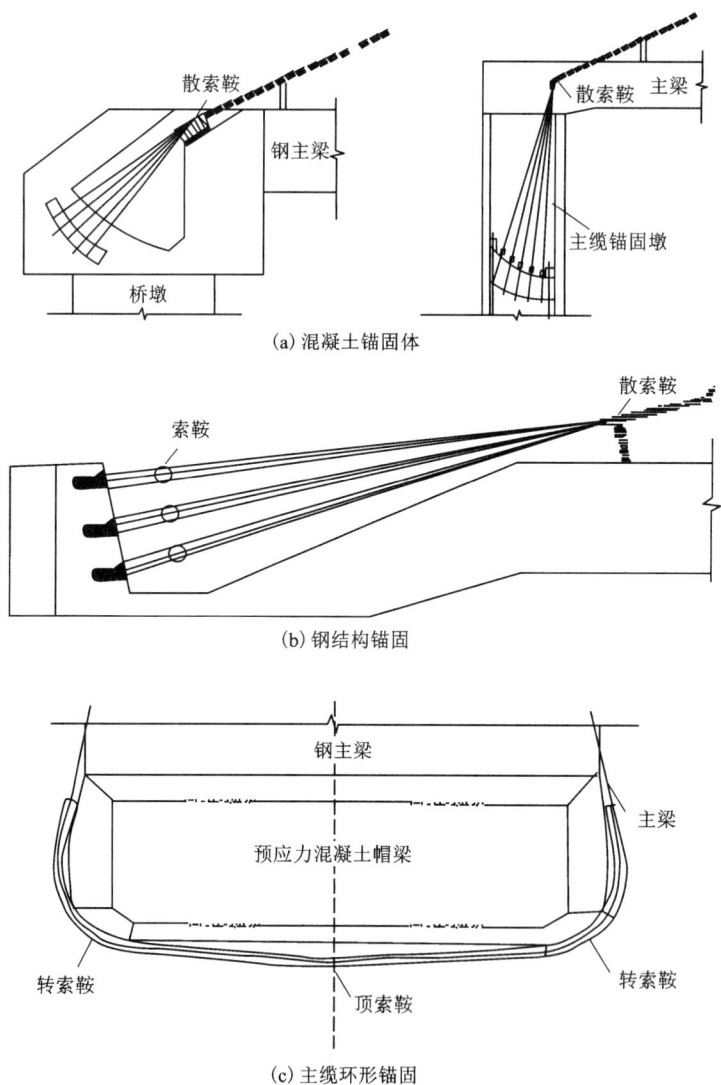

(a) 混凝土锚固体

(b) 钢结构锚固

(c) 主缆环形锚固

图6-16　自锚式锚固

6.2.4　索夹安装

索夹的安装方式有以下两种：

①鞍挂式[图 6-17(a)]：鞍挂式索夹结构简单、索夹应力不直接受吊杆拉力的影响，索夹处吊索要产生弯曲应力，易造成吊杆强度下降。

②销连接式[图 6-17(b)]：销连接式索夹只需改变销孔位置即可适应倾角的变化，从而减少铸造型式，但销与销孔之间有摩擦力，且吊杆的拉力会影响索夹的应力分布。

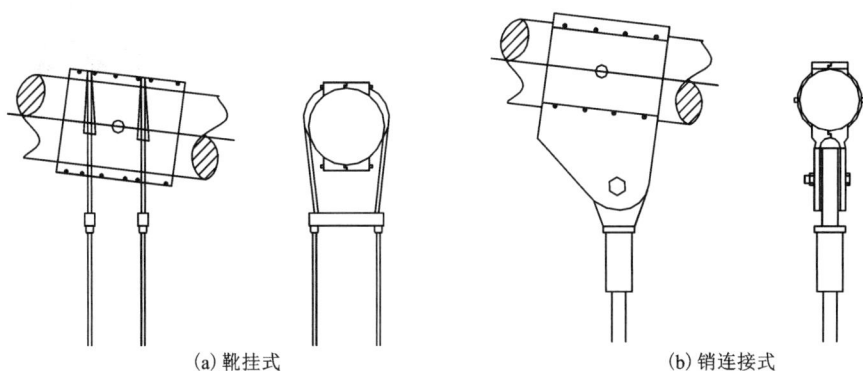

(a)鞍挂式　　　　　　　　　　　　　　(b)销连接式

图 6-17　索夹的类型

6.3　吊杆、系杆施工

6.3.1　吊杆材料与类型

吊杆是悬索桥和中、下承式拱桥的主要构件，吊杆材料包括刚性材料和柔性材料两种。

刚性吊杆一般由型钢、钢管或圆钢制成，当桥梁跨径较大时，吊杆拉力较大，所需吊杆截面大，在构造上不好处理，目前较少采用。

柔性吊杆，一般称为吊索，应用最广泛，索体可采用平行钢丝、钢绞线、钢丝绳等。

按吊杆的锚具形式分为冷铸锚、热铸锚。

按照索体的制作工艺分为成品索和现场制作索。

钢丝、钢绞线、钢绞线应采用环氧喷涂、环氧填充或镀锌的防腐处理，还应设置耐候性的防护外套，如 HDPE 防护套、不锈钢护套管等。

6.3.2　悬索桥吊索

悬索桥的平行钢丝束吊索、钢丝绳吊索和刚性吊杆的技术条件可参见现行《公路悬索桥吊索》(JT/T 449—2021)。

当采用鞍挂式索夹时，吊索材料常选镀锌钢丝绳或高柔性钢绞线。前者耐腐蚀且强度高，后者柔韧且抗拉性能佳，适用于不同工程需求。

当采用销连接式的索夹时，则采用防腐性能好的镀锌钢丝绳、高强度钢丝、钢绞线，根据吊索受力的大小来确定索径和根数，一般每个吊索为两根或者四根，如图6-18所示。

当采用柔性吊索时，为了便于联结，便把钢丝绳或钢丝的端头散开和伸入到联结套筒内，然后浇入合金，使之与套筒结成整体而形成锚头，吊索的上端通过套筒与索夹的吊耳联结，吊索下端通过套筒与加劲梁的联结件连接。承压式锚头通过成压板与加劲梁的锚箱连接，如图6-19(a)所示；销接式锚头通过叉形耳板，利用销轴与加劲梁连接，如图6-19(b)所示。

图6-18 吊杆

(a)承压式

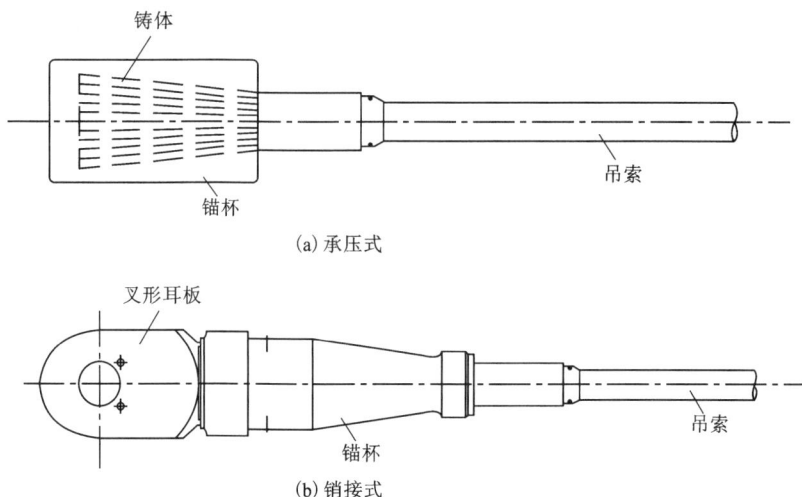

(b)销接式

图6-19 锚头构造使用图

在锚杯与吊索、叉形耳板的连接处，应采用密封材料、密封圈、密封压环等进行密封处理，图6-20为某悬索桥的锚杯密封构造示意图。

吊索与扁平钢箱梁的连接构造[图6-21(a)]：每根吊索由两根钢绞线组成，其上端采用销连接方式与索夹相联结，其下端则锚在箱梁横隔板的预埋件上。

斜吊索与倒梯形钢箱梁的连接构造[图6-21(b)]：吊索采用带冷铸锚的钢丝索，其上端采用销连接方式挂在主缆的索夹上，下端与加劲梁上的吊索连接板连接。

吊索与混凝土加劲梁的连接构造[图6-21(c)]：吊索上端套在鞍挂式索夹上，并用夹具固定位置；下端吊着两块锚板。每块锚板各有一锚杆，通过垫圈托住加劲梁。采用这种构造

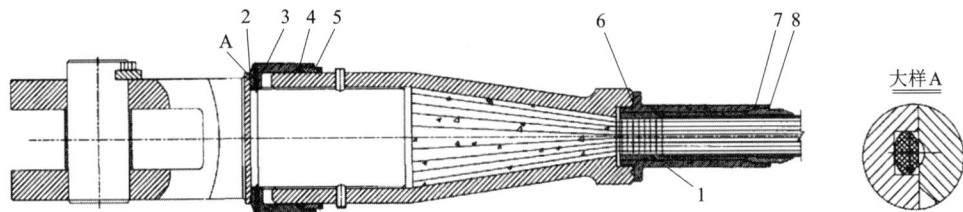

1—密封填料；2—O 形密封圈；3—防水盖；4—O 形密封圈；
5—吊索处密封压环；6—O 形密封圈；7—密封胶圈；8—锚杯处密封压环。

图 6-20　锚杯密封构造示意图

可以调整梁上吊点的高度。

　　吊索与桁架梁的连接构造［图 6-21(d)］：上端采用销连接方式，下端通过一个中间连接装置与桁架连接。该连接装置由上、下两个连接筒和两个螺杆组成，通过螺杆上的螺帽，人们可在桥面上很方便地调整加劲梁的标高。

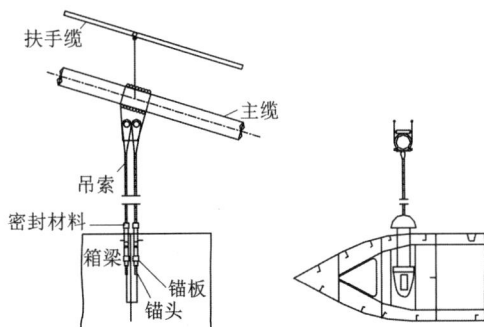

(a) 吊索与扁平钢箱梁的连接构造

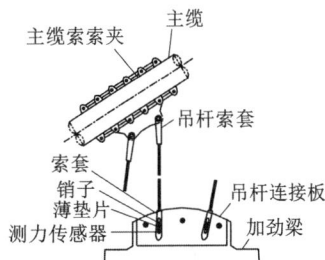

(b) 斜吊索与倒梯形钢箱梁的连接构造

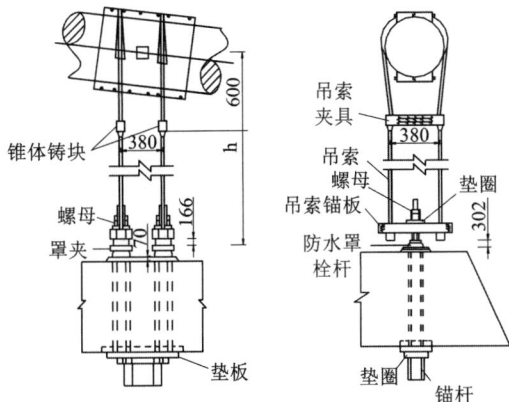

(c) 吊索与混凝土加颈梁的连接构造（mm）

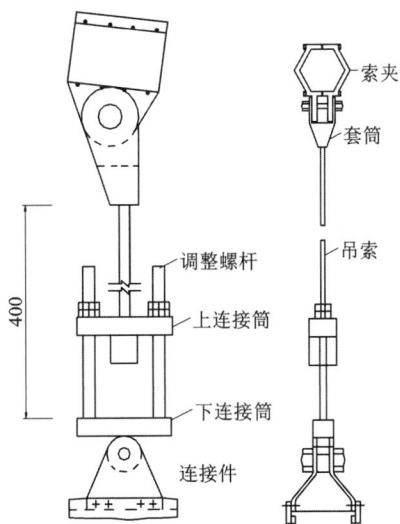

(d) 吊索与桁架梁的连接构造（mm）

图 6-21　吊杆联结构造

6.3.3　拱桥吊杆

平行钢丝吊杆体系由低应力防腐索体、环氧涂层高防腐钢丝、防水密封装置等组成。低应力防腐索体采用双层 HDPE 防护的全防腐索体，两层 HDPE 间设置一道隔离层，环氧涂层钢丝是一种防腐性能优异的预应力高强钢丝材料，如图 6-22 所示。由于环氧钢丝握裹性能优于镀锌钢丝，环氧涂层索体与冷铸锚组合具有更优异的锚固性能。

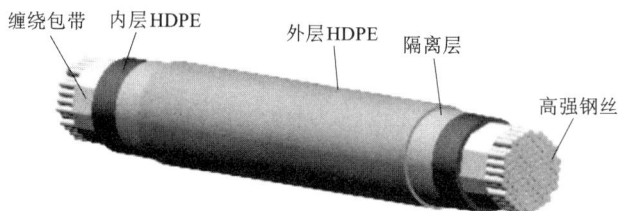

图 6-22　低应力防腐索体

钢绞线整束挤压吊杆是采用整束挤压方式锚固钢绞线，如图 6-23 所示，张拉调索方便，锚头结构尺寸小。索体为环氧喷涂钢绞线、镀锌钢绞线，专用锚头尺寸比冷铸锚、热铸锚小30%以上。

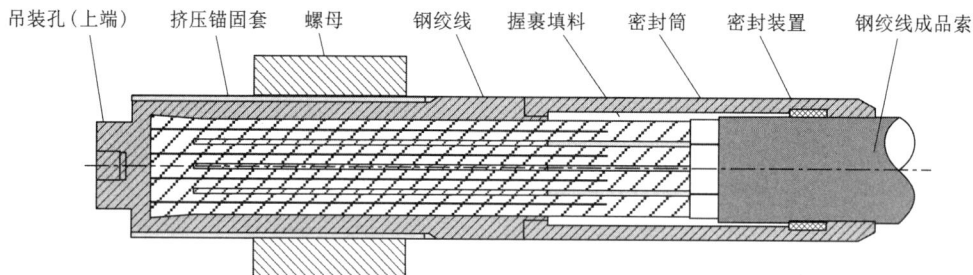

图 6-23　钢绞线整束挤压吊杆

吊杆安装工艺流程主要包括：施工准备、吊杆安装、吊杆张拉及防护处理。

施工准备：根据拱桥的桥型和规模设计相应的吊杆施工平台。

吊杆安装(图 6-24)：放索后，将牵引绳由待穿拱肋端穿过上端螺母，穿入索导管放下，牵引连接头与吊杆上端锚杯连接；启动卷扬机吊起吊杆，牵引至锚杯传出索导管上端，拧上上端螺母；卸下牵引连接头；横梁就位后卷扬机牵引绳吊起吊杆下端锚杯，将锚杯穿进横梁索导管内，拧上下端螺母。

吊杆张拉：采用千斤顶在拱上或梁底部张拉使索力达到设计要求，张拉示意如图 6-25 所示，张拉过程中实行双控(力值和伸长量)。

防护处理：锚头涂抹防腐油脂、安装保护罩等防护工作。

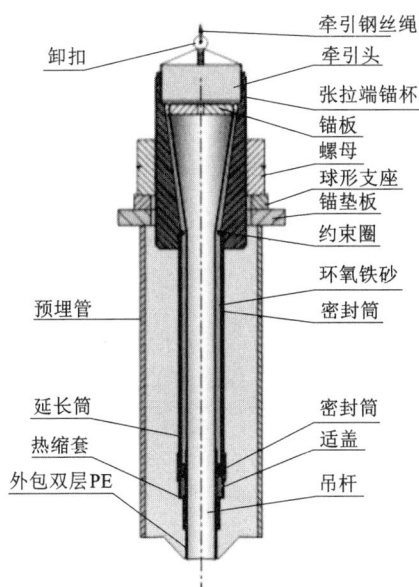

图 6-24　吊杆安装

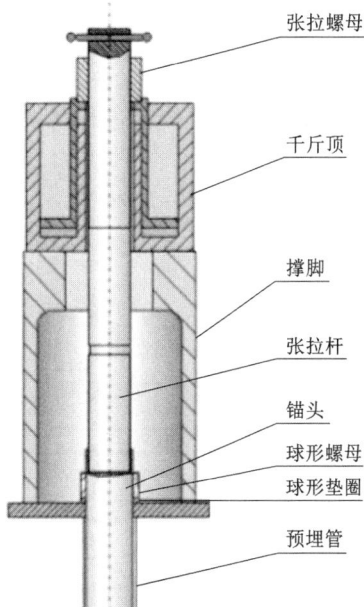

图 6-25　吊杆张拉

6.3.4　拱桥系杆索

系杆索是拱桥的重要受力构件,系杆的可靠性、耐久性和适应性关系到桥梁结构的安全和使用寿命。系杆主要由锚固体系和索体组成,如图 6-26 所示。锚固体系由锚板、夹片及防护装置组成,锚固体系要求具有优异的抗疲劳性能、防水渗漏及防腐性能;工程中推荐使用的索体为 HDPE 护套+PE 防护环氧钢绞线。

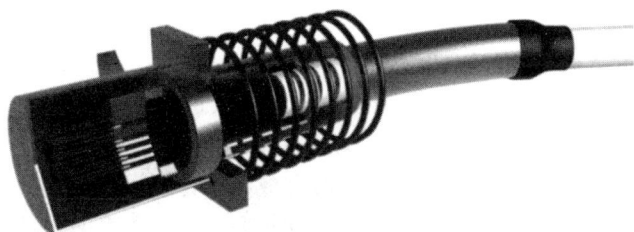

图 6-26　系杆

夹片式钢绞线系杆安装工艺流程包括施工准备、牵引设备安装、系杆安装、系杆张拉及防护处理。

施工准备:搭设施工平台。

牵引设备安装:在拱脚一端布置卷扬机,卷扬机牵引绳穿过系杆导索管,然后与成品索索体相连接。

系杆安装：系杆安装保护系杆索下料、剥除两端 PE 保护层、清洗钢绞线表面油脂、由卷扬机穿索、安装锚具和夹片等工序。

系杆张拉(图6-27)：采用千斤顶分阶段、对称张拉系杆至设计值。

防护处理：系杆锚固区进行防腐处理、安装保护罩等防护工作。

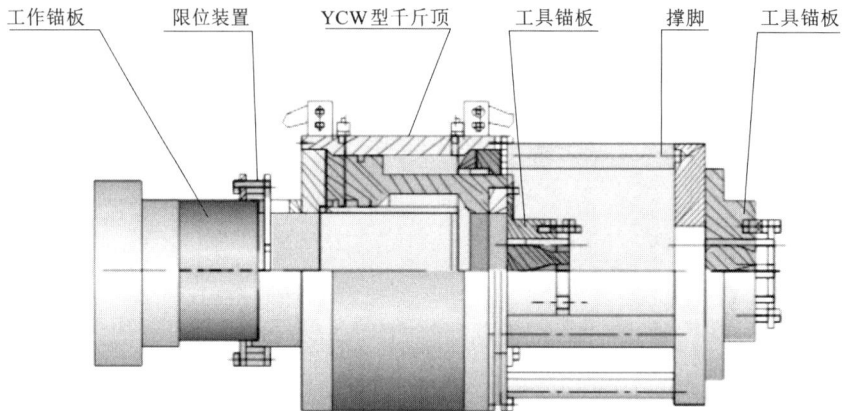

图 6-27　系杆张拉

6.4　悬索桥主梁架设

主缆架设及线形调整完毕后，随即安装索夹和吊索，随后进行加劲梁的架设工作。加劲梁常用架设方法有：

①悬臂架设法。当加劲梁是桁架式时，采用类似于桁式梁桥的悬臂安装法，即利用能沿着桁架上弦行走的吊机作为架梁机具。架设完成的梁段需立即与相应吊索连接，确保梁段自重传递至主缆，这样先架设的梁段不承担后续梁段的自重。该方法主要适合于桁式加劲梁的架设。

②梁段提升法。先将加劲梁预制成梁段，浮运到桥下后，利用可行驶于主缆的起重台车，借助滑轮组及钢丝绳，将梁段提升到位。该方法仅适合于具有浮运条件的跨江河海湾的钢箱或钢桁加劲梁的架设。

③缆索吊装法。先将加劲梁段在两岸预制完成，随后使用缆索吊机将其吊起。吊机在主缆上移动，将梁段运输至指定位置进行拼装。该方法主要适合于山区峡谷不具备浮运条件的钢箱加劲梁的架设。

④轨索滑移法。该方法利用悬索桥自身的永久结构主缆和吊索作为承重及传力构件，在吊索下端安装水平钢丝绳作为运梁车走行轨道(称为轨索)，由主缆、吊索与轨索组成空间索网体系，梁段通过运梁小车悬挂于轨索，以坐高空缆车的方式沿轨索从两岸运至安装位置，再起吊就位，完成梁段安装。该方法已成功应用于我国矮寨大桥钢桁加劲梁的架设(图6-28)。

悬索桥加劲梁的架设推进方式主要有两种：架设顺序从主跨跨中开始，向桥塔方向逐段吊装；架设顺序从桥塔开始，向主跨跨中及边跨岸边前进。

图 6-28　矮寨大桥加劲梁施工

①从桥塔开始架设。加劲梁吊装从桥塔开始，向主跨跨中及岸边逐段吊装，在每一梁段拼好以后，立即将其与对应的吊索相连，使其自重由吊索传给主缆。从桥塔开始吊装的优点是施工便捷；缺点是桥塔两侧索夹先夹紧时，主缆形状与最终线形差异大，导致主缆中次应力增大。

当加劲梁的重力逐渐作用到主缆上，主缆将产生较大的位移，改变原来悬链线的形状，所以在吊装过程中上缘一般都顶紧而下缘张开，直至全部吊装完毕下缘才闭合。如果强制使下缘过早闭合，结构及其连接件有可能因强度不够而破坏。合理的做法应该是，在架设的开始阶段，使各梁段在上缘铰接、下缘张开。这些上绕铰接的梁段应具备整体以横向抗弯抵抗横向风荷载的能力。待到一部分梁段已到位，主缆线形也比较接近最终线形时，再将这一部分梁段下缘强制闭合。通过施工控制确认此时闭合是结构和其连接件都能够承受的。

②从跨中开始。加劲梁吊装从跨中开始，向桥塔方向前进。如果边跨较长，为避免塔顶产生过大的纵向位移，应从两岸向桥塔方向同时吊装边跨梁段。这种吊装次序的优点：架设桥塔附近的加劲梁段时，主缆线形已接近最终几何形状，此时夹紧桥塔附近索夹，主缆的永久性角变位最小。

思 考 题

1. 简述斜拉索如何调索。
2. 简述悬索桥主缆和吊杆安装过程。
3. 简述系杆安装与张拉工艺。
4. 悬索桥加劲梁的安装方法有哪几种？

第7章

桥梁施工装备

桥梁施工装备整体上属于工程装备系列。装备水平是国家科技实力的重要体现。自改革开放以来,我国通过引进先进技术、消化吸收并再创新,装备领域取得了显著的进步和飞跃的发展。

桥梁施工用设备有:电焊机,混凝土搅拌机,混凝土振动棒,钢筋调直切割机,钢筋弯曲机,钢筋液压剪,型材切割机,氧气切割设备,角磨机,多功能钢结构表面处理机,电动砂轮机,手持式混凝土碎破机,风镐,喷砂机具,喷漆机具,抽水机,脚手架,卷扬机,导链,升降梯,模板,千斤顶,油压泵,压浆设备等。

大型装备:混凝土搅拌站,桩基施工设备,汽车吊、履带吊、塔吊等吊装设备,起重船,浮吊、缆索吊机,架桥机,运梁机,提梁机,龙门吊等。

此外,一些特殊工艺需要特殊装备,如钢结构加固装备、转体设备、悬索桥施工装备等。下面简要介绍一些桥梁施工中常用装备和设备。

7.1 混凝土制备与输送设备

7.1.1 混凝土搅拌机

混凝土搅拌机是将一定配合比的水泥、沙石、水和外加剂等组分拌制成满足均质性和易性要求的混凝土拌和物的机械设备。混凝土搅拌机按其搅拌原理可分为自落式和强制式两种,如图 7-1 所示。

自落式搅拌原理是物料由固定在旋转拌和筒内的叶片带至高处,靠自重下落而进行搅拌;自落式混凝土搅拌机主要有锥形反转出料搅拌机和锥形倾翻出料搅拌机两种。锥形反转出料拌和机是一种小型的自落式拌和机,通过搅拌筒的旋转进行搅拌。锥形倾翻出料拌和机是一种大型的自落式拌和机,通过搅拌筒的旋转进行搅拌,适用于大容量、大骨料混凝土的搅拌,出料迅速干净。

强制式搅拌原理是通过不同位置和角度的旋转叶片改变物料运动方向,产生交叉料流而

(a) 自落式　　　　　　　　　　　(b) 强制式

图 7-1　混凝土搅拌机

实现搅拌。强制式混凝土搅拌机主要有涡桨式、行星式和卧轴式。涡桨式搅拌机是一种构造简单的立轴强制式搅拌机，适用于各种稠度的混凝土拌和物。行星式拌和机是一种高效率的立轴强制式搅拌机，适用于各种稠度的混凝土拌和物。卧轴式搅拌机是一种新颖实用的强制式搅拌机，搅拌筒呈槽形，使用范围广。

自落式搅拌原理决定了其搅拌作用的强度不如强制式。在制备均质混凝土时，自落式搅拌机所需的搅拌时间更长，这导致了其生产效率相对较低。

7.1.2　混凝土搅拌站(楼)

搅拌站(楼)是由拌和机及供料、贮料、配料、出料、控制等系统及结构部件组成，用于生产混凝土拌和物的成套设备，具有全过程机械化或自动化，具有生产量大、搅拌效率高、质量稳定、成本低、劳动强度轻等特点，其工艺流程如图 7-2 所示。按照骨料在混凝土生产流程中需要提升的次数分为混凝土搅拌楼和混凝土搅拌站。骨料经一次提升就完成全部生产流程的称为混凝土搅拌楼，俗称单阶式；骨料提升经二次或二次以上的称为混凝土拌和站，俗称双阶式，如图 7-3 所示。

7.1.3　混凝土输送设备

常用的混凝土输送设备包括输送泵(图 7-4)、搅拌运输车(图 2-30)、混凝土泵车(图 2-31)等

混凝土输送泵，又名混凝土泵，由泵体和输送管组成，是一种利用压力将混凝土沿管道连续输送的机械。其主要分为闸板阀(Z)输送泵、蝶形阀(D)输送泵和 S 形摆管阀输送泵。其是将泵体装在汽车底盘上，再装备可伸缩或屈折的布料杆而组成的泵车。

混凝土输送泵的关键技术参数：输送排量、出口压力、电机功率及分配阀类型。其中，出口压力直接决定其输送的远近与高度。

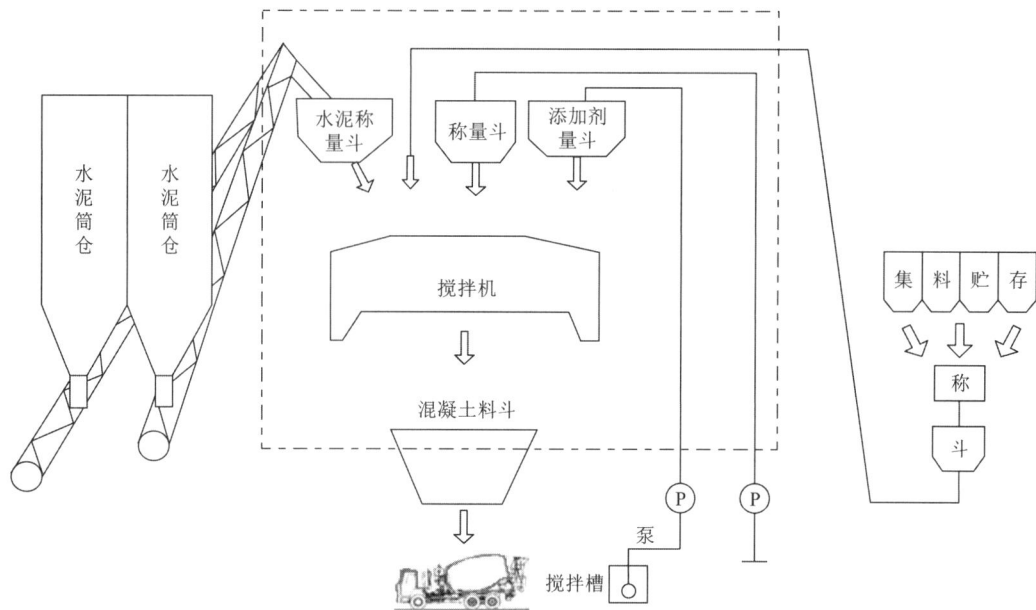

图 7-2 混凝土搅拌站工艺流程

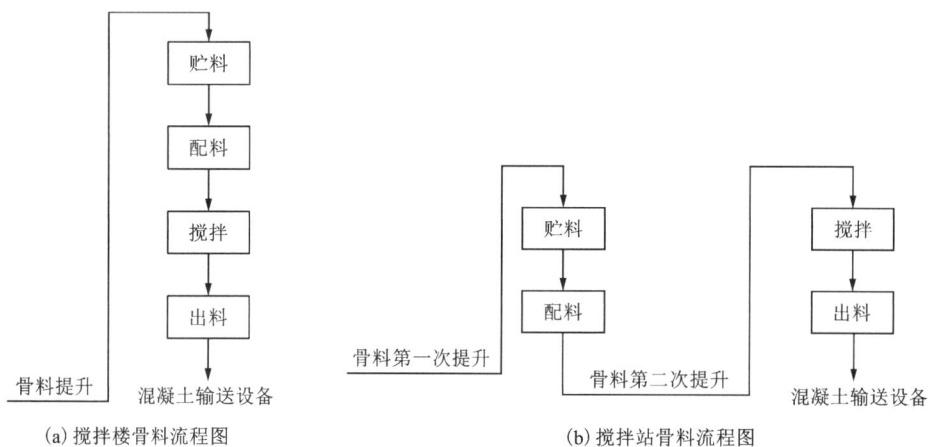

（a）搅拌楼骨料流程图　　　　　　　　　（b）搅拌站骨料流程图

图 7-3 骨料投放

图 7-4 混凝土输送泵

7.2 钢筋加工设备

钢筋加工的工艺主要包括调直、切断、弯曲、冷拉、冷拔、轧头、焊接等，所采用的钢筋加工机械主要为钢筋调直机、钢筋切割机、钢筋弯曲机以及钢筋焊接机械等。

7.3.1 钢筋调直机

钢筋调直机用于将成盘的细钢筋调直，适用于 14 mm 以下的钢筋。其工作原理为电动机使调直筒高速旋转，穿过调直筒的钢筋被调直，并由调直模清除钢筋表面的锈迹。钢筋调直机按切断控制可分为三种：机械控制、光电控制、数码控制。数控钢筋调直机可利用光电管进行上述功能的自动控制，如图 7-5 所示。

7.3.2 钢筋切割机

钢筋切割机用于将钢筋原材和调直后的钢筋按混凝土结构所需的尺寸进行精确切断，如图 7-6 所示。按切断的方式可分为机械传动和液压传动两类；按其装置方式分为固定式、移动式和手动式；按驱动方式可分为电动和手动。

图 7-5 钢筋调直机

图 7-6 钢筋切割机

7.3.3 钢筋弯曲机

钢筋弯曲机用于将已调直、切断的钢筋弯曲成设计所要求的形状，如图 7-7 所示。目前常用的有电动钢筋弯曲机和手持液压钢筋弯曲机。前者采用机械传动驱动工作盘转动弯曲钢筋，后者采用液压传动，靠摆动液压缸带动工作盘弯曲钢筋。

图 7-7 钢筋弯曲机

7.3 钢结构设备

考虑到钢构件加工及相关设备已在"钢桥"课程中介绍，下面仅简要介绍。

钢结构加工主要包括切割、组装、钻孔、矫正及除锈等系列设备。

切割设备主要有直条火焰切割机、数控火焰切割机、仿形切割机、全自动坡口机和数控带锯机。

组装设备主要有 H 型组立机、箱型组立机、龙门焊机、埋弧焊半自动焊接机、电渣焊机、悬臂埋弧焊机和气体保护焊机。

钻孔设备主要有数控平面钻床、数控三维钻床和端面铣。

矫正设备主要为翼缘矫正机；除锈设备主要有抛丸机。

主要设备介绍如下：

①火焰切割机是一种利用氧、乙炔作切燃料的高效率气体火焰设备，将钢板按要求均匀的切割成条。

②仿形切割机是按照工件的形状制成样板，使割炬按照样板的形状轨迹运行切割出各种形状，特别适用于零部件的批量切割，如图 7-8 所示。

③坡口机主要是利用滚铣原理，对钢板边缘按所需角度进行铣切，以得到焊接所需的坡口。

④带锯机以环状无端的带锯条为锯具，绕在两个锯轮上作单向连续的直线运动来锯切的锯机。

⑤组立机是钢结构生产中负责组立钢构，便于焊接，增加工作效率的现代化设备，如图 7-9 所示。其工作原理是组立机在对中过程中利用正反丝杠同步传动，实现夹紧机构同步夹紧同步对中。能确保规格范围内的不同宽度的幅板、翼板定位，同步对中准确，无须每次调整；可根据用户要求设置成变截面型钢的自动组立。

图 7-8 切割机

图 7-9 组立机

⑥埋弧焊机是一种利用电弧在焊剂层下燃烧进行焊接的焊接机器，如图 7-10 所示。其固有的焊接质量稳定、焊接生产率高、无弧光及烟尘很少等优点，使其成为压力容器、管段制造、箱型梁柱钢结构等制作中的主要焊接机器。

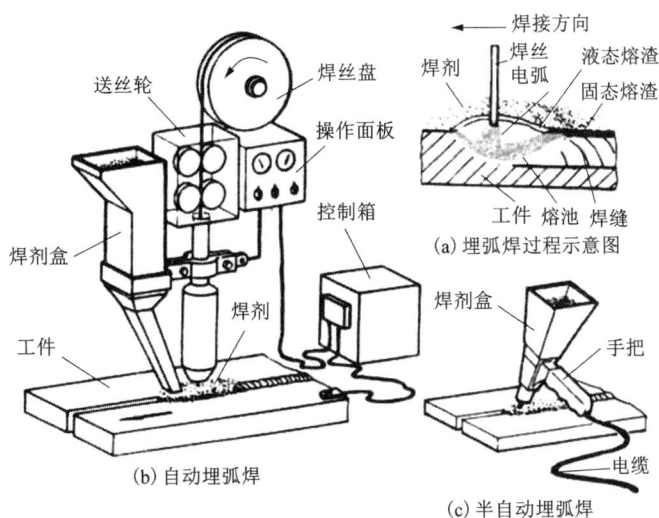

图 7-10　埋弧焊机

⑦电渣焊机是指采用焊丝为电极,焊丝通过非消耗的电渣焊枪和导电嘴送入渣池的电渣焊设备。电渣焊机主要用于钢结构垂直焊缝的高效焊接,特别适用于箱型柱和箱型梁隔板的焊接。

⑧气体保护焊机是以 CO_2 等作为保护气体的熔化极电弧焊方法,工作时在弧周围形成气体保护层,隔绝外部氧气,使焊缝不至于氧化碳化,从而提高焊缝质量,使焊接平面更加的美观平整。

⑨钻床指主要用钻头在工件上加工孔的机床。通常钻头旋转为主运动,钻头轴向移动为进给运动。钻床结构简单,加工精度相对较低,可钻通孔、盲孔,更换特殊刀具,可扩孔、锪孔、铰孔或进行攻丝等加工。加工过程中工件不动,让刀具移动,将刀具中心对正孔中心,并使刀具转动(主运动)。钻床的特点是工件固定不动,刀具做旋转运动,图 7-11 为数控钻床示意图。

⑩矫正机是专门用于焊接 H 形的钢矫正设备(图 7-12),其中主传动滚轮和上压轮采用优质合金钢制造,并进行热处理工艺,确保使用寿命,该机操作简单,方便易学。

图 7-11　数控钻床示意图

图 7-12　H 型钢矫正机

7.4 预应力张拉设备

预应力混凝土结构施工中，千斤顶是张拉预应力钢筋的关键设备，主要分机械式、液压式和电热式三种。液压式最常用，由千斤顶、高压油泵及输油管等部分组成。预应力千斤顶按其作用型式可分为单作用(拉伸)、双作用(张拉、顶锚)和三作用(张拉、顶锚、退楔)；按其结构特点又可分为拉杆式、穿心式、锥锚式和台座式。

现在比较常用的是穿心式千斤顶，如图7-13所示。穿心式千斤顶是由一个双作用张拉活塞油缸和一个单作用顶压活塞油缸组合而成，空心张拉活塞同时又是顶压缸的缸体，结构特点是沿其轴线有一穿心孔道，供穿预应力筋用，作用过程分张拉、顶压和回程等步骤。

高压油泵作为预应力张拉设备的关键部分，为张拉操作提供所需的动力，如图7-14所示，它与张拉千斤顶配合，构成液压系统回路，操作油泵供给千斤顶高压油，并控制千斤顶动作，实现张拉预应力筋的目的。

图 7-13　穿心式千斤顶

图 7-14　高压油泵机

油泵的额定油压和流量，必须满足配套机具的要求，高压油泵按驱动方式，分为手动和电动两种。目前，国内生产的大部分为电动式高压油泵。

针对传统张拉过程中很难实现"双控"，智能张拉系统通过现代传感技术、数字控制技术，实时采集、分析每台张拉设备的压力数据和位移值数据，数据经自动对比分析后由程序实时、同步控制油泵和千斤顶的每一个机械动作，如图7-15所示。智能张拉系统的设计理念如下。

①张拉力精确控制：在千斤顶油缸内置压力传感器，实现油压的精确控制。

②伸长值精确控制：在千斤顶内缸上设置游标卡尺实现其位移的精确测量。

③张拉同步：对预应力筋张拉过程中两端张拉力实现精确同步，实现施力过程的平稳与精确。

④智能张拉系统：结合传感、计算机、信息处理、无线传输和自动控制技术，可以精确调整各张拉系统的进油同步性和变频进油速率，实现持荷过程的精细补压，确保张拉过程完全符合规范要求，实时传输张拉过程的控制信息至管控中心。

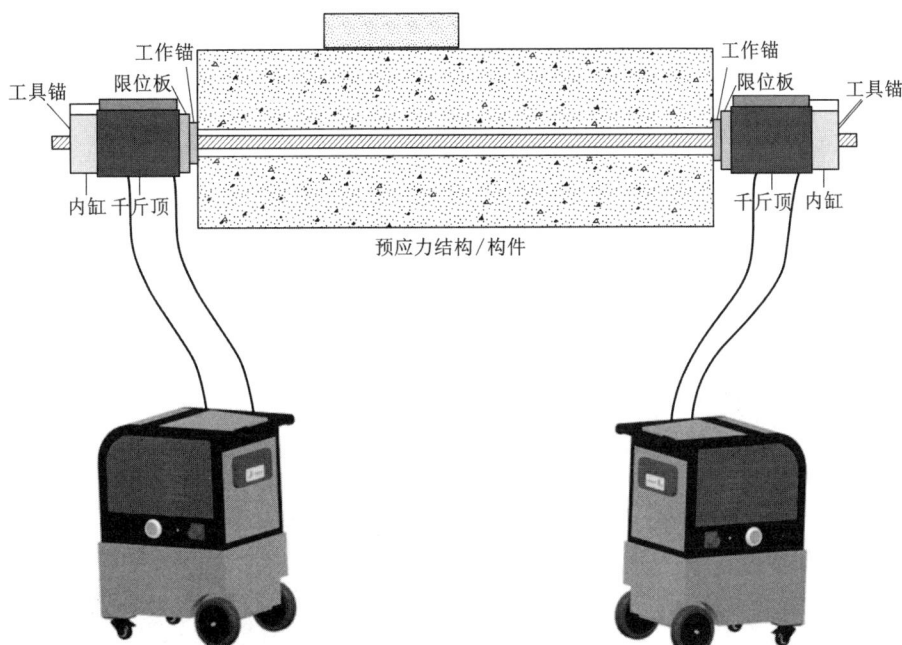

图 7-15　智能张拉系统工作示意图

为了实现对张拉系统中油压值的精确测量，将高精度压力传感器直接安装在千斤顶的进油端；同时为了对千斤顶内缸位移进行精确测量，将位移传感器通过套筒固定在千斤顶的外表面，如图 7-16 所示。压力传感器输出的电流信号转换成数字信号后传输给张拉控制系统，其测量精度可达到 0.01 MPa；位移传感器电流信号转换成数字信号在电脑上实时显示，程序自动进行伸长量校核，其精度可达 0.1 mm。

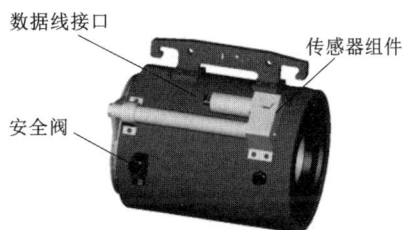

图 7-16　智能千斤顶

在智能张拉系统中还可以实现摩擦损伤的计算，以便实施张拉控制。

7.5　吊装设备

7.5.1　桅杆起重机

桅杆起重机以桅杆为机身的动臂旋转起重机，如图 7-17 所示。桅杆起重机由桅杆本体、动力一起升系统、稳定系统组成。主要部件由桅杆、动臂、支撑装置及起升、变幅、回转机构组成。

7.5.2 汽车式起重机

汽车式起重机是安装在标准的或专用的载货汽车底盘上的全旋转臂架起重机，如图7-18所示，其车轮采用弹性悬挂，行驶性能接近汽车。汽车起重机以内燃机为动力，行驶时采用机械式传动。起重机作业部分的动力传递方式多样，包括机械式、电动式和液压式。起重机的起升、变幅、旋转、臂架伸缩、支腿伸缩等机构，目前绝大多数采用液压传动。

图 7-17　桅杆起重机

图 7-18　汽车式起重机

7.5.3 塔式起重机

塔式起重机是一种具有竖立塔身，吊臂装在塔身顶部的转臂起重机，如图7-19所示。塔式起重机由金属结构、工作机构和电器系统三部分组成。金属结构包括塔身、吊臂和底座等；工作机构有起升、变幅、回转和行走系统；电器系统包括电动机、控制器、配电柜、连接电路、信号及照明装置等。由于吊臂装于塔身顶部，形成"Γ"形工作空间，因此有较大的工作范围和起升高度，其幅度利用率比其他起重机高，在工程中得到广泛的应用，用于物料的垂直与水平运输和构件的安装。

图 7-19　塔式起重机

7.5.4　龙门起重机

龙门起重机广泛应用于桥梁预制场、海洋工程、车站、库场及港口等露天场所，负责物料搬运，是企业生产活动中提升生产经营机械化、自动化水平的关键生产力。龙门起重机在构造上由金属结构（包括桥梁、起重小车架、支腿、驾驶室）、机构以及电气与控制系统组成，如图 7-20 所示。按行走系统龙门起重机又可以分为轮胎式龙门起重机和轨道运行式龙门起重机，以轨道运行式机型为多。

7.5.5　浮式起重机

浮式起重机也称为起重船或浮吊，如图 7-21 所示，通常在方形甲板上，设置不同形式的起重机，再配置船舶系缆设备及生活设施等。浮式起重机按船体机动性能可分为自航式和非自航式；按起重机性能可分为回转式浮式起重机和非回转式浮式起重机。

国内的大型起重船：振华 30 号、5000 t 华西海工号、4000 t 津泰号、3600 t 大桥海鸥号和 3600 t 大桥天一号等。振华 30 号：具有单臂固定起吊 1.2 万吨、单臂全回转起吊 7000 t 的能力，被称为世界上最大的起重船。3600 t 大桥海鸥号用于平潭海峡公铁大桥钢梁架设，起升高度 80 m。大型起重船在桥梁工程上的应用，极大地提高了我国的桥梁建造水平。

图 7-20　龙门起重机

图 7-21　起重船

7.5.6　缆索起重机

缆索起重机，简称缆索吊，由两个支架和支架之间钢缆组成，起重小车在钢缆上移运，进行重物的水平和垂直运送，如图 7-22 所示，用于跨距很大，或跨越山谷、河流等障碍物的情况下吊运重物。缆索起重机由塔式支架、承载装置、驱动装置、电器系统和安全保护装置等组成，其主要特点：①工作跨度大，水平运距长，兼有起重和水平运输双重功能；②支承钢缆高悬于空中，不受地形限制，也不影响作业范围内的其他工作和交通运输；③生产率高，高速缆索起重机的小车运行速度可达 670 m/min，吊钩起升速度可达 290 m/min。

7.5.7　卷扬机

卷扬机又名绞车,如图 7-23 所示,通过钢丝绳将重物、施工材料、机具、构件等提升到一定高度或水平,再拖移到需要的地方。它是施工中的一种最简单的常用起重机设备。

图 7-22　缆索起重机示意图

图 7-23　卷扬机

7.5.8　架桥机

架桥机就是将预制好的梁片放置到已建造桥墩上的设备。架桥机作为起重机的一种,主要承担梁片的提起、运送及落放任务,确保梁片准确放置在预定位置。

其分类按用途可分为公路架桥机、铁路架桥机、公铁两用架桥机;按受力状态可分为悬臂式和简支梁式;按组成可分为专用架桥机和拼装式架桥机;按主梁数目可分为单梁式架桥机和双梁式架桥机;按主梁的结构可分为桁梁式、箱梁式、板梁式及蜂窝梁式等。此外,还有用运架梁一体式架桥机,下导梁式架桥机等

公路预制梁架桥机大多数为步履式架桥机(单导梁和双导梁两种),可架设公路多片梁,如图 7-24 所示,双导梁架桥机主要由两根分离布置的安装梁、两根起重横梁和可伸缩的钢支腿三部分组成。

图 7-24　步履式双导梁架桥机

铁路整体预制箱梁常用架桥机为导梁式架桥机、走行式架桥机、导梁式定点起吊架桥机和运架一体式架桥机，如图 7-25 所示。导梁式架桥机由主梁、导梁、支腿、吊梁小车等组成；走行式架桥机由主梁和横联、支腿、起重天车等组成；导梁式定点架桥机由主梁和横联、前后支腿、辅助支腿、吊梁车、导梁后吊车、导梁前天车等组成；运架一体架桥机实现了"三位一体"，即吊梁机、运梁车与架桥机一体化，大大降低了运架梁的成本，属于目前比较先进的架梁设备，运架一体机主要由提运梁机和下导梁组成。

<table>
<tr><td>(a) 导梁式架桥机</td><td>(b) 走行式架桥机</td></tr>
<tr><td>(c) 导梁式定点起吊架桥机</td><td>(d) 运架一体式架桥机</td></tr>
</table>

图 7-25　铁路常用架桥机

7.6　基础施工主要设备

常用的基础施工设备有：挖掘机、打桩机、空压机、钻机、推土机、装载机、混凝土喷射机、注浆机、锚索钻孔机等。下面简要介绍最为常用的几种。

7.6.1　挖掘机

挖掘机，亦称挖土机，能够挖掘并装载高于或低于机身平面的物料，便于运输或堆放，是土方工程中不可或缺的重要机械，如图 7-26 所示。常见的挖掘机结构包括动力装置、工作装置、回转机构、操纵机构、传动机构、行走机构和辅助设施等。传动机构通过液压泵将发动机的动力传递给液压马达、液压缸等执行元件，推动工作装置动作，从而完成各种作业。

图 7-26　挖掘机

7.6.2　打桩机

打桩机由桩锤、桩架及附属设备等组成。桩锤依附在桩架前部两根平行的竖直导杆(俗称龙门)之间，用提升吊钩吊升。桩架是钢结构塔架，后部配备卷扬机以起吊桩和桩锤。桩架前面设有导向架，由两根导杆组成，用于确保打桩方向准确，使桩按设计要求精确贯入地层。打桩机的基本技术参数是冲击部分重量、冲击动能和冲击频率。桩锤按运动的动力来源可分为落锤、汽锤、柴油锤、液压锤等。

汽锤打桩机的桩锤结构包括锤头和锤座，其动力源为蒸汽或压缩空气。根据工作原理，可分为单动汽锤和双动汽锤两种类型。单动汽锤以柱塞或汽缸作为锤头，蒸汽驱动锤头上升，而后任其沿锤座的导杆下落而打桩。双动汽锤一般是由加重的柱塞作为锤头，以汽缸作为锤座，蒸汽驱动锤头上升，再驱动锤头向下冲击打桩。

柴油锤打桩机的主体是由汽缸和柱塞组成，如图 7-27(a)所示，其工作原理和单缸二冲程柴油机相似，利用喷入汽缸燃烧室内的雾化柴油受高压高温后燃爆所产生的强大压力驱动锤头工作。

(a)柴油锤打桩机

(b)液压锤打桩机

图 7-27　打桩机

液压锤打桩机可按地层土质不同调整液压，以达到适当的冲击力进行打桩，如图 7-27(b)所示，是一种新型打桩机。液压锤打桩机打桩控量精确，能实现不同地层的打桩作业；液压锤打桩机在减少噪声和震动方面有出色表现，特别适合城市施工需要；液压锤打桩机节能减排效果明显，是未来打桩机发展的主流。

7.6.3　钻机

我国钻机按成孔方式可分为正反循环钻机、旋挖钻机、长螺旋钻机、深层搅拌钻机等几类。

1. 正反循环钻机

正循环钻机和反循环钻机都是通过钻井液(泥浆)的循环保护钻井井壁及出渣，即通过钻井液(泥浆)的循环，把钻孔里的钻渣带出来。正循环是冲洗液由泥浆泵通过钻杆送入孔底，再从孔底从孔内上返到地面；反循环的冲洗液刚好与正循环的路径相反。

正循环旋转钻孔(图 7-28)：泥浆由泥浆泵以高压从泥浆池输进钻杆内腔，经钻头的出浆口射出。底部的钻头在旋转时将土层搅松成为钻渣，被泥浆悬浮，随泥浆上升而溢出，经过沉浆池沉淀净化，泥浆再循环使用。

反循环旋转钻孔：泥浆由泥浆池流入钻孔内，同钻渣混合。在真空泵抽吸力作用下，混合物进入钻头的进渣口，经过钻杆内腔，泥石泵和出浆控制阀排泄到沉淀池中净化，再供使用。

2. 旋挖钻机

旋挖钻机(图 7-29)成孔首先是通过底部带有活门的桶式钻头回转破碎岩土，并直接将其装入钻斗内，然后再由钻机提升装置和伸缩钻杆将钻斗提出孔外卸土，这样循环往复，不断地取土卸土，直至达到设计深度。对于黏结性良好的岩土层，可采用干式或清水钻进，无须泥浆护壁；而对于松散易坍塌地层或含有地下水及孔壁不稳的地层，则需采用静态泥浆护壁钻进，投入护壁泥浆或稳定液以确保孔壁稳定。旋挖钻机主要适用于砂土、黏性土、粉质土等土层施工，在灌注桩、连续墙、基础加固等多种地基基础施工中得到广泛应用。

图 7-28　正循环钻机

图 7-29　旋挖钻机

3.长螺旋钻机

长螺旋钻机包括液压步履桩架和钻进系统两部分，如图 7-30 所示。桩架采用液压步履式底盘；钻进系统包括动力头与钻具，动力头的输出轴与螺旋钻具为中空式，桩机采用长螺旋成孔，可通过钻杆中心管将混凝土(泥浆)进行泵送混凝土桩施工，既能钻孔成孔一机一次完成，也可用于干法成孔、注浆置换改变钻具后还可采取深层搅拌等多种工法进行施工。

4.深层搅拌钻机

用于深层搅拌法施工的设备为深层搅拌机，如图 7-31 所示。深层搅拌法是一种用于加固软土地基的技术，它使用水泥、石灰等作为固化剂，通过专门设计的深层搅拌钻机，在钻进过程中直接在地层中将土与固化剂强制混合搅拌，从而实现地基加固。深层搅拌机依其处理地层情况不同，可采用翼片式搅拌头或螺旋叶片式搅拌头。

图 7-30　长螺旋钻机

图 7-31　深层搅拌机

思 考 题

1. 比较不同混凝土搅拌设备的优缺点。
2. 如何选择合适的吊装设备？
3. 如何选择合适的基础施工设备？
4. 何为预应力的自动张拉系统？
5. 主要的钢筋加固设备有哪些？
6. 混凝土搅拌机有哪些类型？其工作原理是什么？

第8章

桥梁试验检测

桥梁检测涵盖桥梁设计、施工、运营和拆除全寿命周期，包含材料、构件和结构诸多方面，内容丰富，其应用主要归结为五大方面：①控制桥梁施工质量；②确定新建桥梁结构的承载能力和使用条件；③评估既有桥梁的使用性能与承载能力；④监测与诊断桥梁服役的健康状况；⑤研究结构(构件)的受力行为，总结结构受力行为的一般规律，一般用于新结构设计期。

桥梁荷载试验是桥梁检测的重要方法，也是检测与评定桥梁使用和安全性能的主要手段。根据试验荷载作用的性质，桥梁试验可分为静荷载试验、动荷载试验和特殊试验。根据试验持续时间的长短，桥梁试验可分为长期试验和短期试验。根据试验对结构产生的后果，桥梁试验可分为破坏性试验和非破坏性试验。破坏性试验一般在实验室进行，用于科学研究；实际营运桥梁采用非破坏性试验，试验应以不损伤、破坏服役桥梁为前提开展。

桥梁检测装备包括检测设备、交通工具、照明设备和办公设备四大类。常用的检测设备有：水准仪、全站仪、钢筋探测仪、钢筋锈蚀探测仪、碳化仪、回弹仪、混凝土拉拔仪、裂缝检测仪、裂缝探深仪、激光测距仪、钢梁漆膜检测设备、索力仪、爬索仪、流速仪、风速仪、冲刷检测仪、扭转扳手、梯子、升降高空作业车等。铁路上还有轨道检测车等专用检测设备。

下面先介绍常规的检测内容和依据，然后介绍桥梁施工和维养中比较常规的梁检测内容，包括无损检测、静载和动载试验、旧桥承载力评定专项试验等。

8.1 桥梁试验检测的内容和依据

8.1.1 试验检测的内容

桥梁工程试验检测的内容与桥梁所处的位置、结构形式和所用材料不同而异，1.3.1 节按试验检测方法进行了分类介绍，本节按桥梁所处的状况进一步介绍，针对施工准备阶段、施工过程中、成桥与服役阶段，常规检测的主要内容如下。

1. 施工准备阶段的试验检测

①桥梁放样测量。

②钢材原材料试验。

③钢结构连接性能试验。

④预应力锚具、夹具和连接器试验。

⑤水泥性能试验。

⑥混凝土粗细集料试验。

⑦混凝土配合比试验。

⑧砌体材料型钢试验。

⑨台后压实标准试验。

⑩其他成品、半成品试验检测，如支座、伸缩缝等。

2. 施工过程中的试验检测

①地基承载力试验检测。

②基础位置、高程和尺寸检测。

③钢筋位置、高程和尺寸检测。

④钢筋加固检测。

⑤混凝土强度试验检测。

⑥砂浆强度试验检测。

⑦桩基检测。

⑧墩台位置、高程和尺寸检测。

⑨上部结构或构件位置、尺寸检测。

⑩预制构件张拉、运输和安装强度控制试验。

⑪预应力张拉控制检测。

⑫桥梁上部结构高程、变形、内力(应力)监测。

⑬支架内力、变形和稳定性监测。

⑭钢结构连接加固检测。

⑮索结构索力的检测。

⑯钢结构防护涂装检测。

⑰挂篮、围堰等临时结构变形和应力检测。

3. 施工或加固完成后的试验检测

①桥梁总体检测。

②桥梁荷载试验。

③桥梁使用性能检测。

4. 服役桥梁试验检测

①桥梁几何形态参数测定。

②桥梁结构恒载变形状况调查。

③桥梁结构构件材质强度检测与评定。

④混凝土中钢筋锈蚀检测。

⑤混凝土中氯离子含量的测定。

⑥混凝土电阻率的检测。

⑦混凝土碳化状况的检测。

⑧混凝土结构钢筋分布状况的检测。

⑨索结构索力的检测。

⑩墩台与基础变位检测。

⑪地基与基础的检测。

8.1.2　试验检测的依据

试验检测是一项程序性非常严格的活动,应该依据国家和相关部委颁布的工程法规、技术标准、设计施工规范、材料和构件试验规程进行。对于创新性的检测方法,需要按照先评定、后使用的程序进行。

试验检测包括检测活动和结果评定。在进行检测活动时,需要根据相关的检测试验规程规范,选用适当满足检测参数要求的检测设备进行实施,而实际操作应按被认可的"操作指南"进行,包括设备标定和操作等。在获得检测数据后,需要按照相应的检测参数评定标准进行结果评定。

目前我国的试验检测活动执行持证上岗制度,包括单位资质和个人从业资质,单位资质规定了单位所能承担的任务和检测参数,个人资质规定了从业人员从事的专业领域,例如桥梁等。

8.2　无损检测技术

8.2.1　无损检测技术及特点

无损检测技术是建立在现代科学技术基础上的一门应用型高技术学科,指以不损坏被检测物体的内部结构、受力性能为前提,应用声、光、热、电、磁和射线等技术,检测物体内部或表面的物理性能、状态特性以及内部结构,检查物体内部是否存在不连续性(即缺陷),推定材料的强度、均匀性、连续性、耐久性等技术指标,从而对结构或构件的性能和质量状况作出评定。现代材料学和应用物理学的发展为无损检测技术奠定了理论基础,而现代电子技术和计算机科学的发展为无损检测技术提供了现代化的测试工具。

与破坏性试验相比,无损检测技术具有如下优点:

①不破坏被检测构件,不影响其使用性能,简便快捷,费用较低。

②可在构件上直接进行表层或内部的全面检测,对新建工程和既有结构都适用。

③能够获得破坏试验不能得到的信息,譬如混凝土内部空洞、疏松、开裂、不均匀、表层烧伤、冻害及化学腐蚀等。

④可在同一构件进行连续、反复测试，使检测结果有较好的可比性。

无损检测技术属于间接测试，检测结果受许多因素的影响，检测精度和可靠性相对较差，进行评价时，必须与破坏性检测所得到的结果进行互相对比。

随着科学技术的飞速发展，桥梁结构无损检测工作的方式也逐渐由单一化向多元化、传统化向现代化的方向发展，无损检测设备也越来越具有多样性与针对性。

针对结构材料物理属性检测的技术有：冲击锤检测、超声波检测、超级弹性波检测和微孔探伤等。

针对结构表观损伤的检测技术有：超声波检测、超级弹性波检测、声发射（AE）技术、X射线技术、数字化图像处理技术等。

针对结构内部损伤的检测技术有：超声波检测、超级弹性波检测、AE技术、X射线技术、电磁波雷达扫描、红外线扫描、光纤内窥探伤技术等。

无损检测工作为桥梁的施工、维护、加固以及延长桥梁的使用寿命提供及时、科学、准确的数据资料。随着结构检测市场的逐步扩大，不断有先进的新技术被引入到土木工程结构检测当中。无损检测设备逐步倾向于便携化、智能化以及无人化操作，实现全自动化检测。

8.2.2　无损检测技术应用类型

根据无损检测技术的应用对象主要分为混凝土无损检测、钢筋状况无损检测、钢结构无损探伤、拉索无损检测和水下基础无损检测。混凝土无损检测技术主要用于构件的强度推定、施工质量检测、结构内部缺陷分析等方面，它在实际桥梁结构中应用最为广泛。钢筋状况无损检测主要用于混凝土内部钢筋位置及混凝土保护层厚度、钢筋直径及数量、钢筋锈蚀等项目的检测。钢结构无损探伤主要检测钢材和焊缝的缺陷。拉索无损检测技术主要用于拉索外观、病害及索力的检测。水下基础无损检测是判断结构使用状态的辅助手段，能实现的无损检测非常有限，目前主要用于基础外观病害和冲刷情况检测。

1.混凝土无损检测方法

混凝土无损检测主要用于检测混凝土强度、连续性、完整性等，方法可分为表面硬度法、声学和超声波法、电磁法及综合法几大类。我国目前主要使用以下几种混凝土无损检测技术。

①回弹法。回弹法属于表面硬度法的一种，其原理是根据混凝土强度与其表面硬度存在的内在联系，通过测量混凝土表面硬度推定混凝土抗压强度，两者的相关性主要采用统一测强曲线、地区测强曲线和专用测强曲线表示；其中应用最广泛的是采用回弹值和碳化深度两个指标按全国统一测强曲线来推定混凝土强度。这种方法操作简单，设备携带方便，因此使用非常广泛。

②超声波法。超声波法即超声脉冲检测法，是通过超声波（纵波）在混凝土中传播的声时、振幅、波形这三个声学参数与混凝土强度之间的相关性，综合判断混凝土结构物的强度和内部缺陷等情况。这种方法主要用于检测桥梁工程钻孔灌注桩水下混凝土的连续性、完整性、均匀性以及混凝土强度和缺陷等方面。

③超声回弹综合法。超声回弹综合法是超声、回弹两种方法的综合，是指采用超声波检

测仪和回弹仪，在结构或构件混凝土的同一测区分别测量超声声速和回弹值，再利用已建立的测强公式推算混凝土强度。这种方法不仅操作简单方便、设备便携，而且能减少或抵消一些单一方法测强的不利影响因素，较全面地反映混凝土的质量，成为处理混凝土质量问题的一个主要依据，测试精度比单一法高。

④射线法。射线法是根据 γ 射线在混凝土中的穿透衰减或散射强度推算混凝土的密实度，并据此推定混凝土的强度。此方法由于 γ 射线的防护问题，应用较少。

⑤半(微)破损法。半(微)破损法不影响结构或构件的承载能力，该方法在结构或构件上直接进行局部破坏性试验，或直接钻取芯样进行破坏性试验，根据试验值与结构混凝土标准强度的相关关系，换算成标准强度换算值，并据此推算出结构混凝土强度标准值的推定值或特征强度。钻芯法、拔出法、射击法等属于这类方法。

钻芯法是一种用于检测结构混凝土强度和质量的有效方法。它通过从混凝土结构中钻取芯样，直接检测其强度并观察混凝土内部状况。尽管这种方法简便、直观并且具有高精度，但是对构件损伤较大且成本较高。因此，一般只用于检测对象的问题比较严重，或在进行无损检测后怀疑结果时采用。

拔出法则是利用拔出仪器拉拔埋设在混凝土表层内的锚固件，根据拉拔力的大小来推算混凝土的强度。这种方法介于无损和半破损之间，根据拉拔法的安装方法，可分为预埋法和后装法。前者是在浇筑混凝土时埋入锚杆，后者则是在混凝土硬化后进行钻孔，然后安装锚杆。

另一种方法是射击法，该方法利用射击装置将硬质合金钉射入混凝土中，通过射钉钉外露长度与混凝土的贯入阻力相关的方式来推算混凝土的强度。尽管这种测试方法简便且对构件损伤较小，但测试结果受混凝土粗骨料的影响较明显。

2. 混凝土内部钢筋状况无损检测

混凝土内部钢筋状况无损检测主要用于检测钢筋的位置、间距、锈蚀等，主要检测技术有以下几种。

①电磁感应法。电磁感应法是基于电磁感应原理、用钢筋位置测定仪进行无损检测的方法。混凝土是带弱碱性的材料，而结构内配置的钢筋是带有强磁性的材料。当混凝土中没有钢筋时，其中的磁场是均匀分布的，当配置钢筋后，就会使磁力线集中于沿钢筋的方向，进而根据引起的电磁场强度变化与金属物大小、探头距离之间的对应关系，对混凝土保护层厚度和混凝土中钢筋或预埋铁件的位置和数量进行估测。电磁感应法比较适用于配筋稀疏及距离混凝土表面较近的钢筋检测。当钢筋布置在同一平面或不同平面内距离较大时，运用此法可取得较满意的效果。

②电位差法。该法是根据锈蚀钢筋表面存在的腐蚀电流引起的电位差，采用钢筋锈蚀测量仪测量钢筋表面与探头之间的电位差，将钢筋锈蚀发生的概率与电位之间建立一定的关系，由电位高低的变化规律判断钢筋锈蚀的可能性及其锈蚀程度。

3. 钢结构无损探伤

钢结构的无损探伤主要用于检测焊缝质量，包括超声波探伤、磁粉探伤、射线探伤、渗透法和涡流探伤等方法，应用最为广泛的是超声波探伤和射线探伤。

①超声波探伤。超声波检测钢材和焊缝缺陷的工作原理与前述超声波检测混凝土内部缺

陷类似，主要有脉冲反射法和穿透法，较多采用前者。超声脉冲经换能器发射进入被测材料表面、内部缺陷和构件底面时产生部分反射，超声波探伤仪的示波屏上分别显示出各界面的反射波及其相对位置，它们分别称为始脉冲、伤脉冲和底脉冲。由伤脉冲与始脉冲和底脉冲的相对距离可确定缺陷在构件内的相对位置。

②射线探伤。射线探伤是利用射线可以穿透物质和在物质中有衰减的特性来发现缺陷的一种探伤方法。探伤射线可分为 X 射线、γ 射线和高能射线。每种射线又有电离法、荧光屏观察照相法和工业电视法，运用最为广泛的是 X 射线照相法。

4. 拉索无损检测方法

以钢索或钢丝为主要受力杆件如悬索桥主缆、斜拉索、吊杆，其在运营阶段的受力和损伤须定期进行检测。

①钢缆和拉索的截面损失与钢丝断裂检测方法。电磁探测法使用的电磁检测装置，例如美国的磁扰动钢缆系统(MPC)以及德国 DMT 研究所的磁感应测试仪等，早在 20 世纪 80 年代就先后被欧美国家研发出来。该方法主要用于测量金属由截面损失(如腐蚀或磨损导致的折断或削蚀)引起的磁漏。声监测法是一种通过探测存储在拉索内的弹性能突然释放所产生声波的方法。该方法通过适当的听觉设备提供连续的监听和记录，直接监测各根钢丝是否断裂。在索结构桥梁的长期监测中具有良好的应用前景。声测量技术在桥梁结构应用上面临的挑战主要包括设备的耐用性以及传感器和引线的安装等问题。

②索力测量方法。索力测量方法有多种，包括压力表测量法、压力传感器测量法、电磁法和频率测试等方法。其中，压力表测量法、压力传感器测量法和电磁法在适用性、操作性、测量结果和精度等方面都不适合用于在役桥梁拉索索力的测量。频率测试法解决了上述三种测量方法的不足，有效地解决了在役桥梁拉索索力的测量难题，而且频率测试法具有检测速度快、精度高的特点。

频率测试法：是在环境激励或强迫激励下，利用加速度传感器拾取拉索的随机振动信号，然后通过频域分析获取索的频谱图，据此识别出索的各阶固有频率进而测得索力的方法。

5. 水下基础无损检测方法

对于长期处于水下的桥梁基础结构目前较难直接进行无损检测，如混凝土强度、碳化深度、钢筋分布、钢筋锈蚀检测等。但对于基础外观病害和基础冲刷情况，可以采用摄像系统和水下遥控机器人实现无损检测。水下遥控机器人根据用途可以分为观察型和作业型两种。观察型主要用于水下结构观测，自带灯光照明与高清摄像机；作业型主要用于水下具体活动与操作，其特点是机器人前端有机械手臂。

传统的基础外观病害检测是潜水员携带水下摄像系统的摄像头和照明设备，对水下基础结构的外观质量进行初步检查、摸探和摄像，然后对病害和关键部位进行位置、形状、数量等的详细测量和记录。相比传统外观检测，水下机器人检测作业的优点在于机动性强、深水作业能力突出，但其无法在湍急水流中进行检测。

传统的基础冲刷情况检测主要使用船载多波速测深系统对桥墩周围河床进行扫测，发现有冲刷、淤积等情况时，再由潜水员水下采用码杆尺等辅助工具进行目视、探摸和水下摄像检测。而水下机器人检测可采用声呐测探仪、时域反射计、探地雷达等实现冲刷深度的监测。

8.2.3　混凝土强度检测

本小节主要介绍实际工程中常用的回弹法和超声回弹综合法,简要介绍钻芯法和拔出法。应用中需根据具体的条件选用,如梁、墩采用回弹法,桩基常用超声波法等。

1.回弹法

1)基本原理

回弹法主要测试仪器是回弹仪,利用回弹仪的弹簧驱动钢锤,通过中心导杆,以一定的冲击力传到混凝土表面,使其初始动能发生再分配,一部分能量以塑性变形或残余变形的形式为混凝土所吸收,而另一部分与表面硬度成正比的能量传给钢锤,使钢锤回弹一定的高度。测出钢锤被反弹回来的距离,反弹距离与弹簧初始长度之比称为回弹值 R ,由 R 与混凝土强度的相关关系来推定混凝土的抗压强度。低等级混凝土回弹值小,高等级混凝土回弹值大。目前,常用的回弹仪有三种类型:

①大型(M 型)回弹仪。冲击能量为 30 N·m,主要用于大型、重型构筑物,道路和飞机跑道等混凝土工程强度的测定。

②中型(N 型)回弹仪。冲击能量为 2.25 N·m,适用于厚度为 10~80 cm 的普通混凝土构件强度的测定。

③小型(L 型)回弹仪。冲击能量为 0.75 N·m,适用于轻质混凝土、等级低于 C50 的混凝土和薄壁混凝土构件强度的测定。

2)回弹法测强的影响因素

(1)原材料。

回弹法测定的是混凝土表面硬度,这主要与混凝土强度有关。强度等级相对较低,则混凝土构件中骨料使用的粒径越大,混凝土的表面硬度就会高。相反,对于高强度等级的混凝土,骨料粒径小,与水泥浆之间相互黏结面积增加,能够保证黏结的强度。在同一龄期下,较大粒径骨料所制作成的混凝土回弹值较大,且不同种类的粗骨料对混凝土回弹值的影响十分明显。泵送混凝土浆体含量高,回弹值偏低,按规范应进行修正。

(2)混凝土养护条件。

从以往标准养护或自然养护混凝土的抗压强度与回弹值的关系研究中可以知道,在相同强度的情况下,自然养护的回弹值高于标准养护的回弹值。主要是标准养护的混凝土含水率高于自然养护混凝土的含水率,从而使标准养护混凝土的回弹值偏低。但两者的差异将随着混凝土强度的提高而减小。

(3)混凝土表面状态。

混凝土的表面状态包括平滑度、成形面、碳化和湿度等情况。

混凝土测试表面的平滑度对回弹法测强有一定的影响。通常规定混凝土粗糙表面采用砂轮磨平,以获得良好的测试效果。

成型构件表面、侧面和底面测得的回弹值是不同的。在混凝土的浇捣表面(指抹光面),因泌水、浆层厚度等原因,测得的回弹值较侧面低(修正值为正值)。混凝土的浇捣底面,由于石子下沉、离析,测得的回弹值较侧面的高(修正值为负值)。测试时,应尽可能以水平方向测试混凝土的侧面,并与试块测试方法相一致。

混凝土碳化和龄期对混凝土的表面硬度有影响。混凝土一旦产生碳化现象后,其表面硬度会逐渐增高,回弹值增大,且碳化深度越大,回弹值越高。一般认为,当龄期相同时,碳化深度与混凝土的等级近乎成反比;当混凝土的等级相同时,碳化深度与混凝土的龄期成正比;当混凝土的强度相同时,回弹值与碳化深度成正比。

混凝土表面的湿度情况及含水率对回弹值有明显的影响。通常,随着混凝土表面湿度的增加,回弹值有所降低。标准养护与蒸汽养护的混凝土湿度大,因而回弹值偏低;而自然养护的混凝土表面比较干燥,实测的回弹值偏高。即在相同强度情况下,干燥表面的回弹值比潮湿表面的回弹值高。

(4)回弹仪测试角度。

如果回弹仪以非水平方向测试混凝土灌筑侧面时(图8-1),回弹值应按下式换算为水平方向测试时的测区平均回弹值:

$$R_m = R_{m\alpha} + \Delta R_\alpha \tag{8-1}$$

式中:R_m为回弹仪水平测试的测区平均回弹值,精确至0.1;$R_{m\alpha}$为回弹仪非水平方向测试的测区平均回弹值,精确至0.1;ΔR_α为回弹仪弹击时的倾斜角度α不同时的回弹值修正值,可按相关规程查得。

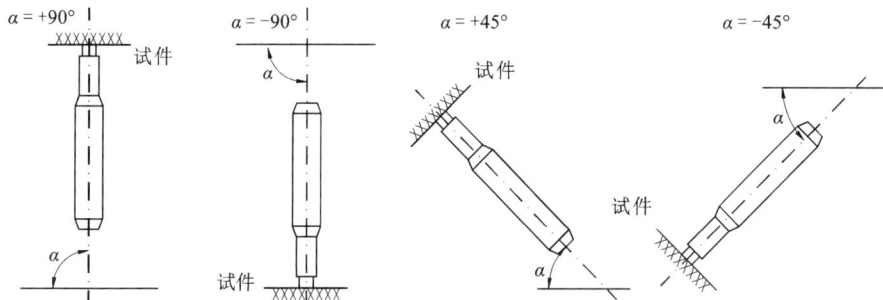

图8-1 测试角度示意图

(5)混凝土不同浇筑面。

当回弹仪水平方向测试混凝土捣制表面或底面时,应将捣制面或底面测区经计算处理的平均回弹值R_m^t、R_m^b按下式换算成混凝土捣制侧面的测区平均回弹值:

$$R_m = R_{mt} + \Delta R_t \text{ 或 } R_m = R_{mb} + \Delta R_b \tag{8-2}$$

式中:R_{mt}、R_{mb}为混凝土捣制表面或底面的测区平均回弹值;ΔR_t、ΔR_b为混凝土捣制表面或底面的回弹值修正值,可按相关规程可查得。

3)技术方法

(1)测区选择与回弹测量。

按《回弹法检测混凝土抗压强度技术规程》(JGJ/T 23—2011)规定,取一个构件混凝土作为评定混凝土强度的最小单元,至少取10个测区。测区宜均匀布置在构件的检测面上,两个相邻测区的间距不宜大于2 m,测区的大小宜为20 cm×20 cm,以能容纳16个回弹测点为宜。测区表面应清洁、平整、干燥,尽量选择混凝土浇筑侧面进行水平方向测试,测区应避开外露钢筋和预埋钢板。

测点宜在测区范围内均匀分布，相邻两测点的净距一般不小于 20 mm，测点距构件边缘或外露钢筋、预埋件的距离一般不小于 30 mm，测点应避开气孔和外露石子。同一测点只允许弹击一次，每一测区的两个测试面各弹击 8 个回弹值，如果一个测区只有一个测面，则需弹击 16 个回弹值。检测时，回弹仪的轴线应始终垂直于结构或构件的混凝土检测面，缓慢施压，准确读数，快速复位。

当回弹仪水平方向弹击混凝土浇筑侧面时，应从该测区的 16 个回弹值中剔除 3 个最大值和 3 个最小值，对余下 10 个数据作平均处理：

$$R_m = \frac{1}{10}\sum_{i=1}^{10} R_i \tag{8-3}$$

式中：R_i 为第 i 个测点的回弹值。

当回弹仪非水平方向检测混凝土浇筑侧面时，测得的回弹值应按式(8-1)进行角度修正；当水平方向检测混凝土浇筑顶面或底面时，测得的回弹值应按式(8-2)进行测试面修正；当仪器处于非水平状态，同时测试面又非混凝土的浇筑侧面，则应对测得的回弹值先进行角度修正，再进行顶面或底面修正。

(2)碳化深度测量。

回弹值测量完成后，选取有代表性的位置测量碳化深度，测点不应少于构件测区数量的 30%，且不应少于 3 个。当出现测区碳化深度值极差大于 2.0 mm 时，预示混凝土强度不均匀，要求每一测区测量碳化深度。测量方法见下一小节。

在测区中选取 n 个碳化深度测点，得到相应碳化深度测量值，即可进行平均碳化深度值的计算，公式如下：

$$d_m = \frac{1}{n}\sum_{i=1}^{n} d_i \tag{8-4}$$

式中：d_m 为测区平均碳化深度值，mm，精确至 0.25 mm；d_i 为第 i 个测点的混凝土碳化深度测量值，mm；n 为测区碳化深度测量点数。

根据测区混凝土碳化深度值按规范确定混凝土强度。

(3)回弹测强曲线。

在进行测区强度换算时，要用到测强曲线。回弹法测定结构混凝土强度的基本依据就是回弹值与混凝土抗压强度之间的相关性。这种相关性可用相关曲线(或公式)表示，通常称为测强曲线。目前国内基准测强曲线有统一曲线、地区曲线、专用曲线，详见表 8-1。应用最广泛的是采用回弹值和碳化深度两个指标按全国统一曲线来推定混凝土强度。

表 8-1　回弹法测强曲线

名称	统一曲线	地区曲线	专用曲线
定义	由全国具有代表性的材料、成型、养护工艺配置的混凝土试块，通过大量的破损与非破损试验所建立的曲线	由本地区具有代表性的材料、成型、养护工艺配置的混凝土试块，通过较多的破损与非破损试验所建立的曲线	由与构件混凝土相同的材料、成型、养护工艺配置的混凝土试块，通过一定数量的破损与非破损试验所建立的曲线

续表 8-1

名称	统一曲线	地区曲线	专用曲线
适用范围	适用于无地区曲线或专用曲线检测符合规定条件的构件或结构混凝土强度	适用于无专用曲线时检测符合规定条件的构件或结构混凝土强度	适用于检测与该构件相同条件的混凝土强度
误差	测强曲线平均相对误差≤±15%，相对标准差≤18%	测强曲线平均相对误差≤±14%，相对标准差≤17%	测强曲线平均相对误差≤±12%，相对标准差≤14%

（4）混凝土强度计算。

根据实测各个测区的回弹均值 R_m 和平均碳化深度 d_m，利用《回弹法检测混凝土抗压强度技术规程》（JGJ/T 23—2011）附录 A（全国统一测强曲线）查表得到结构或构件各个测区的混凝土强度换算值。

规程 JGJ/T 23—2011 规定：用回弹法检测混凝土强度时，除给出强度推定值外，对于测区数小于 10 个的构件，还要给出平均强度值测区最小强度值；测区数大于或等于 10 个的构件，还要给出标准差。

结构或构件混凝土强度平均值可根据各地区的混凝土强度换算值计算，当测区数大于或等于 10 个构件时，应给出计算强度标准差，即

$$m_{f_{cu}^c} = \frac{\sum_{i=1}^{n} f_{cu,i}^c}{n} \tag{8-5}$$

$$S_{f_{cu}^c} = \sqrt{\frac{\sum_{i=1}^{n} (f_{cu,i}^c)^2 - n(m_{f_{cu}^c})^2}{n-1}} \tag{8-6}$$

式中：$m_{f_{cu}^c}$ 为结构或构件测区混凝土强度换算值的平均值，精确至 0.1 MPa；n 为对于单个检测构件，取一个构件的测区数；对于批量检测的构件，取被抽检构件测区数之和；$S_{f_{cu}^c}$ 为结构或构件测区混凝土强度换算值的标准差，精确至 0.1 MPa。

结构或构件混凝土强度推定值 $f_{cu,e}$ 是指相应于强度换算值总体分布中，保证率不低于95%的结构或构件中的混凝土抗压强度值，按下列公式确定。

①当该结构或构件测区数少于 10 个时：

$$f_{cu,e} = f_{cu,min}^c \tag{8-7}$$

式中：$f_{cu,min}^c$ 为结构或构件测区混凝土强度换算值的最小值。

②当该结构或构件测区混凝土强度值中出现了小于 10.0 MPa 时，$f_{cu,e} < 10.0$ MPa。

③当该结构或构件测区数不少于 10 个或按批量检测时，应按下式计算：

$$f_{cu,e} = m_{f_{cu}^c} - 1.645 S_{f_{cu}^c} \tag{8-8}$$

对于按批量检测的构件，当该批构件混凝土强度标准差出现下列情况之一时，则该批构件应按照单个构件的要求进行全部检测。

①当该批构件混凝土强度平均值小于 25 MPa，且 $S_{f_{cu}^c} > 4.5$ MPa 时。

②当该批构件混凝土强度平均值不小于 25 MPa 且不大于 60 MPa，$S_{f_{cu}^c} > 5.5$ MPa 时。

3. 超声回弹综合法

1) 基本原理

超声波法和回弹法都是以材料的应力应变行为与强度的关系为依据的检测方法。其中，超声速度不仅反映材料的弹性性质，还反映了材料内部构造的某些信息；回弹法一方面反映材料的弹性性质，另一方面在一定程度上也反映了材料的塑性性质，但它只能确切反映混凝土表层(3 cm 左右)的状态。因此，超声回弹综合法作为两者的综合，不仅能反映混凝土的弹性、塑性，还能反映混凝土表层的状态和内部的构造，能较确切地反映混凝土的强度。通过大量实践也证明了声速 v 和回弹值 R 合理综合后，能消除原来影响 f-v 和 f-R 关系的许多因素影响。如水泥品种、试件含水量及碳化等，一定程度上不再像原来单一指标时显著，使得综合的 f-R-v 关系具备更广的适应性和更高的精度，使不同条件的修正大为简化。

2) 技术方法

对于遭受冻伤、化学腐蚀、火灾、高温损伤的混凝土，及环境温度低于-4 ℃或高于60 ℃的情况下，超声回弹综合法一般不宜使用；凡是不宜进行回弹或超声单一参数检测的工程，综合法也不宜使用；若必须使用时，应作为特殊问题研究解决。

(1) 测区选择。

超声回弹综合法所用仪器是超声波检测仪和回弹仪，应完全满足回弹及超声单一参数检测时对仪器的各项要求。所推算的强度相当于结构或构件混凝土制成边长为 150 mm 的立方体试块的强度。因此，一个测区相当于一个试块。在构件上测区应均匀分布，测试面宜布置在浇筑的对侧面，避免钢筋密集区及预埋铁件处，测试面应清洁、平整，无蜂窝、麻面和饰面层，必要时可用砂轮片清除浮浆、油污等杂物，或磨去不平整的模板印痕。

测区数量的选择分两种情况：

按单个构件检测时，测区数应不少于 10 个，间距小于 2 m，均匀分布；尽量选两浇筑侧面，定位准确，避开钢筋；对混凝土表面要进行处理，保证良好耦合。若构件长度不足 2 m，测区数可适当减少，但最少不得少于 3 个。

按批检测时，可将构件种类和施工状态相同，强度等级相同，原材料、配合比、施工工艺及龄期相同的构件或施工流程中同一施工段的结构作为一批。同一批的构件抽样数量应不少于同批构件总数的 30%，而且不少于 4 个，每个构件上测区数不少于 10 个。按批抽检的构件，全部测区推算的强度值标准差 $S_{f_{cu}^c}$ 出现下列情况：混凝土强度等级≤C20、$S_{f_{cu}^c}$>4.5 MPa，或混凝土强度等级≥C25、$S_{f_{cu}^c}$>5.5 MPa 时，则该批构件应全部按单个构件的规定逐个进行检测。

测区的尺寸为 200 mm×200 mm，每个构件相邻测区的间距不大于 2 m。

(2) 回弹值的测量计算。

测区内回弹值的测量与计算及其修正可参考前述回弹法内容。

(3) 超声值的测量计算。

超声值的测量需采用超声波检测仪。超声波脉冲实质上是超声检测仪的高频电振荡激励压电晶体发出的超声波在介质中的传播。当声波在混凝土中传播时，其纵波波速的平方与混凝土的弹模成正比，与密度成反比，而混凝土的强度又与其密度有关。一般来说，声波在混凝土传播速度越快,其强度越高。

每个测区应在相对测试面上对应布置 3 个测点,并且发射和接收换能器应在同一轴线上。

测区声速计算:

$$v = \frac{l}{t_m} \tag{8-9}$$

式中:v 为测区声速值,km/s,精确至 0.01 km/s;l 为超声波检测距离,mm,精确至 1.0 mm,且测量误差不超过 ±1%;t_m 为测区平均声时值,μs,精确至 0.1 μs,按下式计算。

$$t_m = \frac{t_1 + t_2 + t_3}{3} \tag{8-10}$$

式中:t_1、t_2、t_3 分别为测区中 3 个测点的声时值,μs,精确至 0.1 μs。

当测试面为混凝土的顶面与底面时,由于顶面砂浆较多、强度偏低,底面粗骨料较多、强度偏高,综合起来与成型侧面是有区别的,此外浇筑表面的不平整会使声速偏低,此时应进行声速修正:

$$v_a = 1.034v \tag{8-11}$$

式中:v_a 为修正后的测区声速值,km/s。

经过实验归纳建立混凝土强度与声速的关系曲线(f_{cu}^c-v 曲线)或经验公式,目前常用的相关关系表达式有:

抛物线方程 $\qquad\qquad f_{cu}^c = A + Bv + Cv^2 \tag{8-12}$

幂函数方程 $\qquad\qquad f_{cu}^c = Av^B \tag{8-13}$

指数函数方程 $\qquad\qquad f_{cu}^c = Ae^{Bv} \tag{8-14}$

式中:f_{cu}^c 为混凝土抗压强度换算值;v 为超声波在混凝土中的传播速度;A、B、C 为经验系数。

根据试验测得的声速,可按 f_{cu}^c-v 曲线求得混凝土的强度换算值。

(4)f-R-v 关系曲线。

结构或构件的每一个测区的混凝土强度,是根据该测区实测并经必要修正的超声波声速值 v 和回弹平均值 R,按事先建立的 f-R-v 关系曲线推算出来的,因此必须建立可靠的 f-R-v 关系曲线。

f-R-v 关系曲线可分为专用曲线、地区曲线和通用曲线三种,三者的区别见表 8-2。

表 8-2　三种 f-R-v 关系曲线比较

种　类	针对对象	特点
专用曲线	某一工程或企业的原材料条件和施工特点	针对性强,与实际情况较吻合,推算误差较小
地区曲线	某一地区(省、市、县等)的具体情况	覆盖面较宽,影响因素较多,推算误差较高
通用曲线	收集全国大量试验数据的回归结果	影响因素复杂,误差较大

曲线制定时,多采用专用曲线或本地曲线,通用曲线使用时必须慎重,一般应按规定验证后才能使用。常用的水泥、粗骨料、细骨料按最佳配合比配制强度为 C10~C50 级的混凝

土，并制成边长为 150 mm 的立方体试块，按龄期 7 天、14 天、28 天、60 天、90 天、180 天、365 天进行回弹、超声及抗压强度测试。每一龄期每组试块需 3 个（或6 个），每种强度等级的试块不少于 30 块，并应在同一天内成型。测定声时值时，测点的布置如图 8-2 所示，测定方法按超声波法进行。测定回弹值时，应首先将试块放在压力机上，用 30~80 kN 压紧力固定；然后在两相对面上各弹击 8 个点，并计算回弹平均值；最后加载至破坏，得出强度值。

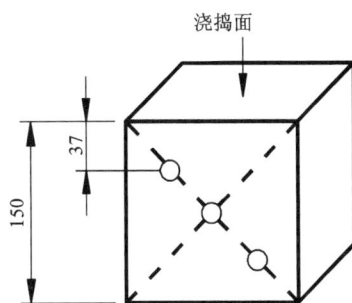

图 8-2　试块上测点的布置（mm）

将测得的声速 v 和回弹值 R 及强度 f 汇总后进行分析，并计算其标准差。在回归分析时，应选择多种方式进行拟合计算，择其相关系数最大者作为曲线方程。试验证明，下式为最常见的方程形式。

$$f = Av^B R^D \tag{8-15}$$

式中：f 为强度；v 为声速；R 为回弹值；A、B、D 为拟合系数。

相对标准误差按下式计算：

$$S_r = \sqrt{\dfrac{\sum\limits_{i=1}^{n}\left(\dfrac{f_i - f_{ci}}{f_{ci}}\right)^2}{n-1}} \times 100\% \tag{8-16}$$

式中：S_r 为相对标准误差；f_i 为试块的实测强度；f_{ci} 为同一试块按回归方程的推算强度；n 为试块数。

地区测强曲线 $S_r \leq 14.0\%$；专用测强曲线 $S_r \leq 12.0\%$。并经专门机构审定后才能应用于工程现场检测。

（5）混凝土抗压强度推定。

在选定测区内分别进行超声和回弹测试，得到声速值和回弹值，可优先采用专用测强曲线或地区测强曲线推定混凝土强度。当无专用和地区测强曲线时，按《超声回弹综合法检测混凝土抗压强度技术规程》（T/CECS 02—2020）附录 D 通过验证后，可按该规程附录 C 规定的全国统一测区混凝土抗压强度换算表换算，也可按下列全国统一测区混凝土抗压强度换算公式计算：

当粗骨料为卵石时　　　　$f_{cu,i}^c = 0.0056 v_{ai}^{1.439} R_{ai}^{1.769} \tag{8-17}$

当粗骨料为碎石时　　　　$f_{cu,i}^c = 0.0162 v_{ai}^{1.656} R_{ai}^{1.410} \tag{8-18}$

式中：$f_{cu,i}^c$ 为第 i 个测区混凝土抗压强度换算值，MPa，精确至 0.1 MPa；v_{ai} 为第 i 个测区修正后的超声声速，km/s，精确至 0.01 km/s；R_{ai} 为第 i 个测区修正后的回弹值，精确至 0.1。

当结构或构件所采用的材料及其龄期与指定测强曲线所采用的材料及其龄期有较大差异时，应采用同条件立方体试件或从结构（或构件）测区中钻取的混凝土芯样试件的抗压强度进行修正。试件数量不应少于 4 个。此时采用式（8-17）和式（8-18）计算的测区混凝土抗压强度换算值应乘以下修正系数 η。

采用同条件立方体试件修正时：

$$\eta = \frac{1}{n}\sum_{i=1}^{n}\frac{f_{cor,i}^0}{f_{cu,i}^c} \tag{8-19}$$

采用混凝土芯样试件修正时：

$$\eta = \frac{1}{n} \sum_{i=1}^{n} \frac{f_{cor,i}^{0}}{f_{cu,i}^{c}} \tag{8-20}$$

式中：η 为修正系数，精确至小数点后两位；$f_{cu,i}^{c}$ 为对应于第 i 个立方体试件或芯样试件的混凝土抗压强度换算值，MPa，精确至 0.1 MPa；$f_{cu,i}^{0}$ 为第 i 个混凝土立方体试件的抗压强度实测值，MPa，精确至 0.1 MPa；$f_{cor,i}^{0}$ 为第 i 个混凝土芯样试件的抗压强度实测值，MPa，精确至 0.1 MPa；n 为试件数量。

结构或构件混凝土强度的推定与上述回弹法中规定的混凝土强度计算相同。

与单一的回弹法或超声波法相比，超声回弹综合法有以下优点：

①弥补相互间的不足。回弹值主要以表层混凝土的弹性性质来反映混凝土强度，当构件截面尺寸较大或内外质量有较大差异时，就很难反映混凝土的实际强度。超声声速主要反映结构材料的弹性性质和材料内部的信息，但对于强度较高（>35 MPa 时）的混凝土，其 f_{cu}^{c}-v 相关性较差。因此，采用超声回弹综合法测试混凝土强度，可以内外结合，相互弥补各自的不足，能够较准确地反映混凝土的实际强度信息。

②减少混凝土龄期和含水率对测试的影响。混凝土龄期长，超声波声速变化不明显，而回弹值则因混凝土碳化程度增大而增大；混凝土含水率大，超声波声速偏高而回弹值偏小。因此，两者综合起来可以部分减少龄期和含水率对测试的影响。

③提高测试精度。由于综合法减少了一些因素的影响程度，较为全面地反映了混凝土的整体质量，所以对提高测试精度具有明显效果。

4. 钻芯法

从混凝土结构中直接钻取芯样，对芯样加工后进行抗压强度试验，是一种直观可靠的检测混凝土强度的试验方法，但对构件损失较大且成本较高。钻芯取样的设备主要包括钻取芯样的钻芯机、加工芯样符合试验尺寸要求的锯切机、加工芯端面保证平整的研磨机和探测钢筋位置的磁感仪、雷达等。

芯样试件的混凝土强度换算值是指将芯样实测强度换算成 150 mm 立方体试件的抗压强度值，采用下式计算：

$$f_{cu}^{c} = \alpha \frac{4F}{\pi d^2} \tag{8-21}$$

式中：f_{cu}^{c} 为芯样试件混凝土圆柱体抗压强度，MPa，精确至 0.1 MPa；F 为极限荷载，N；d 为芯样试件的平均直径，mm；α 为不同高径比的芯样试件抗压强度修正系数，按表 8-3 采用。

表 8-3　高径比强度修正系数

高径比(h/d)	1.0	1.1	1.2	1.3	1.4	1.5	1.6	1.7	1.8	1.9	2.0
系数 α	1.00	1.04	1.07	1.10	1.8	1.15	1.17	1.19	1.21	1.22	1.24

直径为 100 mm 或 150 mm 的芯样试验值可直接作为其强度换算值。单个构件或其层部区域，芯样强度换算值中的最小值为其代表值。

对于现场采用的非标准试件(高径比不为 2),则应根据交通部行业标准《公路工程水泥及水泥混凝土试验规程》(JTG 3420—2020)有关规定进行修正。

混凝土抗压强度要求同龄期者为 1 组,每组为 3 个同条件制作和养护的混凝土试块。以 3 个试件的算术平均值作为测定值,3 个测值中的最大值或最小值有一个值与中间值之差超过中间值的 15%,则取中间值为测定值;如果最大值和最小值与中间值之差均超过中间值的 15%,则该组试件无效。

由于混凝土的抗压强度与其含水量大不同而有所差异,按照交通部《公路工程水泥及水泥混凝土试验规程》(JTG 3420—2020)的要求,试件应保持结构原有的湿度进行试验;但取芯时要用水对钻芯机钻头进行冷却,芯样取出后的湿度已不可能与原结构的状态相同,故应参照中国工程建设标准化协会标准《钻芯法检测混凝土强度技术规程》(JGJ/T 384—2016)的有关规定进行处理。预应力混凝土结构,考虑到结构的安全性,一般应避免进行钻芯取样。

5.拔出法

拔出法是一种微破损检测方法,需在硬化混凝土表面进行钻孔、磨槽,并嵌入锚固件。在进行拔出试验时,通过测定极限拔出力,并根据预先建立的拔出力与立方体抗压强度之间的相关关系曲线来确定混凝土的抗压强度。拔出法有两种实施方式:一是在浇筑混凝土时预先埋入锚固件,待混凝土硬化后进行拔出试验,称为预埋拔出法;二是在硬化的混凝土构件上嵌入锚固件后进行拔出试验。

在使用拔出法测试单个构件时,应在构件上均匀布置 3 个测点。如果 3 个拔出力中的最大拔出力和最小拔出力与中间值之差均小于中间值的 15%,则布置 3 个测点即可;如果最大拔出力或最小拔出力与中间值之差大于中间值的 15% 时,应在最小拔出力测点附近再加测 2 个测点。

在批量检测同批构件时,抽检数量应不少于同批构件总数的 30%,且不少于 10 件,每个构件不应少于 3 个测点。测点应该布置在构件混凝土成型的侧面;如果无法满足该要求,可将测点布置在混凝土成型的表面或底面。目前国内拔出法混凝土强度换算值根据一元回归直线测强曲线方程进行计算:

$$f_{cu}^c = aF + b \tag{8-22}$$

式中:f_{cu}^c 为测点混凝土强度换算值,MPa,精确至 0.1 MPa;F 为测点拔出力,kN,精确至 0.1 kN;a、b 为回归系数。

8.3　混凝土检测

8.3.1　混凝土碳化深度检测

钢筋混凝土结构物中,钢筋处于混凝土的碱性保护之中,混凝土碳化深度一旦到达钢筋,钢筋就失去保护。当外部条件成熟,就会发生锈蚀,因此检测混凝土碳化深度对判断钢筋状态是很重要的。

目前，常用的混凝土碳化深度检测方法有：酚酞指示剂法、热分析法、X 射线物相分析法和红外光谱法等。下面以酚酞指示剂法为例进行介绍。

酚酞指示剂法是碳化深度的传统测量方法，通过酚酞遇碱变红的原理来确定里面物质的碳化情况，但对于部分碳化区酚酞难以判断。

水泥水化后的产物为氢氧化钙、水化硅酸钙、水化氯酸钙、水化硫铝酸钙等，它们稳定存在的 pH 分别为 12.23、10.4、11.43、10.17。混凝土的孔隙水为氢氧化钙饱和液，其 pH 为 8~12，呈强碱性。碳化后混凝土中的碱性物质被消耗，pH 降低为 8.5~9.0。1%~3% 酚酞指示剂在 pH>9.0 的溶液里显红色，当 pH<9.0 时，为无色。

国家标准选用 1%~2% 的酚酞指示剂作为标准试验方法，在于其简单、方便、快捷。

8.3.2　混凝土缺陷检测

混凝土构件中常见的缺损有裂缝、碎裂、剥落、层离、蜂窝、空洞、腐蚀和钢筋锈蚀等。这些缺陷和损伤往往会严重影响结构的承载能力和耐久性，是桥梁养护工作中必须检测的项目。

1. 裂缝宽度的检测

裂缝宽度测试要求裂缝宽度测试仪器的读数精度优于 0.02 mm，测位处混凝土表面应清洁、平整，裂缝内部不应有灰尘或泥浆，宜选择裂缝张开状态下检测。一条连续裂缝上宜布置 2 个以上裂缝宽度测位，在裂缝分布图中标注检测部位和最大裂缝宽度部位。

裂缝宽度宜采用裂缝读数显微镜或裂缝宽度测试仪器检测，现有的裂缝宽度的测量方法主要分四类：

1) 塞尺或裂缝宽度对比卡法

用一组具有不同标准厚度的塞尺进行试插，刚好插入裂缝的塞尺厚度即裂缝宽度；或用印刷有不同宽度线条的裂缝标准宽度板(裂缝卡)与裂缝对比测量。这两种方法简单，但只能用于粗测，测试精度低。

2) 裂缝显微镜法

它是光学透镜与游标刻度等组成的复合仪器，具有一定放大倍数，可直接观测裂缝宽度，读数精度一般为 0.02~0.05 mm，但需要人工近距离调节焦距并读数和记录，有些还需另配光源，测试速度慢，测试工作的劳动强度大，而且有较大的人为读数误差。裂缝显微镜方法是目前裂缝测试的主要方法。

3) 图像显示人工判读的裂缝宽度测试法

近年内市场上有通过摄像头拍摄裂缝图像并放大显示在显示屏上，然后依据屏幕上的刻度尺，人工读取裂缝宽度的裂缝测试仪器。这种测试仪避免了裂缝显微镜必须近距离调节焦距的要求，降低了裂缝测试的劳动强度，但仍需人工估测和记录宽度，因此必然存在人工读数时的误差。

4) 图像显示自动判读的裂缝宽度测试法

该法采用图像显示自动判读裂缝宽度，最大特点是对裂缝宽度的自动判读，即通过摄像头拍摄裂缝图像并放大显示在显示屏上，然后对裂缝图像进行图像处理和识别，执行特定的算法程序自动判读出裂缝宽度，并具备显示、记录和存储功能。该法测试实时、快速、准确，代表了裂缝宽度测量法的发展方向。

2. 裂缝深度的检测

对于技术条件相同(指混凝土原材料、配合比、龄期和测试距离一致)的混凝土来说，声速越高则混凝土越密实，当有空洞、蜂窝、松散、裂缝等缺陷存在时，混凝土的整体性就会被破坏。采用超声波可以检测混凝土缺陷，即利用超声波在技术条件相同的混凝土中传播的时间(或速度)、接收波的波幅和频率等声学参数的变化来判定混凝土的缺陷。当混凝土内部无缺陷时，波幅衰减较小，声速较大，主频较高，且各测点之间的波形基本一致；若混凝土内部存在缺陷，超声脉冲波通过缺陷界面会发生衍射，传播路程会增大，传播的声速要比相同材质混凝土的传播声速小，声时会延长；其次，在缺陷界面超声波的声能被吸收衰减，接收信号的波幅会明显降低，频率也会减小。

超声波法用于检测混凝土裂缝的深度时，裂缝中应没有积水和其他能够传声的杂物，且裂缝附近混凝土相当匀质。

开口垂直裂缝检测分为如下两种情况。

1) 构件断面不大、且可对测情况

①在两个测面上等距布置测点，用对测法逐点测出声时值，如图 8-3(a)所示。

②绘制测点声时与距离的关系曲线，如图 8-3(b)所示。曲线 A 段为裂缝深度所在区域，对这一区域再采用加密测点的方法即可准确地确定裂缝深度 H。

③当两探头连线与裂缝平面相交时，随着探头移动，声时逐渐由长变短，未相交时声时不变。实际测量时只要有三个不变声时点，即认为声时稳定。

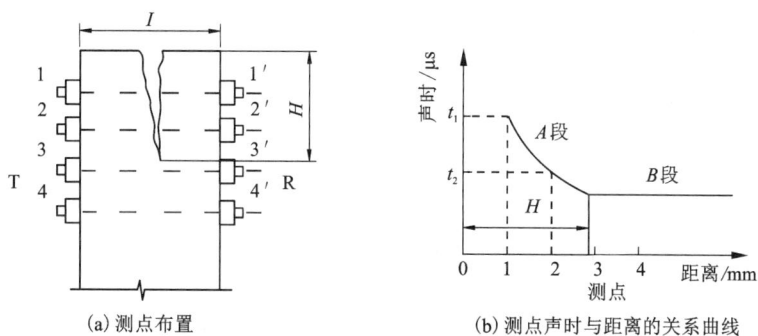

(a)测点布置　　　　　　(b)测点声时与距离的关系曲线

图 8-3　开口垂直裂缝的对测法探测

2) 构件断面很大、不可对测情况

只有一个可测面，无法在侧面用对测法检测时，可用平测法、斜测法或表面波法检测裂缝的深度，一般分为两种情况：

(1)浅裂缝检测。

结构表层开裂深度不大于 500 mm 的裂缝，宜采用单面平测法或双面穿透斜测法进行检测。检测时应在裂缝的被测部位以不同的测距，按跨缝和不跨缝布置测点（避开钢筋）。

①不跨缝的平测声时测量。

如图 8-4 所示，将仪器的发射换能器 T 和接收换能器 R 置于裂缝附近同一侧，并将 T 耦合好保持不动，以 T、R 两个换能器内边缘间距 l'_i 为 100 mm、150 mm、200 mm 等，依次移动 R 并读取相应的声时值 t_i。以 l' 为纵轴、t 为横轴绘制"时–距"坐标（图 8-5），或用回归分析的方法求声时与测距之间的回归直线方程：

$$l_i = a + b t_i \tag{8-23}$$

每一个测点的超声实际传播距离 l_i 为：

$$l_i = l'_i + |a| \tag{8-24}$$

式中：l_i 为第 i 点的超声波实际传播距离，mm；l'_i 为第 i 点的 T、R 换能器内边缘间距，mm；a 为"时–距"图中 l' 轴的截距或回归直线方程的常数项，mm。

不跨缝平测的混凝土声速值 v 为：

$$v = (l'_n - l'_1) / (t_n - t_1) \tag{8-25}$$

或

$$v = b \tag{8-26}$$

式中：l'_n、l'_1 分别为第 n 点和第 1 点的测距，mm；t_n、t_1 分别为第 n 点和第 1 点读取的声时值，μs；b 为"时–距"直线的斜率。

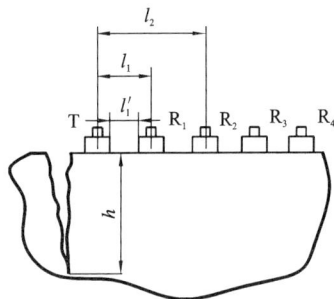

图 8-4 单面平测法不跨缝示意图

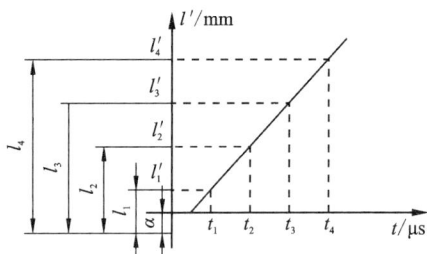

图 8-5 浅裂缝平测"时–距"图

②跨缝的声时测量。

如图 8-6 所示，将仪器的发射换能器 T 和接收换能器 R 以一定的距离对称布置在裂缝两侧，l_i 取 100 mm、150 mm、200 mm 等，分别读取声时值 t_{ci}，同时观察首波相位的变化。再将换能器以相同距离平置在完好的混凝土表面，测得传播时间 t_i。

③裂缝深度计算公式。

$$h_i = \frac{l_i}{2} \sqrt{(t_{ci} v / l_i)^2 - 1} \tag{8-27}$$

$$h_m = \frac{1}{n} \sum_{i=1}^{n} h_i \tag{8-28}$$

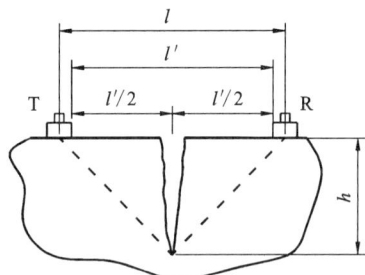

图 8-6 单面平测法跨缝示意图

式中：l_i 为不跨缝平测时第 i 点的超声波实际传播距离，mm；h_i 为以第 i 点计算的裂缝深度，mm；t_{ci} 为第 i 点跨缝平测时的声时值，μs；v 为不跨缝平测的混凝土声速值 m/s；h_m 为各测点计算裂缝深度的平均值，mm；n 为测点数。

④裂缝深度的确定方法。

实验证明，跨缝测量时，首波反相与裂缝深度有关。当在某测距发现首波反相时，可用该测距及两个相邻测距的测量值按式(8-27)计算 h_i 值，取此三点 h_i 的平均值作为该裂缝的深度值 h。

有时候由于钢筋或裂缝中局部连通影响而难以发现首波反相，故以不同测距按式(8-27)、式(8-28)计算 h_i 及其平均值 h_m。将各测距 l_i' 与 h_m 作比较，剔除测距 l_i' 小于 h_m 和大于 $3h_m$ 的数据组，然后取余下 h_i 的平均值，作为该裂缝的深度值 h。

当结构的裂缝部位具有两个相互平行的测试表面时，可采用双面穿透斜测法测点布置，如图 8-7 所示，将 T、R 换能器分别置于两个测试表面对应测点 1、2、3 …的位置，读取相应声时值 t_i、波幅值 A_i 和主频率值 f_i。

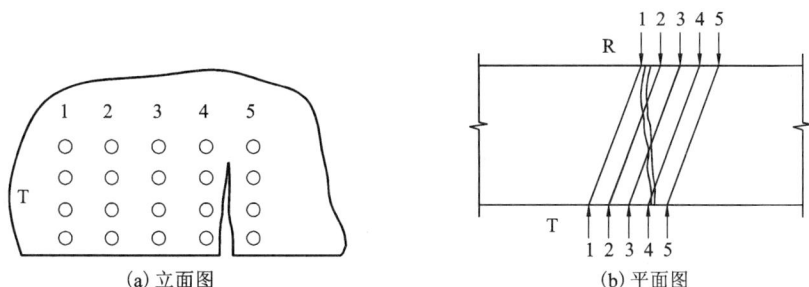

图 8-7　裂缝斜测法示意图

当 T、R 换能器的连线通过裂缝时，由于混凝土的不连续性，超声波在裂缝界面上产生很大衰减，接收到的首波信号微弱，其波幅和频率与不过缝的测点值有很大差异。对比各测点信号，根据波幅、声时和主频率的突变，可以判定裂缝的深度以及是否在所处平面方向贯通。斜测法检测裂缝深度具有直观、可靠的特点，若条件许可宜优先选用。

(2)深裂缝检测。

结构表层开裂深度超过 500 mm，一般发生在大体积混凝土中，可采用钻孔对测法。

被测混凝土应允许在裂缝两旁钻测试孔，裂缝中不应有水或泥浆。如图 8-8 所示，在裂

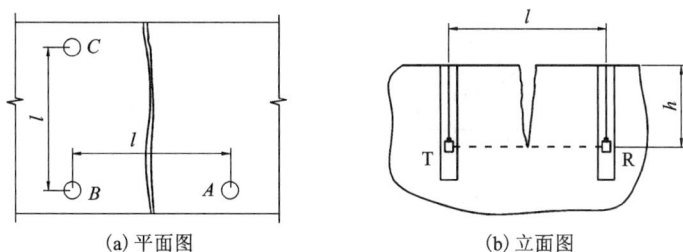

图 8-8　深裂缝钻孔检测示意图

缝两侧分别钻测试孔 A、B，测试无裂缝混凝土的声学参数，并在裂缝一侧多钻一个孔距相同但较浅的孔 C，供对比判别之用。A、B 两个测试孔必须始终位于裂缝两侧，其轴线应保持平行；两个对应测试孔的间距宜为 2 m，同一检测对象各对应测试孔间距应保持相同；孔径应比所用换能器的直径大 5~10 mm，孔深应比被测裂缝的预计深度深 700 mm，经测试，如浅于裂缝深度，则应加深钻孔。

　　裂缝检测应选用频率为 20~60 kHz 的径向振动式换能器，并在其接线上做出等距离标志（一般间隔 100~400 mm）。测试前先向测试孔中注满清水，作为耦合介质，并检查是否有漏水现象，如果漏水较快，说明该测试孔与裂缝相交，此孔不能用于测试。经检查测试孔不漏水，可将 T、R 换能器分别置于裂缝同侧点 B、C 孔中，以相同高度等间距地同步向下移动，并读取相应的声时和波幅值。再将两个换能器分别置于裂缝两侧对应的 A、B 测试孔中，以同样方法同步移动两个换能器，逐点读取声时、波幅和换能器所处的深度。换能器每次移动的间距一般为 100~300 mm，当初步查明裂缝的大致深度时，为便于准确判定裂缝深度，当换能器位于裂缝末端附近时，移动的间距应减小。绘制换能器的深度和对应波幅值的 $h\text{-}A$ 坐标图（图 8-9）。从图中可以看出，波幅值随换能器下降深度越大逐渐增大，当波幅达到最大并基本稳定时，该位置所对应的深度即为裂缝深度值。

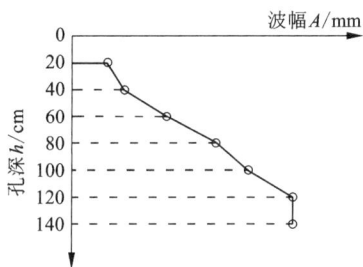

图 8-9　裂缝深度和波幅的 $h\text{-}A$ 坐标图

3. 内部缺陷检测

　　超声波法检测混凝土内部的不密实区域或空洞是根据各测点的声时、波幅、频率值、波形的相对变化，确定异常点的位置，从而判断缺陷的范围。

1）平面对测

　　当结构被测部位具有两对互相平行的测面时可采用对测法，其测试方法如图 8-10 所示。在测区的两对相互平行的测试面上，分别画出间距为 200~300 mm 的网格，并编号确定对应的测点位置。

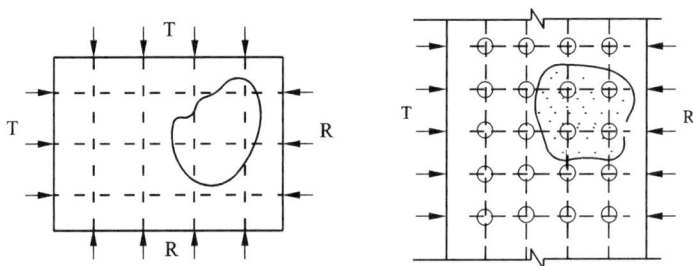

图 8-10　对测法换能器布置图

2）平面斜测

　　当结构的裂缝部位只有一对相互平行的测试面时可采用斜测法，即在测区的两个相互平行的测试面上，分别画出交叉测试的两组测点位置，测点布置如图 8-11 所示。

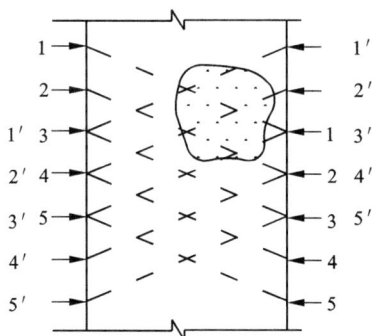

图 8-11　斜测法换能器布置立面图

3）钻孔测法

当结构的测试距离较大时，为了提高测试灵敏度，可在测区适当位置钻出平行于侧面的测试孔，测孔直径为 45~50 mm，深度视测试需要而定。结构侧面采用厚度振动式换能器，用黄油耦合；测孔中采用径向振动式换能器，用水耦合。换能器布置如图 8-12 所示。

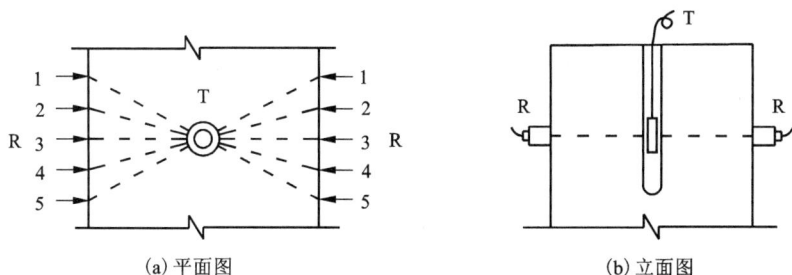

(a) 平面图　　　　　　　　　　(b) 立面图

图 8-12　钻孔测法换能器布置图

4）数据处理和判定

测试时，记录每一测点的声时、波幅、频率和测距，当某些测点出现声时延长，声能被吸收和散射，波幅降低，高频部分明显衰减等异常情况时，通过对比同条件混凝土的声学参数，可确定混凝土内部存在的不密实区域和空洞范围。

测区混凝土声时（或声速）、波幅、频率测量值的平均值 m_x 和标准差 s_x 按下式计算：

$$m_x = \frac{1}{n} \sum_{i=1}^{n} X_i \tag{8-29}$$

$$s_x = \sqrt{\left(\sum_{i=1}^{n} X_i^2 - n m_x^2 \right) / (n-1)} \tag{8-30}$$

式中：X_i 为第 i 点的声时（或声速）、波幅、频率的测量值；n 为一个测区参与统计的测点数。

测区中的数据需判别是否异常，若异常，可结合异常测点的分布及波形状况确定混凝土内部存在不密实区的空洞的范围。当判断是空洞时，如被测部位只有一对可供测试的表面，如图8-13所示，其尺寸可按下式计算：

$$r = \frac{l}{2}\sqrt{\left(\frac{t_h}{t_{ma}}\right)^2 - 1} \qquad (8\text{-}31)$$

式中：r 为空洞半径，mm；l 为 T、R 换能器之间的距离，mm；t_h 为缺陷处的最大声时值，μs；t_{ma} 为无缺陷区的平均声时值，μs。

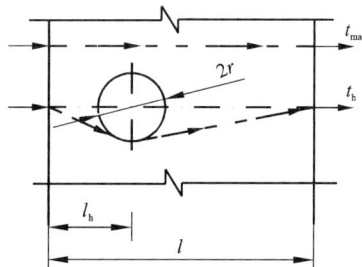

图8-13　空洞尺寸估算示意图

4. 表面损伤检测

表面损伤检测适用于由冻害、高温或化学侵蚀等所引起的混凝土表面损伤厚度检测。检测宜选用频率较低的厚度振动式换能器，采用平测法检测，根据结构的损伤情况和外观质量选取有代表性的部位布置测区，被测表面应平整并处于自然干燥状态，且无接缝和饰面层，测点布置时应避免 T、R 换能器的连线方向与附近主钢筋的轴线平行。平测法换能器布置如图8-14所示。

测试时 T 换能器应耦合好保持不动，然后将 R 换能器依次耦合在测点1、2、3…位置上，读取相应的声时值 t_1、t_2、t_3…，并测量每次 R、T 换能器之间的距离 l_1、l_2、l_3…。R 换能器每次移动的距离不宜大于100 mm，每一测区的测点数不得少于5个。当结构的损伤层厚度不均匀时，应适当增加测区数。

以各测点的声时值 t_i 和相应测距值 l_i 绘制损伤层检测"时-距"图，如图8-15所示。由于混凝土损伤后使声波传播速度发生变化，因此"时-距"坐标图上出现转折点，然后按下式计算出损伤层混凝土声速 v_f 或未损伤混凝土的声速 v_a 以及损伤层厚度 d_f：

$$v_f = \cot\alpha = \frac{l_2 - l_1}{t_2 - t_1} \qquad (8\text{-}32)$$

$$v_a = \cot\beta = \frac{l_5 - l_3}{t_5 - t_3} \qquad (8\text{-}33)$$

$$d_f = \frac{l_0}{2}\sqrt{\frac{v_a - v_f}{v_a + v_f}} \qquad (8\text{-}34)$$

式中：v_f 为损伤层混凝土声速，km/s；v_a 为未损伤混凝土声速，km/s；l_1、l_2、l_3、l_5 分别为拐点前后和各测点的测距，mm；t_1、t_2、t_3、t_5 为相对于测点的声时，μs；d_f 为损伤层厚度，mm；l_0 为声速产生突变时的测距，mm。

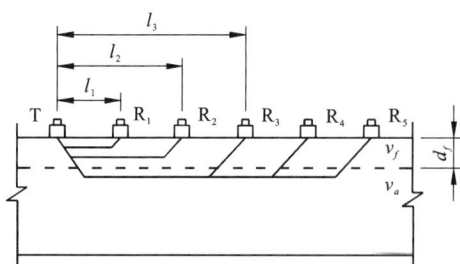

图8-14　损伤层平测法换能器布置

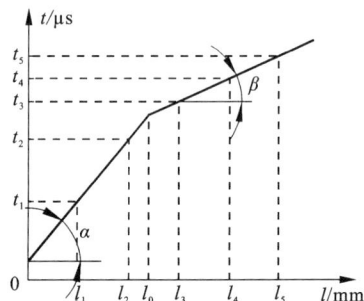

图8-15　损伤层检测"时-距"图

8.3.3 钢筋状况检测

混凝土内部钢筋状况检测主要包括混凝土内部钢筋位置及混凝土保护层厚度、钢筋直径及数量、钢筋锈蚀等项目的检测。

1. 钢筋位置、直径和数量及混凝土保护层厚度

对混凝土结构进行施工质量诊断及可靠性鉴定时，需要确定钢筋位置、布筋情况、混凝土保护层厚度和钢筋直径。采用钻芯法检测混凝土强度时，为了避开钢筋，也需要进行钢筋位置检测。

在这种检测过程中，可以采用钢筋位置测定仪，利用电磁感应原理进行检测。电磁场强度的变化和金属物大小与探头距离之间存在一定对应关系。将特定大小的钢筋和所要调查的材料进行适当标定后，通过探头测量并由仪表显示出这种对应关系，就可以估测混凝土中钢筋的位置、保护层厚度及钢筋的直径。

通过在构件表面平行移动测定仪，可以找到仪器数值显示最小的位置，传感器正下方即可得到所测钢筋位置。然后将传感器在原处左右转动一定角度，仪器显示最小值时，探头长轴线方向即为钢筋走向，画出钢筋位置与走向。将探头置于钢筋所在位置正上方，并左右轻微移动，仪器显示的最小值即为该处保护层厚度。需要注意的是，每一测点宜读取 2~3 次稳定读数，取其均值，精确至 1 mm，并避免在钢筋交叉位置进行测量。对于缺少资料且无法确定钢筋直径的构件，应先测量钢筋直径。

2. 钢筋锈蚀

混凝土中钢筋锈蚀是一个电化学过程，钢筋因锈蚀而在表面存在腐蚀电流，使电位发生变化。因此，可采用钢筋锈蚀测量仪测量钢筋表面与探头之间的电位差，将钢筋锈蚀发生的概率与电位之间建立一定的关系，由电位高低的变化规律，可以判断钢筋锈蚀的可能性及其锈蚀程度。钢筋腐蚀电位与钢筋腐蚀状况判别见表 8-4。

表 8-4 钢筋腐蚀电位与钢筋腐蚀状况判别

序 号	电位水平/mV	钢筋锈蚀状况判别
1	−500~−350	钢筋发生锈蚀的概率为 95%
2	−350~−200	钢筋发生锈蚀的概率为 50%，可能存在坑蚀现象
3	高于−200	无锈蚀活动性或锈蚀活动性不确定，锈蚀的概率为 5%

测试范围应包括主要承重构件的主要受力部位，或者根据一般检查结果有迹象表明钢筋可能存在锈蚀的部位，但是测区不应出现明显的锈蚀胀裂、脱空或层离现象。测区应当根据 20 cm×20 cm、30 cm×30 cm、20 cm×10 cm 等尺寸的测试网格进行布置。网格节点作为测点，测点距构件边缘应大于 5 cm，一般不应少于 20 个测点。测试时如果相邻节点的读数超过 150 mV，通常应减小测点间距。测试前，测区需要清除涂料、浮浆、污迹、尘土等，表面要用接触液湿润。同时，在进行测试时，必须使用电表检查结构内部钢筋是否可

靠连接。为了不影响电位差的读数，半电池探头应密接混凝土表面。稳定的测点读数变动不应超过 2 mV。同一测点，使用同一参考电极，重复测读的差异不应超过 10 mV；使用不同参考电极，重复测读的差异不应超过 20 mV。如果不符合读数稳定的要求，需要检查测试系统的各个环节。

8.3.4 索力检测

索力是评价斜拉索、吊杆等构件受力状态的重要指标之一。目前拉索索力的测量方法主要有振动频率法、磁通量法、穿心式压力环法。现场测试主要采用振动频率法进行测试。

1.频率法测试基本原理

根据张力弦振动公式：

$$f=\frac{1}{2L}\sqrt{\frac{\delta}{\rho}}\qquad(8-35)$$

式中：f 为弦的自振频率；L 为弦的长度；ρ 为弦的材料密度；δ 为弦的拉力。

因此，知道了弦的材料及长度以后，通过测量弦的振动频率就可以计算出弦的拉力，可把两端固定且受力均匀的钢索近似当作弦。钢索的拉力 T 和它的基频 f 有以下关系：

$$T=Kf^2\qquad(8-36)$$
$$f=f_n/n\qquad(8-37)$$

式中：T 为钢索拉力，kN；K 为比例系数；f 为钢索自振频率；f_n 为钢索的第 n 阶自振频率；n 为钢索的自振频率的阶数。

在环境激励或强迫激励下，利用加速度传感器拾取拉索的随机振动信号，然后通过频域分析获取索的频谱图，据此识别出索的各阶固有频率，进而测得索力。

2.检测方法

（1）索自振频率的测量。

①拾振器索自振频率的测量：将三个以上加速度传感器布置到索的同一侧的不同位置，采集多个通道的数据，从而尽量避免由于传感器位置引起的频率缺失。通过人工激励或环境激励的方式使拉索发生自由振动，索的加速度信号通过索上固定的加速度传感器转化为电信号，从而得到索振动的时域信号。再对信号进行快速傅里叶变换得到索的功率图谱，各峰值位置对应索的某一阶自振频率。

②索力仪测量：在索体上安装索力仪，直接测量索的频率。该方法以张力弦振动理论为基础，通过测试索力仪中的振弦振动基频而计算索力值，操作更为简单。

（2）索力计算。

服役索索力检测应考虑拉索刚度对索力检测结果的影响。考虑索抗弯刚度影响到索力计算可用如下公式：

$$T=4\,ml^2\frac{f_n^2}{n^2}-\frac{n^2\pi^2}{l^2}EI\qquad(8-38)$$

式中：m 为索的单位质量，kg/m；l 为索的长度，m；EI 为索抗弯刚度。

8.3.5　无损检测新技术

1.光纤传感器的应用

光纤传感器在航空航天领域中已广泛应用,并显示其独特的优越性。光纤传感器体积小、耐腐蚀性强、分辨率高、定位准确、能抗电磁干扰。近些年来,光纤传感器已被应用于土木工程中,通常将传感器直接埋入混凝土材料中,埋入过程和混凝土的浇筑兼容,主要集中于探索混凝土结构完整性的无损评价和内部应力状态的检测。国内将光纤传感器埋入混凝土桥梁或其他建筑物中用于监测内部负载的应力、振动变位等。此外,光纤传感器还可应用于其他材料,美国无损检测评估中心研制了一种光纤橡胶智能支座,把多轴光纤应变传感器装入橡胶支座中,能测竖向力和剪切变形及荷载分布。目前来看,光纤传感器在桥梁结构中的应用层次不高,尚有待进一步发展。

2.无人机的应用

随着航拍、遥感技术产业化程度的飞速发展,无人机成本大幅下降,其在桥梁检测中的应用受到了桥梁养护管理部门的广泛关注。

完整的无人机桥梁检测系统由无人机、数据传输系统、任务荷载系统、地面站系统、分析处理系统等组成。当前民用无人机可分为固定翼无人机、旋翼无人机和扑翼无人机三类,其中,旋翼无人机是利用旋翼快速旋转产生气动力的飞行器,其结构简单,能够完成垂直起降、空中悬停等动作,因此,桥梁检测采用6、8旋翼无人机结构居多。桥梁检测无人机携带的三轴增稳云台、高清摄像机一般置于飞行器上方,航拍用云台一般布置在下方。数据传输系统用于系统控制信号、检测数据的传输。地面站系统则用于实时监控无人机飞行、检查拍摄情况,利于及时纠正飞行轨迹和发现桥梁明显病害。分析处理系统负责对采集的数据进行分析、诊断和量化病害程度,对桥梁实施评估。

无人机在桥梁检查的各阶段均发挥了不同的作用。目前无人机可实现的桥梁检测部位和内容见表8-5。

表 8-5　无人机主要检测部位与内容

检测部位	检测内容
索塔	混凝土蜂窝麻面、露筋、剥落掉块、裂缝、避雷针完好情况
钢桁梁	钢结构高强螺栓是否缺失、锈蚀及其他异常
钢箱梁	焊缝是否开裂,构件是否存在疲劳裂缝
节点板	螺栓是否缺失、锈蚀及其他异常
桥墩	混凝土蜂窝麻面、露筋、剥落掉块及裂缝
缆索	是否锈蚀、涂装是否脱落及其他异常
结构构件	锤击检查结构是否存在内部缺陷
常规检测盲区	其他异常情况

无人机桥梁检测限于现有的技术水平，存在一些瓶颈：

①桥下定位能力。由于桥梁结构的遮挡，尤其是在桥下检测中，易导致无人机 GPS 设备在检测中通信失联，无法收到信号，导航系统瘫痪；桥梁结构的钢筋网架或钢结构产生的强磁场会严重影响无人机磁罗盘性能，导致导航系统的准确性及鲁棒性降低。当前主流解决方案是采用视觉导航技术，以摄像机进行图像采集、计算机为控制站进行图像处理从而得到导航信息。但是由于涉及光学、图像、模式识别等多学科的交叉领域，此技术路径复杂，实现难度较大。

②复杂环境下巡航能力。复杂环境尤其大风条件下，桥梁附近的风场对于无人机桥梁检测易产生较大干扰，不但降低了无人机的检测效率，也增加了无人机碰壁风险。由于现阶段无人机所用锂电池能效较低的限制，解决此类问题的重点在于提升无人机检测效率，如在强风条件下，设置合理的路径规划以降低风场对无人机的影响，其实际效果尚有待进一步检验。

③避障能力。避障能力考验的是无人机对周围环境做出及时反应的能力。复杂的桥梁结构形式，特别是钢桁架桥等空间结构，对无人机桥梁检测的避障能力提出了更高的要求。目前无人机主流的避障手段多采用机载超声波测距技术，即采用全方位超声波传感器测量无人机机架结构与周围物体间的距离。其测量准确性依赖于被测物体方位，对机架平面内的距离虽判断较准，但对平面外距离的估计相对较差，无人机仍存在较大的碰撞风险。

④病害诊断的鲁棒性。通过对采集图像的分析来量化结构损伤程度是无人机桥梁检测的主要任务之一，但是桥址处的复杂环境对无人机稳定性与拍摄光线产生较大干扰，严重影响了图像成像质量，使无人机采集图像的清晰度和图像信息的有效性难以保障。目前，针对低清晰度下裂缝识别问题的最有效方法是通过识别无人机飞行性能指标、风场参数这两大类因素的发现概率，对采集信息进行重组以获得理想的图像质量，但该方法仅处于测试阶段。针对损伤识别误判的概率问题，有学者正在尝试整合影像、激光热成像和红外成像技术，构建混合图像扫描系统来提供多维成像信息，以降低损伤识别误判的概率，但这样会增加无人机的载重负担，导致无人机续航能力下降，降低无人机桥梁检测系统对于长大桥梁的适用性。

攻克无人机的局限性，是目前无人机检测的研究方向。

8.4　静载试验

静载试验是在桥梁结构上施加与设计荷载或使用荷载等效的静态外加荷载，利用检测仪器设备测试桥梁结构控制部位与控制截面的力学效应，从而评定桥梁的使用性能和承载能力的试验方法。静载试验应保证在桥梁结构整体和局部受力安全的情况下，针对结构的内力、应力和位移的控制截面进行试验，典型的控制截面包括支点、跨中、$L/4$ 截面等。静载试验工况应包括中载(横向对称布置)试验工况和偏载试验工况，可通过计算确定试验工况的加载位置及偏载的方向。

8.4.1　试验荷载

静载试验应根据试验目的确定试验控制荷载。当为交(竣)工验收而开展桥梁静载试验时,以设计荷载为控制荷载;否则,以使用荷载或目标荷载为控制荷载。

静力荷载试验可按控制内力、应力或变位等效原则确定。

公路桥梁的交(竣)工验收荷载试验,静力荷载试验效率系数宜介于 0.85~1.05 之间,否则在 0.95~1.05 之间,其效率系数表达式为:

$$\eta_q = \frac{S_e}{S' \cdot (1+\mu)} \tag{8-39}$$

式中:η_q 为静载试验荷载效率系数;S_e 为静载试验荷载作用下,某一加载试验项目对应的加载控制截面内力、应力或变位的最大计算效应值;S' 为检算荷载产生的同一加载控制截面内力、应力或变位的最不利效应计算值;μ 为按规范取用的冲击系数值。

静载试验可采用车辆加载或重物直接加载。采用车辆加载时,试验前应对试验荷载进行标记、称重。采用加载物加载时,应根据加载分级情况,分别编号、称量、记录各级荷载量。

对于公路桥梁荷载试验,常采用三轴载重车辆(图 8-16),同时为了保证桥梁不会发生局部加载破坏或严重开裂,加载车辆轴重不应大于 140 kN,否则须验算桥面板的裂缝宽度和极限承载力。

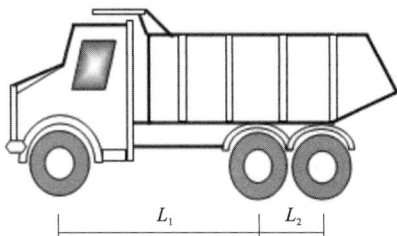

图 8-16　三轴载重车辆

铁路桥梁静力荷载试验效率系数宜介于 0.80~1.05。加载列车一般采用 1 台或 2 台机车带 n 台平板车($n \geq 0$)进行加载,如图 8-17 所示。

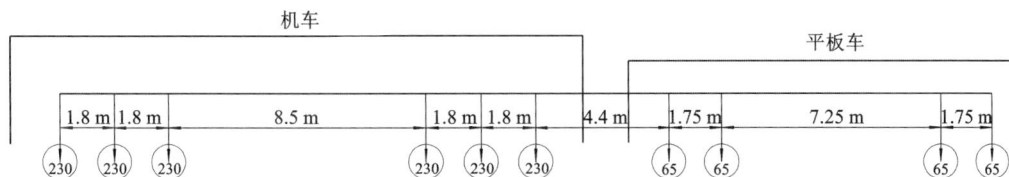

图 8-17　铁路列车车辆加载图示

8.4.2 试验工况

桥梁静载试验应按照桥梁结构的最不利受力原则和代表性原则，确定试验工况及测试截面。选择测试截面时，应按照桥梁结构的内力包络图，并考虑应力分布，按照最不利受力原则选定截面，然后拟定相应的试验工况。常见桥梁静载试验工况及测试截面见表8-6。

表 8-6　桥梁静载试验工况及测试截面

桥梁	试验工况		测试截面
简支梁桥	主要工况	跨中截面主梁最大正弯矩工况	跨中截面
	附加工况	L/4 截面主梁最大正弯矩工况； 支点附近主梁最大剪力工况	L/4 截面； 梁底距支点 h/2 截面内侧向上 45 度斜线与截面形心线相交位置
连续梁桥	主要工况	主跨支点位置最大负弯矩工况； 主跨跨中截面最大正弯矩工况； 边跨主梁最大正弯矩工况	主跨(中)支点截面； 主跨最大弯矩截面； 边跨最大弯矩截面
	附加工况	主跨(中)支点附近主梁最大剪力工况	计算确定具体截面位置
连续刚构桥	主要工况	主跨墩顶截面主梁最大负弯矩工况； 主跨跨中截面主梁最大正弯矩及挠度工况； 边跨主梁最大正弯矩及挠度工况	主跨墩顶截面； 主跨最大正弯矩截面； 边跨最大正弯矩截面
	附加工况	墩顶截面最大剪力工况； 墩顶纵桥向最大水平变形工况	计算确定具体截面位置； 墩顶截面
无铰拱桥	主要工况	拱顶最大正弯矩及挠度工况； 拱脚最大负弯矩工况； 系杆拱桥跨中附近吊杆(索)最大拉力	拱顶截面； 拱脚截面； 典型吊杆(索)
	附加工况	拱脚最大水平推力工况； L/4 截面最大正弯矩和最大负弯矩工况； L/4 截面正负挠度绝对值之和最大工况	拱脚截面； 主拱 L/4 截面； 主拱 L/4 截面及 3L/4 截面
斜拉桥	主要工况	主梁中孔跨中最大正弯矩及挠度工况； 主梁墩顶最大负弯矩工况； 主塔塔顶纵桥向最大水平变形与塔脚截面最大弯矩工况	中跨最大正弯矩截面； 墩顶截面； 塔顶截面(变形)及塔脚最大弯矩截面
	附加工况	中孔跨中附近拉索最大拉力工况； 主梁最大纵向漂移工况	典型拉索； 加劲梁两端(水平变形)

续表 8-6

桥梁	试验工况		测试截面
悬索桥	主要工况	加劲梁跨中最大正弯矩及挠度工况； 加劲梁 $3L/8$ 截面最大正弯矩工况； 主塔塔顶纵桥向最大水平变形与塔脚截面最大弯矩工况	中跨最大弯矩截面； 中跨 $3L/8$ 截面； 塔顶截面(变形)及塔脚最大弯矩截面
	附加工况	主缆锚跨索股最大张力工况； 加劲梁梁端最大纵向漂移工况； 吊杆(索)活载张力最大增量工况； 吊杆(索)活载张力最不利工况	主缆锚固区典型索股； 加劲梁两端(水平变形)； 典型吊杆(索)； 最不利吊杆(索)

8.4.3　测试指标及设备

试验测试设备应经过有资质的单位计量、检定、校准，并在荷载试验前进行核查。测试设备须满足精度的要求，应优于预计测量值的 5%，且测试设备应具备满足试验需要的量程和动态范围。试验测试的桥梁静力参数应包括应变(应力)、变位、裂缝、倾角和索(杆)力，并观察试验过程中结构的反应现象。

1. 应变(应力)测试

应变(应力)测试应包括拉、压应变(应力)和主应力，其测试设备可采用机械式、电阻式(图 8-18)、振弦式或光纤式应变计(图 8-19)。

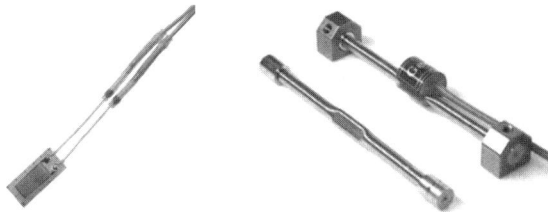

图 8-18　阻应变片电阻式应变计

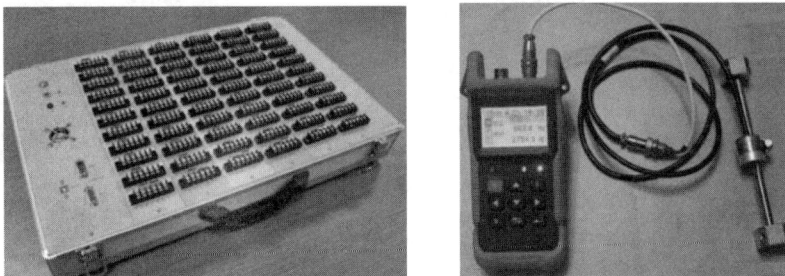

图 8-19　阻应变仪手持式电阻式应变读数仪

2.变位测试

变位测试应包括竖向变位(挠度)和水平变位,水平变位包括纵向变位和横向变位。变位测试设备可采用机械式或基于电(声、光)原理的测试仪器,也可采用卫星定位系统进行变位测试。图8-20为变位测试中常用的千分表、光学水准仪和电子水准仪。

(a)千分表   (b)光学水准仪   (c)电子水准仪

图8-20 变位测试仪器

3.裂缝测试

裂缝应包括荷载试验前结构上的既有裂缝和试验中出现的新裂缝。试验前应对既有裂缝的长度、宽度、分布及走向进行观测、记录,并将其标注在结构上;试验时应观测新裂缝的长度、宽度及既有裂缝发展状况,并描绘出结构表面的裂缝分布及走向。

裂缝长度、分布和走向可直接观测得到。裂缝宽度测量仪器可采用刻度放大镜、裂缝计及裂缝宽度探测仪(图8-21),必要时可采用取芯法或其他无损方法测量裂缝的深度。

4.倾角测试

倾角测试应包括水平倾角和竖向倾角。倾角测试设备可采用水准式倾角仪、光纤光栅式倾角计、数显倾角仪(图8-22)或双轴倾角仪等各种类型的倾角仪。

倾角测点宜布置在转动明显、角度较大的部位。

图8-21 裂缝宽度探测仪   图8-22 数显倾角仪

5.索(杆)力测试

测量斜拉索、吊索(杆)、系杆力及主缆索力可采用振动测量法(图8-23),索力测试传感器(拾振器)应绑扎在拉索上,宜远离锚固点,以测量拉索的横向振动信号,并对其进行谱分析。若取拉索减震器安装前的长度进行分析,需对索力计算公式进行修正。索力测试温度宜与合龙时温度一致,两者温差宜控制在±5 ℃范围内,否则应进行温度修正。

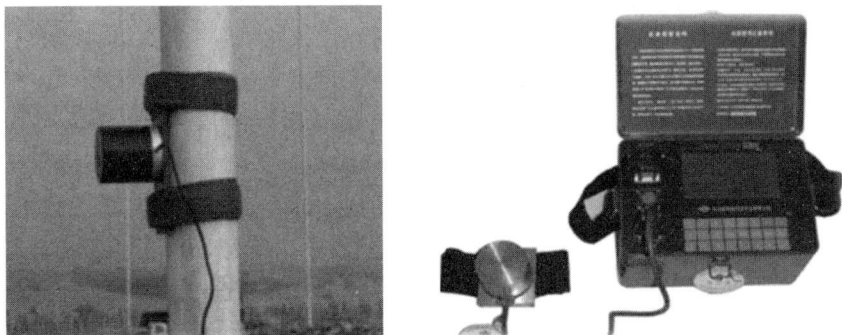

图 8-23 振动测量法

8.4.4 测点布置

测点布置必须能够反映出结构或构件最不利受力特征,同时应能满足分析和推断结构工作状态最低的要求,确保实测数据的可靠性,并应遵循必要、适量、方便观测的原则。

测点布置应具有代表性和针对性,有利于仪器安装和观测读数,对试验操作是安全的。

为了保证测试数据的可靠性,测点数量应是足够的,利用结构的对称互等原理,可适当减少测点布置数量。

1. 应变测点布置

应变测点应根据测试截面及测试内容合理布置,并能反映桥梁结构的受力特征。通常在结构纵向所有控制截面的横向、竖向均应布置能反映结构最大应变(应力)及其变化规律的测点,如图 8-24 所示。一般情况下可采用单向应变计(片)测试正应变(应力),采用应变花测试主应变(应力)。单向应变测点布置应体现左右对称、上下兼顾、重点突出的原则,并能充分反映截面高度方向的应变分布特征,即沿构件截面的横向和高度方向布置测点。

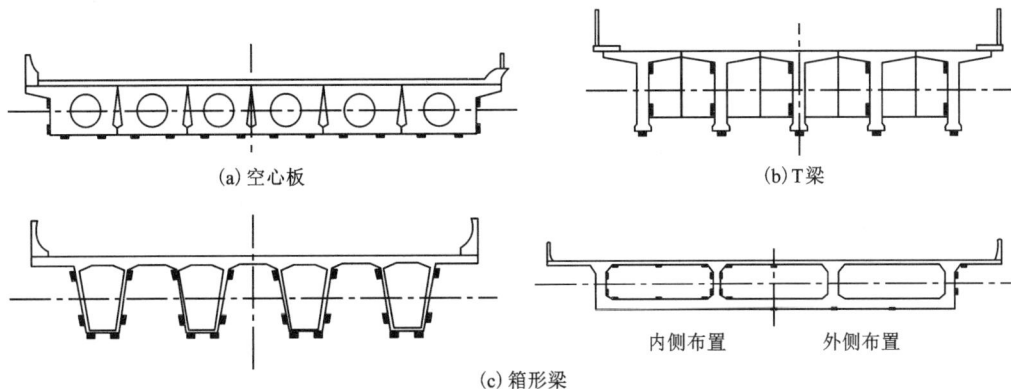

(a) 空心板

(b) T梁

(c) 箱形梁

内侧布置   外侧布置

图 8-24 典型截面应变测点布置

2. 变位测点布置

变位应包括竖向变位(挠度)、横向及纵向水平变位。变位测点的测试值应能反映结构的最大变位及其变化规律。

主梁竖向变位的纵桥向测点宜布置在各工况荷载作用下变位曲线的峰值位置。竖向变位测点的横向布置应充分反映桥梁横向挠度分布特征,对整体式截面不宜少于 3 个,对多梁式(分离式)截面宜逐片梁布置,如图 8-25 所示。

主梁水平位移测点应根据计算布置在相应的最大位移处;墩塔的水平位移测点应布置在顶部,并根据需要设置纵、横向测点;支点沉降的测点宜靠近支座处布置。

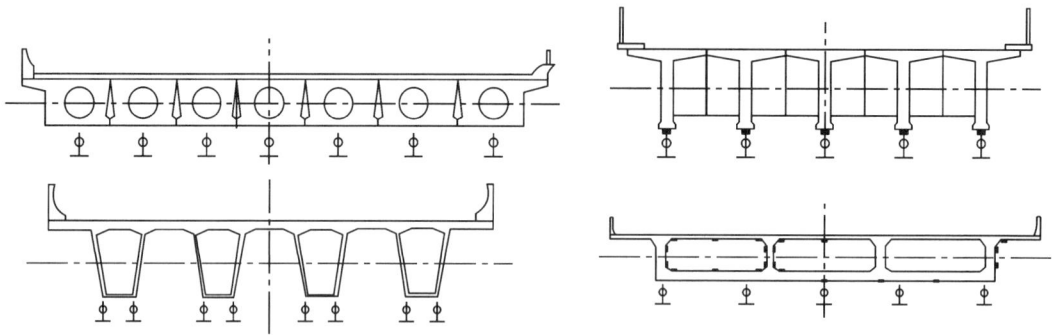

图 8-25　典型截面挠度测点布置

8.4.5　静载试验过程控制

试验荷载应分级施加,加载级数应根据试验荷载总量和荷载分级增量确定,可分成 3～5 级。

加载时间间隔必须满足结构反应稳定的时间要求。在前一荷载阶段内结构反应相对稳定,并进行了有效测试及记录后,方可进行下一荷载阶段。当进行主要控制截面最大内力(变形)加载试验时,分级加载的稳定时间不应少于 5 分钟;对尚未投入营运的新桥,首个工况的分级加载稳定时间不宜少于 15 分钟。

当试验过程中发生下列情况之一时,应停止加载,须查清原因,采取措施后再确定是否进行试验:

①控制测点应变值已达到或超过计算的控制值。
②控制测点变形(或挠度)超过控制值。
③结构裂缝的长度、宽度或数量明显增加。
④实测变形分布规律异常。
⑤桥体发出异常响声或发生其他异常情况。
⑥斜拉索或吊索(杆)索力增量实测值超过计算值。

8.4.6 静载试验数据分析

试验数据分析时,应根据各类因素及仪表的标定结果对测试数据的影响进行修正,当这类因素对测值的影响小于 1% 时可不予修正。

1. 挠度修正

在挠度测试的数据中,当支点沉降量较大时,应修正其对挠度值的影响,修正量 C 可按下式计算:

$$C = \frac{l-x}{l} \cdot a + \frac{x}{l} \cdot b \qquad (8-40)$$

式中:C 为测点的支点沉降影响修正量;l 为 A 支点到 B 支点的距离;x 为挠度测点到 A 支点的距离;a 为 A 支点沉降量;b 为 B 支点沉降量。

2. 各测点变位(挠度、位移、沉降)与应变的计算

总变位(或总应变):

$$S_t = S_1 - S_i \qquad (8-41)$$

弹性变位(或弹性应变):

$$S_e = S_1 - S_u \qquad (8-42)$$

残余变位(或残余应变):

$$S_p = S_t - S_e = S_u - S_i \qquad (8-43)$$

式中:S_i 为加载前测值;S_1 为加载达到稳定时测值;S_u 为卸载后达到稳定时测值。

3. 校验系数

$$\eta = S_e / S_s \qquad (8-44)$$

式中:S_e 为试验荷载作用下量测的弹性变位(或应变)值;S_s 为试验荷载作用下的理论计算变位(或应变)值。

常见桥梁结构试验的应变(应力)、挠度校验系数见表 8-7。

表 8-7 常见桥梁结构试验的校验系数

桥梁类型	应变(应力)校验系数	挠度校验系数
钢筋混凝土板桥	0.20~0.40	0.20~0.50
钢筋混凝土梁桥	0.40~0.80	0.50~0.90
预应力混凝土桥	0.60~0.90	0.70~1.00
圬工拱桥	0.70~1.00	0.80~1.00
钢筋混凝土拱桥	0.50~0.90	0.50~1.00
钢桥	0.75~1.00	0.75~1.00

4.相对残余变位(或应变)

$$\Delta S_p = S_p / S_t \times 100\% \qquad (8\text{-}45)$$

式中：ΔS_p 为相对残余变形(或应变)。

主要控制测点的相对残余变形(或应变)ΔS_p 越小，说明结构越接近弹性工作状况。ΔS_p 不宜大于20%，当 ΔS_p 大于20%时，表明桥梁结构的弹性状态不佳，应分析原因，必要时再次进行荷载试验以确定。

5.试验曲线的绘制

试验曲线的绘制应包括以下主要内容：

①列出各加载工况下主要测点实测变形(或应变)与相应的理论计算值的对照表，并绘制出其关系曲线。

②绘制各加载工况下主要控制点的变形(或应变)与荷载的关系曲线。

③绘制各加载工况下控制截面变形(或应变)分布图、沿纵(横)桥向挠度图、截面应变沿高度(宽度)分布图等，其中截面应变沿高度(宽度)分布图，可用于评判"平截面变形"假定和弹性工作性能。

8.5 动载试验

桥梁结构是一个多变量的复杂系统。当结构的物理特性，如开裂、尺寸变化、材料力学性能变化时，会导致静力特性(变形、应力、裂缝等)和动力特性(基频、模态、振幅等)发生变化。这些变化对于桥梁现状评估具有重要意义。通过动力荷载试验以及结构固有模态参数的实桥测试，可以了解桥跨结构的自振频率、振型和阻尼系数等动力特性，以及各控制部位在使用荷载下的振幅、速度、加速度及冲击系数等动力性能。

动力特性的测试不仅可用于分析结构在动荷载作用下的受力状态，为大桥以后的运营、养护、管理提供必要的数据和资料，还可以验证或修改理论计算值，并作为结构设计的依据。

动载试验是指通过测试桥梁结构或构件在动荷载激振和环境荷载作用下的受迫振动特性和自振特性，以分析判断桥梁结构的力学特性的试验方法。

8.5.1 试验荷载

动载试验最常用的是无障碍行车试验，其试验荷载宜采用与桥梁实际运行状态相接近的载重车辆，车辆轴重产生的局部效应不应超过设计车辆荷载效应。无障碍行车荷载试验效率可按下式计算：

$$\eta_d = \frac{S_d}{S_{l\max}} \qquad (8\text{-}46)$$

式中：η_d 为动载试验荷载效率；S_d 为动载试验荷载作用下控制截面的最大内力或变形；$S_{l\max}$ 为控制荷载作用下控制截面的最大内力或变形(不计冲击)。

无障碍行车试验依据计算结果，可采用每个车道布置一队试验车，横向并列一排同步行驶，在行驶过程中尽量保持车辆的纵、横向间距不变。

8.5.2　测试指标及设备

试验测试的桥梁结构动力参数应包括结构自振特性参数和动力响应值。自振特性参数应包括结构自振频率(自振周期)、阻尼比和振型。

测试自振特性参数的测试设备应包括测振传感器(拾振器)、放大器及记录仪等。测量时，将测振传感器(拾振器)分别布置在被测结构理论振型的峰(谷)点、选择的固定参考点和各分界点上，用放大特性相同的多路放大器和记录特性相同的多路记录仪，同时测记各测点的振动响应信号。

拾振器(图 8-26)的拾振类型包括位移、速度和加速度几类。其主要参数有量程、精度、分辨率、采样频率等。

图 8-26　拾振器

8.5.3　测点布置

桥梁动载试验的测试截面应根据桥梁结构振型特征和行车动力响应最大的原则确定。一般可根据桥梁结构规模按跨径 8 等分或 16 等分简化布置。如遇桥塔或高墩，尽可能按高度 3~4 等分布置。

在测试桥梁结构行车响应时，应选择桥梁结构振动响应幅值最大部位为测试截面。简单结构宜选择跨中 1 个测试截面，复杂结构应适当增加测试截面，但不宜过多。

用于冲击效应分析的动挠度测点每个截面至少 1 个，采用动应变评价冲击效应时，每个截面在结构最大活载效应部位的测点数不宜少于 2 个。

8.5.4　试验工况和荷载

对于多联(孔)桥梁，如同时开展静、动载试验，动载试验桥联(孔)应选择与静载试验相同的桥联(孔)；其他情况下应根据结构评价需要，选择具有代表性的桥联(孔)。

桥梁动载试验工况应根据具体的测试参数和采用的激振方法确定。激振方法可根据结构特点、测试的精度要求、方便性及现场实际情况确定，宜采用环境随机激振法、行车激振法和跳车激振法。

8.5.5　动载试验内容

动载试验的测试内容包括自振特性测试和动力响应测试。

1. 自振特性测试

自振特性测试可仅测试桥梁竖向弯曲自振特性，必要时还应测定桥梁横向自振特性。结构的自振特性取决于结构的质量和刚度分布,它是大跨度桥梁成桥试验的核心内容之一,也是桥梁结构动力反应分析及抗风抗震研究的基础,可作为检验桥梁施工质量、反映施工与设计一致性的有效手段。

自振特性测试可采用环境随机激振法或行车余振法,具体见后续。

2.动力响应测试

动力荷载作用于结构上,会在结构上产生应变与挠度,可用测试仪器采集控制断面的动应变或动挠度。动应变(挠度)一般较同样的静荷载所产生的静应变(挠度)大。动应变(挠度)与静应变(挠度)的比值称为活荷载的动力系数。由于应变(挠度)反映了桥跨结构在荷载作用下的受力情况,是衡量结构性能的主要依据,因此活载冲击系数综合反映了动力荷载对桥梁结构的动力作用,它与结构形式、车辆运行速度和桥面的平整度等有关。

如图 8-27 所示,在车辆荷载作用下,桥梁振动是随机的,即实际振动响应是由静荷载引起的响应 $y_s(x, t)$ 和动荷载引起的响应 $y_{dr}(x, t)$ 合成。冲击系数可通过静、动荷载引起的最大响应 $y_{smax}(x, t)$ 和 $y_{dmax}(x, t)$ 来获取,即

$$\mu = \frac{y_{dmax}(x, t)}{y_{smax}(x, t)} - 1 \qquad (8-47)$$

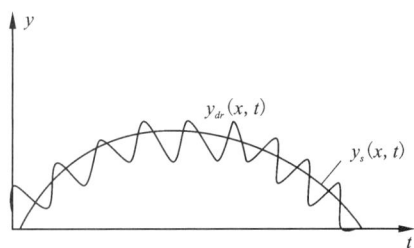

图 8-27 桥梁振动响应图示

8.5.6 动载试验激振方法

动载试验激振方法宜采用环境随机激振法、行车激振法和跳车激振法。

1.环境随机激振法

环境随机激振法是指在桥面无任何交通荷载以及桥址附近无规则振源的情况下,通过测定桥梁由风荷载、地脉动、水流等随机激励引起微振动来识别结构自振特性参数的试验方法,常用的是地脉动激振,故称"脉动法"。该试验需要材料长样本信号进行能量平均,以消除随机因素的影响,采集时间一般不小于 30 min。

2.行车激振法

行车激振法是采用单个车辆或车队,在 5 km/h 至设计时速范围内取多个大致均匀分布的车速进行行车试验,使桥梁产生不同程度的强迫振动的方法,也称跑车试验,试验中测试结构的动力学参数。铁路桥梁采用运营列车或试验列车激振。

利用行车激励的余振,即利用车辆驶离桥面后引起的桥梁结构余振信号来识别结构自振特性参数,称为余振法,它可排除车辆荷载的影响。

3.跳车激振法

跳车激振法是通过让单辆载重汽车的后轮在指定位置从三角形垫块上突然下落对桥梁产生冲击作用,激起桥梁振动的试验方法(图 8-28)。该试验中车速宜取 5 km/h~20 km/h,障碍物宜布置在结构冲击效应显著部位。

图 8-28 跳车激振法

8.5.7 动载试验数据分析

拾振器和采集仪按采样频率获取到各测点的振动信号后，应对测试信号进行检查和评判，并进行剔除异常数据、去趋势项、数字滤波等必要的预处理，之后对有效信号进行处理和分析获取所需的物理量。

结构自振频率可采用频谱分析法、波形分析法或模态分析法得到。自振频率宜取用多次试验、不同分析方法的结果相互验证。按规范规定的自振频率评定标准开展结果评判。

桥梁结构阻尼参数可采用波形分析法、半功率带宽法或模态分析法得到。

振型参数宜采用环境激振等方法进行模态参数识别，须采用专用软件进行分析，可同时得到振型、固有频率及阻尼比等参数计算。

计算冲击系数时，应优先采用桥面无障碍行车下的动挠度时程曲线计算。受现场条件限制无法测定动挠度时，可采用动应变时程曲线计算冲击系数。

8.6 铁路桥梁走行安全性和舒适性指标测试

列车走行安全性评价指标包括：脱轨系数、轮重减载率、轮对横向力。列车走行舒适性评价指标包括：桥梁和车体的竖向、横向加速度，竖向和横向 Sperling 指标。具体规定如下。

1.桥梁动力响应限值

桥梁竖向振动加速度限值：$0.35g = 3.5 \text{ m/s}^2$（半幅、有砟轨道）；$0.50g = 5.0 \text{ m/s}^2$（半幅、无砟轨道）。

桥梁横向振动加速度限值：$0.14g = 1.4 \text{ m/s}^2$（半幅）。

2.列车走行性控制指标

根据《机车车辆动力学性能评定及试验鉴定规范》(GB/T 5599—2019)和《铁路桥涵设计规范》(TB 10002—2017),并参考历次提速试验及高速铁路所采用的评判标准,在车桥系统动力学仿真计算分析中,列车运行安全性与舒适性(平稳性)的评定指标选取见表8-8。

表 8-8　常用车桥动力仿真分析列车走行性控制指标

车辆的评价指标			限定标准
客车	安全性	脱轨系数	0.8
		轮重减载率	0.6(车速≤350 km/h),0.8(车速>350 km/h)
		横向水平力/kN	≤10+ P_0/3(P_0 为轴重)
	舒适性	竖向加速度/(m·s⁻²)	1.3(车速≥ 200 km/h),2.5(车速≤200 km/h)
		横向 Sperling 指标	≤2.5(优秀),≤2.75(良好),≤3.0(合格)
		竖向 Sperling 指标	≤2.5(优秀),≤2.75(良好),≤3.0(合格)
机车	安全性	脱轨系数	0.8
		轮重减载率	0.6
		横向水平力/kN	80
	舒适性	横向加速度/(m·s⁻²)	≤1.47(优秀),≤1.98(良好),≤2.45(合格)
		竖向加速度/(m·s⁻²)	≤2.45(优秀),≤2.95(良好),≤3.63(合格)
		横向 Sperling 指标	≤2.75(优秀),≤3.10(良好),≤3.45(合格)
		竖向 Sperling 指标	≤2.75(优秀),≤3.10(良好),≤3.45(合格)
货车	安全性	脱轨系数	0.8
		轮重减载率	0.6
		横向水平力/kN	80
	舒适性	横向加速度/(m·s⁻²)	5.0
		竖向加速度/(m·s⁻²)	7.0
		横向 Sperling 指标	≤3.5(优秀),≤4.0(良好),≤4.25(合格)
		竖向 Sperling 指标	≤2.5(优秀),≤2.75(良好),≤3.0(合格)

以上这些指标均可通过行车动载试验进行测试,包括联调联试。

8.6.1　车体和桥梁振动加速度

机车车体垂向和横向振动加速度测点布置在底架纵向中心线的前牵引梁上和司机底座基础上。客车和动车组车体垂向和横向振动加速度测点对角布置在1、2位转向架中心偏向车体一侧 1000 mm 的车内地板上，如图 8-29 所示。动车组司机室座椅下方地板上布置垂向和横向加速度测点。货车车体垂向和横向振动加速度测点布置在 1 位或 2 位心盘内侧，距心盘中心线小于 1000 mm 的车底架中梁下盖板上或对应位置上。转向架构架横向振动加速度传感器安装在测量轮轨力转向架构架上，位置在对应的一个轴箱上方。

　　桥梁振动测试主要包括自振特性（自振频率、模态振型和阻尼比）和竖、横向振动特征（振幅、频率、模态振型、阻尼比）。自振特性测试采用环境微振动试验（脉动试验）；振动特性测试为动载试验，即试验荷载以不同速度匀速通过试验桥梁进行竖、横向振动的测定。测点布置原则同前。

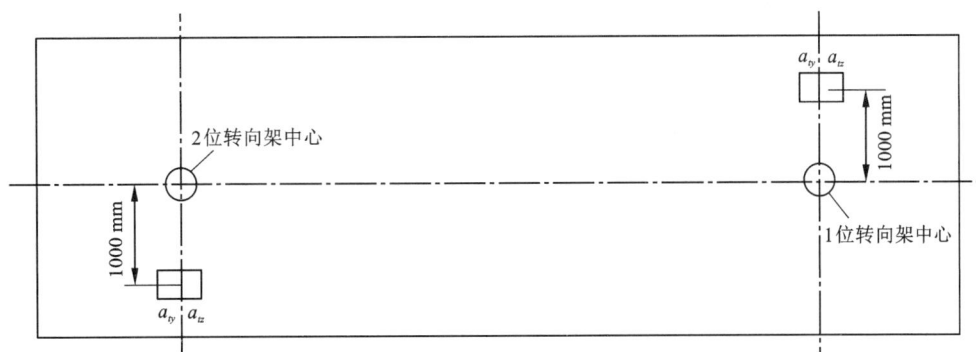

图 8-29　客车和动车组车体振动加速度测点布置

8.6.2　轮轨力测量

　　轮轨横向力 Q 和轮轨垂向力 P 是脱轨系数和轮重减载率计算的基础，同时，轮轴横向力 H 用于评定车辆在运行过程中是否会因为过大的横向力而导致轨距扩宽或线路产生严重变形。H 为左、右轮轨横向力 Q 的向量和，H 应满足 $H \leqslant 15 + P_0/3$，P_0 为静轴重。

　　轮轨力测量方法有基于测力轮对的测量方法和基于钢轨的地面测试方法。

1. 基于测力轮对的测量方法

　　轮轨横向力 Q 和轮轨垂向力 P 采用测力轮对测量。对 160 km/h 及以上速度等级机车车辆的测试转向架应至少安装两条测力轮对；对 160 km/h 以下速度等级机车车辆的测试转向架应至少安装一条测力轮对。在测试转向架的前导轴上应安装测力轮对，测力轮对是一种测量轮轨作用力的专用传感器，通常在测力轮对的车轮辐板上布置应变片组成测量电桥，轮轨力间断测量如图 8-30 所示。

　　测力轮对应在专用的标定试验台上进行标定，垂向力和横向力分别逐级标定，垂向力标定载荷不小于静轮重的 1.5 倍，横向力标定载荷不小于静轮重的 1.2 倍，标定得到垂向力和横向力的比例系数及相互影响系数：

$$K_{pp} = \varepsilon_{pp}/P, \quad K_{qq} = \varepsilon_{qq}/Q \tag{8-48}$$

$$E_{qp} = \varepsilon_{qp}/P, \quad E_{pq} = \varepsilon_{pq}/Q \tag{8-49}$$

式中：K_{pp}、K_{qq} 分别为垂向力和横向力的比例系数；E_{qp}、E_{pq} 分别为垂向力对横向桥梁的影响系数和横向力对垂向桥梁的影响系数；ε_{pp}、ε_{qq} 分别为垂向力和横向力标定时的输出应变；

ε_{pp}、ε_{qq} 分别为横向桥路受垂向力影响输出应变和垂向桥路受横向力影响输出应变。

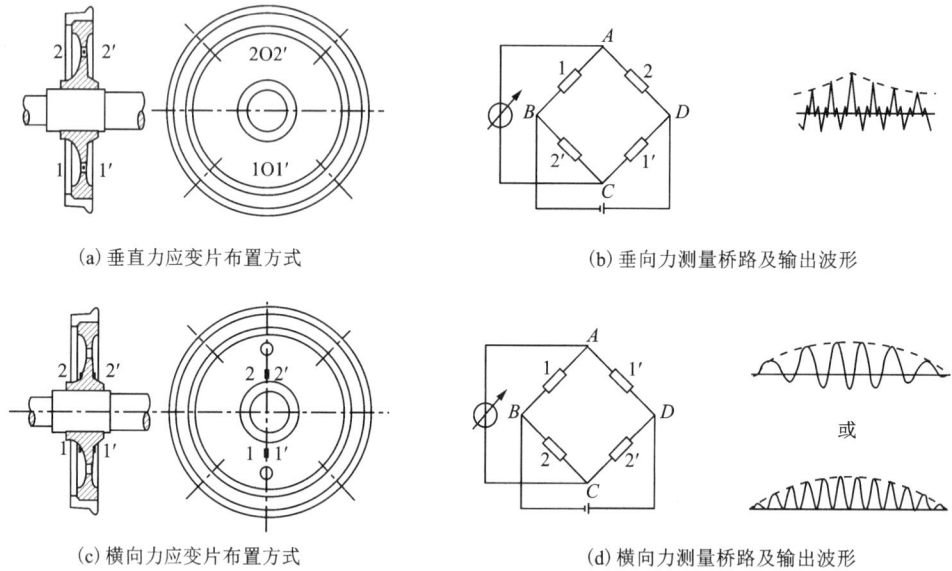

(a)垂直力应变片布置方式　　　　(b)垂向力测量桥路及输出波形

(c)横向力应变片布置方式　　　　(d)横向力测量桥路及输出波形

图 8-30　车轮辐板上轮轨力间断测量法

测力轮对测得的轮轨垂向力和横向力为：

$$\begin{bmatrix} P \\ Q \end{bmatrix} = \begin{bmatrix} K_{pp} & E_{pq} \\ E_{qp} & K_{qq} \end{bmatrix}^{-1} \begin{bmatrix} \varepsilon_p \\ \varepsilon_q \end{bmatrix} \tag{8-50}$$

式中：ε_p、ε_q 分别为垂向力和横向力测量电桥测得的应变。

2.基于钢轨的地面测试方法

该方法基于地面上的钢轨，采用剪力法测试轮轨垂直力和水平力，测试方法可参照《轮轨横向力和垂向力地面测试方法》(TB/T 2489—2016)执行。

8.6.3　脱轨系数

脱轨系数是用来评定车辆的车轮轮缘在横向作用力下是否会爬上轨头而发生脱轨的指标。具体来说，脱轨系数是指爬轨侧车轮作用于钢轨上的横向力 Q 与其作用于钢轨上的垂向力 P 的比值。这一比值即为脱轨系数。

8.6.4　轮重减载率

轮重减载率是评定车轮减载过大而引起脱轨的另一种脱轨安全指标。轮重减载率为轮重减载量 ΔP 与该轮平均静轮重 $\overline{P}$ 的比值。

$$\overline{P} = (P_1 + P_2)/2;\ \Delta P = |P_1 - P_2| \tag{8-51}$$

式中：P_1、P_2 分别为实测左右轮重。

8.6.5 运行平稳性

平稳性主要是指客车上旅客的乘坐舒适度，货车上装运货物的完整性。主要的评价参数是车体上规定位置的各方向的振动加速度，将其统计处理后得到评价指标值。我国现在采用平稳性指标 W（Sperling 指标）或舒适度指标 Nmv。

平稳性指标 W 计算公式为：

$$W = 3.57 \sqrt[10]{\frac{A^3}{f} F(f)} \tag{8-52}$$

式中：A 为车体上的振动加速度，m/s^2；f 为振动频率，Hz；$F(f)$ 为频率修正系数，取值见表 8-9。

表 8-9　频率修正系数

垂直振动		横向振动	
f/Hz	$F(f)$	f/Hz	$F(f)$
$0.5 \leq f < 5.9$	$0.325f^2$	$0.5 \leq f < 5.4$	$0.8f^2$
$5.9 \leq f < 20.0$	$400/f^2$	$5.4 \leq f < 26.0$	$650/f^2$
$f \geq 20.1$	1	$f \geq 26.0$	1

由于车辆的振动是随机振动，其加速度和频率随时都在变化。实际评定时要将所要分析的加速度波形按频率分组，根据每一组的加速度和频率计算该组的平均指标。测量标准时间长度为 5 s，每 5 s 为一分析段计算其频谱图，得到频率为 f_i 时的平稳性指标分量：

$$W_i = 3.57 \sqrt[10]{\frac{A_i^3}{f_i} F(f_i)} \tag{8-53}$$

计算平稳性指标为：

$$W = \sqrt[10]{W_1^{10} + W_2^{10} + \cdots + W_n^{10}} \tag{8-54}$$

式中：W_i 为频率为 f_i 时的平稳性指标分量；n 为整个波段的分组数。

舒适度指标 Nmv 测量可参见《机车车辆动力学性能评定及试验鉴定规范》（GB/T 5599—2019）。

8.7 温度场测试

混凝土表面在阳光照射下会迅速升温，但由于混凝土的导热性差，热量很难快速传播到内部。这导致内部的温度上升速度远远落后于表面，从而产生较大的温差。这种温差会导致混凝土产生变形，受到约束时就会产生很大的温度应力。

大体积混凝土在硬化过程中产生收缩变形，同时由于内外温差引起的温度应力可能会超过混凝土最大允许拉应力，从而导致开裂等问题。大体积混凝土的水化热温度应力发展是一个非常复杂的问题，受外界温度、湿度、施工条件、原材料变化等多种因素的影响。通过温度场监测，可以更准确地了解结构的质量和抗裂安全状况。为了合理地布设温度和应变传感器，需要在测试前对大体积混凝土进行水化热理论计算，获取其温度、应力分布图，并在温度和应变敏感部位布设测点。

桥梁的温度场随时间连续变化，温度测试宜采用计算机自动测温系统进行测温和控制。系统组成：温度传感器、智能测温记录仪、数据采集接收器、电脑分析绘图软件、计算机，参见图8-31。温度传感器直接埋设在所浇捣混凝土内，并通过信号线将传感器与数据采集接收器、计算机连接起来，获取的数据自动进行记录、分析，通过电脑分析绘图软件将混凝土各测温点的温度变化情况显示出来。

（a）　　　　　　　　　　　　　　（b）

图8-31　大体积混凝土中安装就位的温度传感器和采集界面

8.8　预应力摩擦系数试验

预应力摩擦损失关系到预应力效应计算的准确性，实践中往往需要测定桥预应力孔道摩阻系数μ、孔道偏差系数k及喇叭口摩阻损失，特别是大规模制梁时，如铁路制梁场制梁。根据《铁路桥涵混凝土结构设计规范》（TB 10092—2017），预力筋束与孔道间的摩阻损失计算表达式为：

$$\sigma_{s摩} = \sigma_{con}[1 - e^{-(\mu\theta+kx)}] = \beta\sigma_{con} \quad (8-55)$$

式中：σ_{con}为力筋（锚下）控制应力；θ为从张拉端至计算截面的长度上，力筋的弯曲角之和；x为张拉端至计算截面的孔道水平投影长度，m；μ为预应力筋与孔道壁之间的摩阻系数；k为考虑管道对其设计位置的偏差系数。

$$\beta = 1 - e^{-(\mu\theta+kx)} \quad (8-56)$$

在预施应力过程中，离张拉端x处因管道摩阻而损失的力筋束内力值为：

$$F_x = F_A[1 - e^{-(\mu\theta+kx)}] = \beta F_A \quad (8-57)$$

式中：F_A为张拉力；β为损失率。

当采用一端张拉一端固定的方法来测定参数μ和k时，式（8-57）则可写为

$$\mu\theta + kl = -\ln(1-\beta) \tag{8-58}$$

式中：l 和 θ 分别为张拉端至固定端力筋束长和空间包角。

若该力筋束为直线布置，即 $\theta=0$，则可由式(8-58)直接得到 $k=-\ln(1-\beta)/l$；若该力筋束为曲线布置，则须借助于两根以上力筋束的测试结果利用最小二乘法计算得到 μ、k。

试验误差是不可避免的。假定式(8-58)的误差为 Δ，则有

$$\mu\theta + kl + \ln(1-\beta) = \Delta \tag{8-59}$$

如果有 n 束力筋束，则式(8-58)变为

$$\mu\theta_i + kl_i - C_i = \Delta_i \quad (i=1, 2, \cdots, n) \tag{8-60}$$

式中：θ_i、l_i 分别为第 i 根力筋束的 θ、l；$C_i = -\ln(1-\beta_i)$。全部力筋束测试误差的平方和为

$$q = \sum \Delta_i^2 = \sum (\mu\theta_i + kl_i - C_i)^2 \tag{8-61}$$

欲使得试验误差最小，应有

$$\frac{\partial q}{\partial k} = 0, \quad \frac{\partial q}{\partial \mu} = 0 \tag{8-62}$$

由式(8-61)和式(8-62)可得

$$\begin{cases} \mu \sum \theta_i^2 + k \sum \theta_i l_i = \sum C_i \theta_i \\ \mu \sum \theta_i l_i + k \sum l_i^2 = \sum C_i l_i \end{cases} \tag{8-63}$$

式中：$C_i = -\ln(1-\beta_i)$；角标 i 代表第 i 根钢筋束。

由式(8-63)可知，根据多管道摩阻测试结果，可利用极值原理建立 μ、k 的联立方程，同时求出 μ、k。

试验时采用压力传感器来准确测试张拉端 F_A 和锚固端的压力 F_x，测试装置如图 8-32 所示，此时总摩阻损失($F_A - F_x$)为孔道+锚头+喇叭口摩阻损失之和。

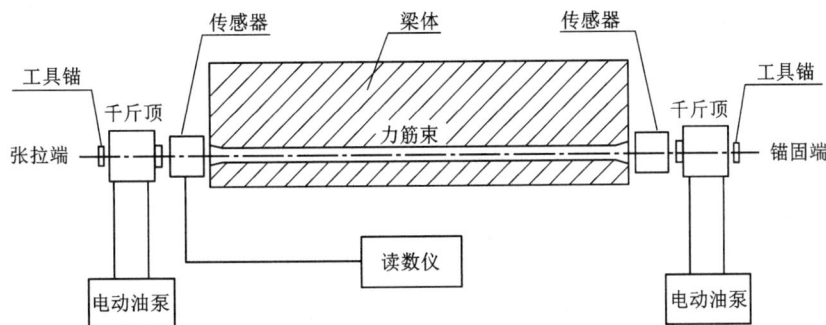

图 8-32 孔道道摩阻试验装置示意图

为了扣除总摩阻损失中的锚头和喇叭口摩阻损失，测试试验装置如图 8-33 所示，首先制作了长 2~4 m 的钢筋混凝土张拉台座。试验采用单端张拉的方式，在张拉时，保证钢绞线与中间断孔道不产生摩擦，并设置多片限位板以加强传感器、千斤顶及锚具之间的衔接对中。

通过多束预应力筋摩阻测试结果，由式(8-63)可以计算得到摩阻系数 μ 和偏差系数 k。

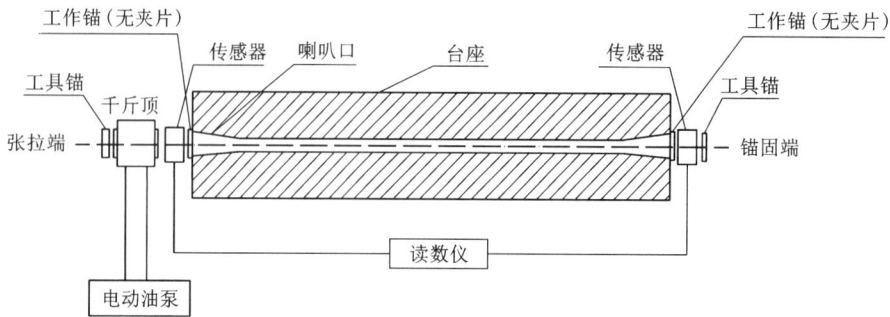

图 8-33　锚头+喇叭口摩阻试验装置图

8.9　风场测试

针对特殊地形和非标准气候条件下的大跨度桥梁的风振和行车安全与舒适度问题，进行专门的桥址风特性参数和桥上风环境研究至关重要，甚至可能需要进行现场风场测试。

在国外，对于风特性的现场实测已有相当多的研究。很多国家建筑标准采用的 Davenport 谱，就是通过对世界上不同地点和不同高度测得的 90 多次强风记录进行统计分析得到的。此外，加拿大、英国、挪威、美国、日本等国家都根据风速、风向、地表类别等因素进行长期的风观测工作，建立了风工程基础资料数据库。对于山区复杂地形的风环境观测，也开展了一些研究，例如山顶区风速加速效应、山体背风区脉动风特性，以及多重山脉的风场等。

相比之下，国内对风环境的现场实测研究相对较晚。目前，国内桥梁风环境的现场观测主要是针对一些实际工程开展的。例如，苏通长江公路大桥、湖北四渡河大桥、山西禹门口黄河大桥等都建造了观测塔，并进行了为期数年的风特性观测；青岛海湾大桥、港珠澳大桥、润扬长江大桥、贵州北盘江大桥、矮寨大桥、平塘大桥在建设之初也进行了桥址风特性观测。另外，一些桥梁也在进行健康监测，为桥梁管理者提供风场特性参数。此外，还针对桥上行车安全与舒适性问题进行了相应的桥面风环境现场测试。

1.桥址风特性现场实测

桥址风特性现场实测一般是通过区域内已有的气象站点或临时架设的观测点（或塔），结合风观测仪器设备获得一定观测期内的风特性数据，然后根据某些相关关系建立区域内其他位置与观测位置之间的关联，从而推算一定空间范围内的风特性。

由于风观测仪器设备野外工作环境恶劣，会受到腐蚀、雷击、强风等不利环境影响，因此在观测期内，仪器设备的避雷、耐久性保障，以及持续供电措施等十分重要。风观测点（或塔）位置及风观测高度的选择宜结合桥位地址地貌与主桥桥面高度等因素确定。风速仪的布设应避免在主导风向下受观测塔自身或其他建筑物的干扰影响，其位置和高度宜根据观测目的确定，风速剖面观测的观测层不宜少于 4 层。另外，风观测仪器设备与风观测塔或相应固定装置应具有足够的刚度，尽量避免测量得到的风速数据掺杂变形和振动引起的伪数据。

桥址处风观测周期不宜少于两年，风观测内容应包括风速、风向等。用于测量平均风速与风向的风速仪采样频率不应小于 1 Hz，用于观测脉动风特性的风速仪采样频率不应小于 10 Hz。风观测数据有效率不宜小于 95%，资料完整率不宜小于 98%，在出现数据缺失时，可通过同时段其他观测设备所采集的数据经过相关性分析后进行数据插补修正。风观测数据分析应主要包括风速、风向、风攻角、地表粗糙度系数、紊流强度、阵风系数、风速谱等，并以大风条件下统计分析结果作为设计参数取用。

2. 桥面局部风环境现场实测

探明桥面局部风环境的分布特点不仅可以对桥面附属结构进行优化，尽可能降低由桥面附属结构产生的不利影响，还可以为车辆行车安全提供必要的基础。

由于受到桥上车辆正常行驶的影响，需要公路、铁路等相关部门进行多方协调，实际开展桥面局部风环境现场测试受到很多限制，相关研究非常少。目前，铁路桥梁桥面局部风环境现场测试主要考虑不同车速行驶时的风屏障表面风压测试。公路桥梁桥面局部风环境现场测试主要进行了单车、双车多种行车状态下不同车速时桥面风环境特征测试。

8.10　铁路动态检测

1. 联调联试

1997 年以前，我国铁路运行速度并不快，最快的列车时速为 120 km，全国铁路旅客列车平均时速为 48 km，铁路运输因为速度慢显得有点落后了。1997 年 4 月 1 日，中国铁路实施第一次大面积提速，到 2007 年 4 月 1 日，中国共进行了 6 次大提速，一批时速超过 200 km 的旅客列车投入运营，而且货运列车时速也超过了 120 km。2008 年之后，国家开始大力发展高铁产业，中国高铁飞速发展，我国正式进入了高铁时代。"设计 350 km/h 的高速铁路，建成开通运营速度就是设计速度"，要实现此目标，除高标准的设计和高质量的施工外，开通运营前的"联调联试"是其重要技术保障措施。

联调联试是指采用检测列车、综合检测列车、试验列车及相关检测设备，对铁路各系统功能、性能、状态和系统间匹配关系进行综合检测、验证、调整和优化，使整体系统达到设计要求。联调联试是一个系统工程，涉及铁路运营的各个系统，包括基础设施、高速列车、列车运行控制、牵引供电等系统，桥梁仅是基础设施中的一个组成部分。

联调联试中，桥梁检测参数包括：桥梁横向、竖向自振频率和阻尼比；梁体动挠度；梁端竖向转角；梁体竖向和横向振动加速度、振幅与频率；桥墩横向自振频率；高墩振型；支座位移；无砟轨道相邻梁端两侧的钢轨支点横向相对位移；斜拉桥索力；拱桥吊杆应力；大桥结构的模态振型；脱轨系数、轮重减载率，轮轴横向力、平稳性指标。

联调联试和动态检测时，检测速度应由低向高逐级提速进行。若某一速度级的安全指标超限，必须采取整改措施，且在安全指标达标后方可进行更高速度级的试验。当设备条件允许时，最高测试速度应达到设计速度的 110%。可见，联调联试为线路的安全运行提供了保障。

2.轨检车检测

在既有铁路线上,采用轨检车开展轨道几何状态的动态检测是目前最为常用的检测手段,根据轨检车的检测数据,开展轨道质量状态评价,发现线路存在的具体问题,依此指导工区维修。

轨检车对轨道进行的是动态检测,揭示线路在列车实际动载作用下轨道几何尺寸存在的偏差,采用轨道不平顺质量指数(track quality index,简称 TQI)综合评价线路整体质量。TQI 是轨道的左高低、右高低、左轨向、右轨向、轨距、水平和三角坑等七项几何不平顺在 200 m 区段的标准差之和。

动测数据不同于静态监测值,如当线路存在较为严重的空吊时,就会发现线路动态高低的测量值非常大。当曲线钢轨存在磨耗或轨枕的扣件扣压力不足,就会发现轨距动态监测与静态监测值有较大的出入。

思 考 题

1.论述如何选择合适的无损检测方法及相应的检测设备。

2.混凝土强度检测常用的回弹法和超声回弹综合法各自的基本原理是什么?检测时有哪些规定和要求?

3.简述桥梁静、动载试验原理及主要测试内容。

4.铁路的联调联试含义是什么?

5.结构的自振特性包括哪些指标?

6.动力试验的激振方法有哪些?

7.简述冲击系数的测试方法。

8.简述现场中预应力摩擦损失的测试原理。

9.铁路中脱轨系数是如何测试的?

参考文献

[1]盛兴旺，乔建东，杨孟刚.桥梁工程[M].2版.北京：中国铁道出版社有限公司，2020.

[2]项海帆，潘洪萱，张圣城，等.中国桥梁史纲[M].上海：同济大学出版社，2009.

[3]裴伯永，盛兴旺，乔建东，等.桥梁工程[M].北京：中国铁道出版社，2001.

[4]王承礼，徐铭枢.铁路桥梁[M].北京：中国铁道出版社，1990.

[5]范立础.桥梁工程[M].北京：人民交通出版社，1988.

[6]周建庭，张劲全，刘思孟.大型桥梁实用监测评估理论和技术[M].北京：科学出版社，2014.

[7]王云江，张海东.桥梁工程养护维修与管理[M].北京：化学工业出版社，2014.

[8]万明坤，程庆国，项海帆.桥梁漫笔[M].北京：中国铁道出版社，1997.

[9]张劲泉，王文涛.桥梁检测与加固手册[M].北京：人民交通出版社，2007.

[10]姚玲森.桥梁工程[M].2版.北京：人民交通出版社股份有限公司，2015.

[11]邵旭东.桥梁工程[M].5版.北京：人民交通出版社股份有限公司，2019.

[12]王丽荣.桥梁工程[M].北京：科学出版社，2014.

[13]李亚东.桥梁工程概论［M].成都：西南交通大学出版社，2014.

[14]福州大学，武汉理工大学，重庆交通大学.高等桥梁结构试验[M].北京：人民交通出版社股份有限公司，2018.

[15]聂建国.钢-混凝土组合结构桥梁[M].北京：人民交通出版社，2011.

[16]伊廷华.结构健康监测教程[M].北京：高等教育出版社，2021.

[17]姜绍飞.结构健康监测导论[M].北京：科学出版社，2013.

[18]李爱群，缪长青.桥梁结构健康监测[M].北京：人民交通出版社，2009.

[19]冯兆祥，缪长青，钟建驰.大跨桥梁安全监测与评估[M].北京：人民交通出版社，2010.

[20]XU Y L, Xia Y. Structural health monitoring of long-span suspension bridges [M]. Oxford：CRC Press, 2012.

[21]赫尔穆特·文策尔.桥梁结构健康监测[M].尹廷华，叶肖伟，译.北京：中国建筑工业出版社，2014.

[22]CHEN H P. Structural health monitoring of large civil engineering structures [M]. Hoboken：John Wiley & Sons, 2018.

[23]李惠，鲍跃全，李顺龙.结构健康监测数据科学与工程[M].北京：科学出版社，2016.

[24]单德山，李乔，付春雨，等.智能桥梁健康监测与损伤评估[M].北京：人民交通出版社，2010.

[25]孙宗光，陈一飞.桥梁结构健康监测分析与评价[M].北京：中国建筑工业出版社，2017.

[26]姜绍飞，吴兆旗.结构健康监测与智能信息处理技术及应用[M].北京：中国建筑工业出版社，2011.

[27]张宇峰，李贤琪.桥梁结构健康监测与状态评估[M].上海：上海科学技术出版社，2018.

[28]吴智深,张建.结构健康监测先进技术及理论[M].北京:科学出版社,2015.

[29]张建,吴刚.长大跨桥梁健康监测与大数据分析:方法与应用[M].北京:中国建筑工业出版社,2019.

[30]任伟新,韩建刚,孙增寿.小波分析在土木工程结构中的应用[M].北京:中国铁道出版社,2006.

[31]宗周红,任伟新.桥梁有限元模型修正和模型确认[M].北京:人民交通出版社,2012.

[32]CHARLES R F, Keith W. Structural healthmonitoring: A machine Learning perspective [M]. Hoboken: John Wiley & Sons Ltd, 2013.

[33]BROWNJOHN J M W. Structural health monitoring of civil infrastructure [J]. Philosophical Transactions of the Royal Society A, 2007, 365: 589-622.

[34]李爱群,丁幼亮,王浩,等.桥梁健康监测海量数据分析与评估:"结构健康监测"研究进展[J].中国科学:技术科学,2012,42(8):972-984.

[35]孙利民,尚志强,夏烨.大数据背景下的桥梁结构健康监测研究现状与展望[J].中国公路学报,2019,32(11):1-20.

[36]刘自明.桥梁深水施工[M].北京:人民交通出版社,2003.

[37]满洪高,李君君,赵方钢.桥梁临时结构工程技术[M].北京:人民交通出版社,2012.

[38]卢文良,季文玉,许克宾.桥梁施工[M].2版.北京:中国建筑工业出版社,2018.

[39]交通部第一公路工程总公司.公路施工手册:桥涵[M].北京:人民交通出版社,2002.

[40]魏洋,端茂军,李国芬.桥梁检测评定与加固技术[M].北京:人民交通出版社股份有限公司,2019.

[41]中铁九桥工程有限公司.公路桥梁施工系列手册:桥梁钢结构[M].北京:人民交通出版社股份有限公司,2014.

[42]张红心.大型钢吊箱围堰整体浮运锚墩定位施工技术[D].长沙:中南大学,2007.

[43]谭逸波,谭昱,陈儒发.分节式预制墩身干接缝施工关键技术应用研究[J].公路,2015,60(11):83-86.